决策，快与慢

The Optimist's Telescope

［美］比娜·文卡塔拉曼 —— 著
Bina Venkataraman

曹烨 —— 译

中国科学技术出版社
·北京·

The Optimist's Telescope: Thinking Ahead in a Reckless Age by Bina Venkataraman
Copyright © 2019 by Bina Venkataraman
Simplified Chinese translation copyright © 2023 by **Grand China Happy Cultural Communication Ltd.**
All rights reserved including the right of reproduction in whole or in part in any form.
This edition published by arrangement with the Riverhead Books, an imprint of Penguin Publishing Group, a division of Penguin Random House LLC.
No part of this book may be reproduced or transmitted in any form or by any means, electronic or mechanical, including photocopying, recording or by any information storage and retrieval system, without permission in writing from the Publisher.

本书中文简体字版通过 **Grand China Happy Cultural Communication LTD**（深圳市中资海派文化传播有限公司）授权中国科学技术出版社在中国大陆地区出版并独家发行。未经出版者书面许可，不得以任何方式抄袭、节录或翻印本书的任何部分。

北京市版权局著作权合同登记　图字：01-2023-1903。

图书在版编目（CIP）数据

决策，快与慢 /（美）比娜·文卡塔拉曼
(Bina Venkataraman) 著；曹烨译 . -- 北京：中国科学技术出版社，2023.8
书名原文：The Optimist's Telescope: Thinking Ahead in a Reckless Age
ISBN 978-7-5236-0244-9

Ⅰ . ①决… Ⅱ . ①比… ②曹… Ⅲ . ①决策 Ⅳ . ① C934

中国版本图书馆 CIP 数据核字 (2023) 第 086071 号

执行策划	黄　河　桂　林
责任编辑	申永刚
策划编辑	申永刚　方　理
特约编辑	汤礼谦
封面设计	东合社·安宁
版式设计	吴　颖
责任印制	李晓霖

出　　版	中国科学技术出版社
发　　行	中国科学技术出版社有限公司发行部
地　　址	北京市海淀区中关村南大街 16 号
邮　　编	100081
发行电话	010-62173865
传　　真	010-62173081
网　　址	http://www.cspbooks.com.cn

开　　本	787mm×1092mm　1/32
字　　数	207 千字
印　　张	9
版　　次	2023 年 8 月第 1 版
印　　次	2023 年 8 月第 1 次印刷
印　　刷	深圳市精彩印联合印务有限公司
书　　号	ISBN 978-7-5236-0244-9/C·238
定　　价	69.80 元

（凡购买本社图书，如有缺页、倒页、脱页者，本社发行部负责调换）

❶

并不是你去面对了,情况就会改变;
但是如果你不肯面对,情况就肯定不会改变。

詹姆斯·鲍德温(James Baldwin),美国作家

❷

有远见者,看未来而不看眼前;
有作为者,争千秋而不争一时。

星云大师

献给我的父母

感谢他们曾经的先见之明，

远渡重洋来到此地。

本书赞誉

《纽约时报》书评

我们怎样才能减轻短视造成的损失?奥巴马政府高级顾问比娜·文卡塔拉曼用一个说书人的眼光来看待这个问题……她也很有见地……留意文卡塔拉曼的激情呼吁,为未来的改变做出承诺。

美国国家公共电台

比娜·文卡塔拉曼将注意力集中在问题的核心……通过生动的轶事,文卡塔拉曼将她所有的乐观主义精神都集中在克服那些古老的人性弱点上。

《华盛顿邮报》

文卡塔拉曼生动地描述了如果我们不提前计划,世界会发生什么,以及我们可以独自或一起做些什么。

英国《金融时报》

本书文风简洁，很容易消化，但提供了变革的具体例子……这本书给我们带来了希望，让我们能够重新掌握自己的命运，并为更好的未来而奋斗。

《出版人周刊》

这是一部发人深省、引人入胜的处女作……文卡塔拉曼对如何教会自己更谨慎地做出决定进行了深思熟虑、思路清晰的评估，对那些希望少思考短期问题、多思考未来的人来说，这应该是一个有价值的工具。

《图书馆杂志》

本书引用了企业高管、社会学家和哲学家的话，对长期战略进行了有趣的观察，强烈推荐。

伊藤穰一
麻省理工学院媒体实验室主任

我们生活在一个问题广泛且复杂的时代——气候变化、收入不均、粮食安全受到威胁——然而，我们还在依赖过去屡屡失败的解决方案。在本书中，比娜·文卡塔拉曼收集了大量由于我们目光短浅而造成的令人震惊和引人深思的案例，并针对我们的目光短浅提供了有见地的做法，从而帮助我们更好地应对自己作为地球公民所面临的巨大挑战。

亚当·格兰特
全球 25 位最具影响力的管理思想家，著有《离经叛道》

  这是一本难能可贵的读物，它既令人心驰神往又举足轻重。书中，比娜·文卡塔拉曼将强有力的叙事、尖端的行为科学和富有影响力的职业生涯经验巧妙地结合在了一起。

阿里安娜·赫芬顿
《赫芬顿邮报》联合创始人兼总编辑

  未知总是可怕的。但在这本聪明睿智、令人眼界大开、充满希望的书中，比娜·文卡塔拉曼向我们展示了能够在我们的群体、家庭和生活中更清晰、更具战略性地思考未来的方式。

安妮-玛丽·斯劳特
首位担任美国国务院政策规划司司长的杰出女性

  比娜·文卡塔拉曼阐明了我们如何为自己、为群体和为地球做出更好的决策。她向我们介绍了从古代哲学家到科技企业家的一系列丰富多彩且出人意料的人物故事。同时她将科学的远见提炼成我们可以采纳的实质性建议。这是一本恰到好处且价值连城的书。

加里·奈尔
《国家地理》合作方主席

  《决策，快与慢》会帮助你思考生活中面临的重大抉择，以及人类在历史中所面临的重大抉择。每个人都应该读这本书。

埃洛·莫里斯
奥斯卡获奖制作人，著有《所信即所见》

《决策，快与慢》是一本优质而重要的著作。比娜·文卡塔拉曼通过讲述那些成就非凡、拥有敏锐思维的人们的故事，向我们展示了如何影响世界、让世界变得更美好。她是这个星球上难能可贵的好母亲。

姜维勇
文化学者，作家，深圳大学城市文化研究所特约研究员
中科院云计算中心客座研究员

"决策、短视、诱惑"或许是每个管理者面临的终极性问题。我们身处元宇宙时代，思维活跃有余、集中聚焦不足；知识广度有余、思维深度不足。此时，经验是不可靠的，未来是不确定的，但规律和逻辑是确定的。帮助读者基于规律和逻辑，做出富有远见的决策，应对短视，避开诱惑，判断未来，是《决策，快与慢》的价值所在。

费蓇丽
凤凰卫视资深记者和编导，上市公司高管，法律人

人多具有轻率鲁莽的念力和急功短视的惰性。而在任何时代，一个成功者最大的突破之一，便是冲破这些或过于自信、或疏忽大意的属人弱点，做出更明智有价值的决策，成为真正乐观的长期主义者。如果你还在徘徊，它便值得拥有。

前言

人类为何总是做出短视决策？

几年前一个夏天的清晨，我到哈德孙河谷（Hudson Valley，位于纽约北部哈德孙河沿岸，那里有葱郁的树林和宽阔的草场）远足。一条曲径将我引入一片草地，一只红尾鵟从我头上呼啸而过。我经过一条瀑布，岸边长满了蕨类植物。第二天我回到华盛顿家中后，才发现小腿肚子上长出了一片皮疹，呈深红色，暗暗发痒，中间还有个鼓包，就像被蜘蛛咬过一样。

我用手机拍了一张皮疹的照片，提醒自己要找个大夫看一看。那时我每天工作16小时，在各种截稿日之间疲于奔命，睡眠严重不足。这听上去似乎有些不可思议，但花一个小时去看医生，对当时的我来说简直是一种奢望。几个星期过去了，皮疹渐渐淡去，我也渐渐忘了它。

8个月后，我的膝盖肿成了葡萄柚那么大，我发现自己患上了严重的莱姆病（Lyme disease），光是治疗就要花上几个月的时间。就这样，我拄着拐杖在波士顿度过了一个糟糕的冬天。每天我都需要自己进行静脉药物滴注，直到病情有所好转。这一切都是那天在树林中叮咬我的蜱虫作的祟——但这也没什么值得大惊小怪的。几年前，当我还是一名科学记者时，专门就莱姆病的传播写过文章。我也知道哈德孙河谷附近的几个县正是美国莱姆病传染率最高的地区。

既然如此，我为什么还是忽视了这个病呢？据我回忆，我曾经为皮疹的事儿发过愁。如果当时，我能未雨绸缪地喷涂些驱虫剂或穿上防护服就好了。又或者，如果我能在远足后，感染范围尚未扩大之前及时就医，可能会免去接下来几个月的病痛折磨，膝盖也不会受到永久性的损伤。

随着我对自己病况的不断了解，我忽然发现，这次患病可能是一个绕不过去的坎。我远足的经历不下上百次，从未被蜱虫叮咬过，更不用说感染莱姆病了。十几、二十几岁时，我对户外运动无所畏惧——我在海边跳过崖、爬过树、攀过峭壁。可能正是那种战无不胜的幻觉拖累了我。我也知道，犯过类似错误的大有人在，事后追悔莫及的也不止我一个。你可能劝说过女性朋友不要和某个渣男约会，因为他最终肯定会伤她的心；也可能警告过某个青少年开车时万万不可超速。然而，这可能正是人类性格中的某种缺陷：聪明人总会做出一些鲁莽的决定，即便得到了明确的警告。

这类错误不仅出现在我的个人生活中，也发生在我的工作中。在过去的15年中，我用了各种各样的方法，试图警告别人可能隐藏在前方的危险。当我还是记者时，就写过文章告诫公众要预防流行病和在农田蓄水池干涸之际爆发的野火的危险。在麻省理工学院（MIT），我向大学生们展示我的工作——如何向大众分享有用的科学知识，以帮助他们为未来做出更好的决策。

人们的选择总是缺乏远见？

2013年到白宫工作之后，我的任务变得更为重要，失败的代价也越来越大。在那里，我总是试图说服市长、商界领袖和产权所有者们为即将到来的灾难做好准备，比如海平面上升、全球变暖、持续性干旱，以及《圣经》(*Holy Bible*)中描述的那种大洪水，等等。

不过在做这份工作的过程中，我经常发现自己很难说服别人采取行动。我一次又一次试图冲破同样的困境，却总是徒劳无功，就像在开车时无论选择哪条路最后都会堵车一样。和上文中那个鲁莽的我一样，大多数人在做抉择时都缺乏远见。大部分家庭会因为按揭金额低廉而投资房产，却丝毫不考虑频发性洪灾可能造成的损失；食品公司宁愿选择增加直接利润来取悦股东，也不愿投资修护农田以防旱灾；政客们宁愿将精力花在如何连任的小算计上，也不愿真正为城市、州府的下一个10年做些切实的打算。他们做出的抉择确实是现阶段最明智的选择，这一点无可厚非。毕竟我在这方面做得也不好。

在我工作的几十年中，我目睹了不少社区在面对险情时，毫不犹豫地选择了"困难模式"——他们选择了承受险情带来的苦难。当旱灾袭击加利福尼亚州和南非的开普敦后，当洪水袭击休斯敦和印度孟买后，当地的居民和政府首脑才如梦初醒，开始正视那些本可预见的灾难。这可不仅仅是留心警告那么简单，而是需要个人、企业和社区在做出任何抉择之前，都对其未来可能造成的结果反复权衡。

我们所生活的时代，要求我们更应该为了我们自己、子孙后代，以及未来做出更加明智的选择。我们的寿命远远超过我们的祖先，超越了我们的想象和养老金计划。我们拥有编辑人类胚胎特征和构建智能机器的工具，这些技术将重新定义下一代人类的生命。我们正在塑造地球下个世纪的气候模式，它可能会毁坏作物、淹没沿海城市，并使数百万人流离失所。为了避免致命的流行病或阻止最严重的气候恶化，我们必须更加重视我们自己和全人类的未来。

我将我们所处的时代称作鲁莽时代，但这并不意味着这个时代比我们祖先所处的时代更糟糕或更脆弱。相反，对整个文明来说，思考未来的需求从未如此强烈，因为赌注从未如此高昂。

目前全世界人口有超 80 亿之巨，我们有能力将机器人发送到火星上，有能力发明新物种，有能力以前所未有的规模塑造人类的未来，并造成更持久的影响。与此同时，我们拥有无与伦比的知识，我们能够比祖先更清楚地察觉到灾难的警告信号，并看到我们的选择对后世的损害——无论是放射性废物的半衰期，还是今天的污染如何导致珊瑚礁的灭绝。相比之下，在庞贝古城（Pompeii）中死去的人对危险的洞察力，并不比被希克苏鲁伯陨石（Chicxulub meteorite）灭绝的恐龙更高明。如果我们无法洞察到即将到来的危险，就会连鲁莽都称不上，而只是不幸罢了。

在生活中，几乎每个人都目睹过其他人做出短视的决定。在选举日，一名选民留在了家中，只因为他觉得洗衣服比排队投票更紧急，但随后又为错过投票而懊悔；

医生开的止疼片确实能减轻患者的痛苦，但频繁使用导致患者对阿片类药物成瘾；

一位已婚妇女沉溺于婚内出轨，却在几十年后追悔莫及；

一位高管削减了新产品的研究预算，却发现公司濒临破产；

  一家人在海滩沙堤上建造了一座梦幻般的居所，而它却在几年后被海浪冲垮了。

  更令人不安的是我们在社会发展方面做出的鲁莽决定。灾难的早期预警迹象一直被忽视，直至为时已晚，如 2007 年的美国次贷危机和 2014 年的埃博拉疫情。富裕国家的人比之前贫穷时代的人储蓄的资产更少。短期内飙升的股价安抚了投资者，却掩盖了阻碍未来全球经济发展趋势的可能性。只是因为侮辱性言论吸引了新闻界和我们这些看客的注意力，一个依靠"推文"制定外交政策的人当选了美国总统。

打破人性本就鲁莽的迷思

  因为人性、经济和社会的劣根性已然根深蒂固，我们可以轻易地将这些错误的选择归咎于悲惨的命运，但这种观点大大低估了人类无视自身义务的怠惰——它深深植根于一个错误的假设，即我们人类是没有远见的，然而我们知道事实并非如此，总有一些人、一些企业、一些社团能够避免危机的发生，并为了未来采取行动。这种行动不仅存在于历史中，现在也俯拾皆是。有的文明能够建造出恢宏的金字塔和大教堂，也能阻止臭氧层的破坏和核战争的爆发；有的社会能为穷苦阶层提供良好的教育，根治脊髓灰质炎，也能让人类在月球上行走。究竟是什么原因，让他们异于常类、表现突出呢？

  出于对这个问题的好奇，我写出了这本书。在写作的 7 年里，我一直在探索怎样才能让理智战胜鲁莽，我们的生物属性、环境和文化究竟发挥了什么作用，以及我们的社区、企业和社会可能会发生怎样的变化。

我调查了廉价酒吧、市议会会议大厅、古老的森林、团聚的家庭，以及世界各地的国家代表团。我参观了堪萨斯州的农场、华尔街的公司、硅谷的虚拟现实实验室、墨西哥的渔村和日本福岛的核辐射区。

我遇到过那些面临着与我相似的困境的人：一位试图阻止致命超级病菌传播的医生、一位在当前亏损中展望未来前景的投资者、一位反对鲁莽的房地产开发的社区领袖、一位正式警告即将发生恐怖袭击的警官、一位试图阻止下一场沙尘暴的农民。像我一样，他们每个人都试图在为时已晚之时向他人发出警告。大多数人都希望做一些更具大局观的贡献，为其他人创造更好的未来。他们的失败和胜利为所有人提供了教训。

在此过程中，我还从各种学科的专家那里挖掘到各种各样的研究结果：从考古学家、土地利用法学家、工程学家到经济学家和进化生物学家，从社会运动大师到人工智能策划者，从钟表制造商到美国国防部长。我试图了解当今的前沿思想家们的想法和信念，试图通过科学和历史来了解如何更好地描绘未来的样貌。

最终，我发现大多数人对我们的鲁莽想法的认识是错误的。在我们的认知中，我们作为人类，生于社会，不可避免地要做出选择。就像柏拉图洞穴寓言中的囚犯一样，他们身上的枷锁让他们看不清影子的真正来源，而我们的生存环境也限制了我们对未来可能性的预期。现在，我们必须找到一条逃出洞穴的路。

人类，无论是作为个体还是集体，都拥有着大量未被开发的力量。而我写这本书的目的，就是向大家传授这种力量，从而防止我们的未来被一些鲁莽的决定破坏。

THE OPTIMIST'S TELESCOPE 导　读

成为一名乐观的长期主义者

　　假设你今天准备去超市购物。到达目的地后，你径直走向蔬果区。或许你会随手拿起几根香蕉、几个橙子和一些绿叶蔬菜，感觉神清气爽，就像刚冲了个热水澡，或者为无家可归者捐了款一般。你感觉自己浑身洋溢着美德的光辉，是一位正直的好公民。

　　随着在超市中不断"深入"，你经过了陈列着各式薯片的货架。它们看上去十分"妖娆"，引人"犯罪"。你的医生曾警告你要远离这类玩意儿，但你耳边却不停响起渴望的咆哮。你凝视着袋装薯片，想象着唇齿间回荡着盐味和摄人心魄的爽脆。你开始发觉自己的口水在第七货道间决堤。平心而论，薯片并不是通往光明未来的正确选择，但你此刻却对它如此渴望。最后，你将一袋薯片扔进了购物车。

　　你又挑选了几样购物清单中的商品，加入等待结账的队伍中。你发现在收银台后面有彩票出售。你原本计划着今年把零钱存下来，但刮卡彩票也花不了几块钱，无伤大雅、没准还能中奖呢。想到此处，你又随手拿了几张刮刮卡。在未来，你可能会为这个行为后悔，但眼下这小小的放纵让你乐在其中。你结了账，踏上回家的路。

培养对未来做出明智判断的远见

我们每天都要面对各种各样的选择——究竟是满足当下迫切的欲望，还是从长远考虑，做出对自己或他人最优的选择。

是出去吃饭、挥霍一番，还是规规矩矩地省钱，以备未来不时之需？在冬日寒冷的清晨，究竟是骑自行车上班，还是舒舒服服地开车上班？是将这个塑料包装盒回收还是扔进垃圾桶？我们的生活中充斥着五花八门的选择。渴望或满足，焦急或从容，倦怠或乐观，情绪状态深深影响着我们的选择。以逛超市为例，有时我们会抵御住贪嘴的欲念，有时却会在欲念面前溃不成军。曾经有一段时间，我会不计后果地吃巧克力，就好像活不到明天似的。

有些选择只是微不足道的小事，比如我曾经对巧克力的狂热，谈不上攸关生死，更不会一票否决你的终身幸福，甚至用"不计后果"来形容都有夸大之嫌，虽然我们有时候也会对此耿耿于怀——没办法，毕竟我们不是完人。

然而，生活中有些选择则举足轻重。比如，你想明年出去旅行，或想为紧急情况存些积蓄，却管不住冲动消费的手。又或者你本想学门新语言，或考个学位当日后的敲门砖，最终却功败垂成。为了逃避当下的痛苦和不便，有时我们会牺牲对未来的渴望和抱负。虽然分开来看，每个小的选择都微不足道（比如今天没有锻炼），但叠加起来却可能造成毁灭性的后果（比如罹患心脏病）。在社交媒体上的一次轻率发言，可能会彻底摧毁一个人的人设，影响他的事业和名誉。

我们在今天做出的选择，往往能决定我们未来的生活。不仅对于个人如此，对于企业、组织乃至社会都是如此。当下的选择决定未来的走向，纵观历史，这样的例子不胜枚举。

> 一位扑克玩家费尽心机，在牌桌上冒着风险赚到数十万美元，但他的父亲却在赛马场上输掉了家中所有的积蓄；
>
> 得克萨斯州的渔民一时的决定导致墨西哥湾红鲷鱼濒临灭绝，他们最后又不得不想尽办法保护这个濒危的物种；
>
> 参加慕尼黑奥运会的运动员们没能躲过恐怖袭击，这让安全官员们悔恨不已；而几千年之前的石刻，却让日本的村庄免遭破坏；
>
> 一个密西西比州的男人选择住在屋顶，因为他不想在卡特里娜飓风来临前撤离；
>
> 一位俄勒冈州的教师必须反复控制自己，才不会反射性地惩罚黑皮肤的学生；
>
> 哲学家们曾信誓旦旦地向庞贝古城的居民保证他们的城市是安全的，而另一个团队则解除了古巴的导弹危机，成功阻止了核战争的爆发。

由社会做出的决定往往会产生更为长远的影响。古代中东选择了种植一年生作物，从而为20世纪30年代的美国"沙尘碗事件"和大平原肥沃土壤的流失埋下了伏笔。美国州际公路系统的建立，影响了后世美国人对旅行和交流的理解，而免费的高中教育也为这个国家

20世纪的经济腾飞奠定了基础。

本书讲述的就是我们做出的种种决定,如何对我们和他人的生活产生重大影响,而我们又会对这些决定感到后悔或庆幸。在本书中,我尤其关注那些鲁莽的决定,即那些我们忽视明显的机会或危险迹象时所做出的决定。通过在各种情况下对此类决策进行的密切调查,我发现了我们必须做出的更明智选择所带来的暗藏的力量。

无论是对个人还是对集体来说,决策都涉及信息和判断两个要素。能对未来做出明智选择的判断就是我所说的远见。但远见并不意味着像神话中的先知卡珊德拉一样准确预测未来,据说她曾预测到了特洛伊的陷落。为了模仿她对未来的洞察力,各个时代的学者穷尽智慧,留下了难以计数的书籍和研究项目。但这些成果大多无益于提高我们的判断力。想拥有远见,我们需要在将要面临的事物之间做出权衡和取舍,从而做出对未来的自己而非现在的自己更有利的选择。有人认为,所谓远见,就是知道明天会不会下雨,从而决定自己去看球赛时要不要带伞。事实远非如此简单。

我将在本书中论证,虽然我们做许多决定时已经掌握了足够的信息,但我们仍然缺乏良好的判断力。我们努力去了解确切的未来,却很少为它的多种可能性做好准备。结果自然是一时的鲁莽导致计划的巨大失败。因此,为了找到正确的道路,我们需要训练自己的远见。

如今,越来越多的人想要为未来而采取行动。我们渴望让自己不要过于短视,渴望自己的生命能够在漫长而复杂的历史中留下痕迹。我们渴望做正确的事,让子孙后代钦佩,或至少不被他们嫌弃。我们猜想,如果能够学会超前思考,我们可能会更富有、更健康,能够更好地保护我们的家庭免受危险;企业可以赚取更多利润、社区可以蓬勃发展、文明可以避免可预见的灾难。为了后代，我们甚至可以更好地管理森林、河流和海洋。

然而，今天的人们仍在努力权衡未来的后果，无论是在个人的日常生活方面，还是在全人类的终极福祉方面。我们依旧不愿意为了迟来的奖励而约束自己，即便明知会招来灾难，我们仍会选择当下的放纵。决策的后果离我们越远，我们就越难以运用好自己的智慧。

当我们专注于自身利益，且不需要付出太大代价时，为未来而行动会变得更容易。为了防止牙髓病，每天刷两次牙只是很小的代价。每隔几年修改一次遗嘱可能需要花上几个小时的时间，却能在很大程度上减轻整个家庭的忧虑。你拥有的时间和金钱越多，就越能够提前行动，例如购买医疗保险或帮助孩子完成家庭作业。你越相信自己的选择能够产生影响，就越有可能为未来采取行动。

当我们期待一些事情（比如野餐、假期、结婚）时，我们更容易在脑海中将它们描绘出来，我们希望自己能身处期待之事发生的现场。但是，当我们对某些事（比如报税、变老、海平面上升或即将到来的难民危机）感到害怕时，大多数人都不会去想它们，因为我们希望它们根本不会出现。

如果我们不得不在当下做出较大的牺牲，比如预防社区地震，或者为一项新发明提供天使投资，又或者防止过度捕捞，那么为未来而行动就会变得十分困难。为了我们自己的未来而行动尚且如此困难，更不用说为了邻居、社区、国家乃至地球的未来而行动。这种现象有助于解释世界各国为何未能阻止 2014 年的埃博拉疫情，疫情最终导致上万人失去生命，其在全球范围内造成的损失难以估量，肯定远高于研究疫苗和建设医疗设施的成本。即使我们真心希望能让未来变得更好，但为未来而行动仍然如此困难，这究竟是为什么？

这是因为我们无法直观地闻到、听到或触摸到未来。未来是需要我们在脑海中想象的东西，而不是我们可以用身体去感知的东西。相比之下，我们对当下的事物有着更丰富的感知。已故的斯坦福大学心理学教授沃尔特·米切尔（Walter Mischel）认为，我们通过感官接触到的诱惑，会在我们的内心激发出一种非理性的热情。在面包店闻到新出炉的甜甜圈的味道，或者在加油站登记处看到色彩鲜艳的刮刮卡彩票，都会令人产生一种热情，让人无暇考虑未来的后果。只有在远离诱惑的、更加冷静的时刻，我们的脑海中才可能闪现出正确的想法，并开始为未来打算。

我们老了之后的健康状况会如何？我们将来能喝到更清洁的饮用水吗？能拥有更安全的街道和社区吗？未来的一切都是不确定的。未来并不能像餐厅柜台上的炸薯条那样，让你感到充实和满意。放弃今天的欢愉能否换取明天的幸福，我们谁都说不准。

对现在的我们来说，未来的自己其实是一个彻头彻尾的陌生人。大多数人不知道他们下周二要吃什么，他们又怎能确切地知道自己10年后会想要什么呢？至于子孙后代，对我们来说就更加陌生而遥远了。如今，我们的社会以令人眼花缭乱的速度变革着，技术进步会让未来变得更加陌生和不确定。

鲁莽时代下的焦虑使我们看不清远方

在20世纪60年代，未来学家阿尔文·托夫勒（Alvin Toffler）极有先见之明地意识到这种趋势及其对人们的远见造成的破坏性影响，并称之为"未来的震撼"（future shock）。在21世纪，由于我们沟通、出行和工作的方式经历了更频繁的变化，我们的不安情绪也变得更加严重。如何既生活在不断变化的当下，又能为未来几十年的世界做出决定，探究这个抽象的问题，可能只会让我们徒劳而返。

从古至今，思想家们一直在思考一个问题：为什么我们在做决定时，总是选择伤害未来的自己——即使我们已经知道可能产生的后果，却还是义无反顾。亚里士多德说过，"不能自制"是人类意志的弱点，它在阻碍我们过上有意义的生活。但他又认为人类不应苛求自己彻底抵制放纵，因为放纵有时反而会带给我们生活的理由。他最终说道，我们最好能在放纵和克制之间取得平衡，通过不断地磨炼，避免做出轻率的决定。

我们的祖先靠冲动维持生存——无论是躲避咆哮的野兽还是参与狂野的捕猎活动。人类学家提出，人类之所以有一种"抓住片刻机会而不顾后果"的行动倾向，是因为遗传基因在发挥作用。当我们逃离一座燃烧的建筑或躲避一辆超速驾驶的汽车时，冲动能够拯救我们的生命；但当我们试图存钱，或让社区中的成员为下一次火灾做好准备时，冲动又往往会让我们失败。

心理学家、诺贝尔经济学奖得主、认知科学家丹尼尔·卡尼曼（Daniel Kahneman）告诉我们，鲁莽的决定源于人们的默认思维模式——他称之为"系统1"。而理性谨慎的"系统2"思维模式会给大脑带来更大的负担，因此它对于大脑决策的参与度更低。神经科学家指出，人体强大的边缘系统控制着我们对恐惧等情绪的反应，而这些情绪最终会演变为直接的冲动，这种冲动会凌驾于我们对未来的理性、谨慎的认知，从而主导我们的行动。

公元前 380 年，柏拉图在对话录《普罗泰戈拉篇》（Protagoras）中写道，"对于未来的快乐和痛苦的错误估计会导致愚蠢的行为"。1920 年，英国经济学家阿瑟·塞西尔·庇古（Arthur Cecil Pigou）提出了相似的观点，他将人类对一段时间内发生的事情的"扭曲"见解称为"有缺陷的远见"。今天的经济学家称这种决策模式为"双曲线贴现"或当前偏差。哈佛大学的心理学家丹尼尔·吉尔伯特（Daniel Gilbert）的研究表明，人们确实会关注未来，但也会误读未来。他认为，我们对未来的看法之所以会扭曲，是因为我们会高估未来某些特定事件（如升职）对我们幸福感的影响，却低估小事件的积累对幸福感的影响。

关于世人为何会做出鲁莽的决定，上述的思想家们都给出了自己的答案，但他们的理论仍不足以纠正人类短视的行为。在这些专家和广大公众之间出现了一种误解，即"鲁莽是人性的固定特征"。然而最近的科研结果表明，我们可以影响甚至平息鲁莽的冲动。人性不仅仅是一套生物编码，我们可以通过有意识的决策来改变自己的行为——我们不仅能决定在杂货店排队时做些什么，还能决定如何制定刊行于世的法律。实际上，做出选择是我们无法逃离的宿命。

然而，社会上的主流文化却和我们的愿望背道而驰。我们都在期待即时的满足、即时的利润，希望快速解决所有问题。企业家们的口号，就是减少"渴望"和"实现"之间的摩擦，这也是他们吸引大量资金和人才的法宝：搜索引擎在我们完成输入之前就能预判我们想查询的内容。当我们不耐烦地在火车站台上等车时，墙上的优步公司的广告则宣称："好东西只属于不愿等待的人。"对即时性和便利性的需求，迫使我们做出大大小小的决策。

在这个时代，我们经常因为当下的需求而忽视自己和社会的未来。我们的收件箱里挤满了要求立刻回复的消息，无论是制定销售目标、赢得比赛，还是在测试中取得好成绩，是否能立即完成任务都成了我们衡量自己和他人能力的标准。在我们被新闻快讯和社交媒体上无休止的信息冲击时，注意力仅仅集中于新出现的信息上。随着时间的推移，我们忽略了我们想要做的事情、忽略了未来，因为我们已经过度沉浸在当下的幻觉中。

然而，这是不对的，我们需要改变。人们成立了社区、组织和国家，这种聚集在一起的传统根植于一种需要：我们需要集体来帮助我们，完成我们无法独自完成的事情。作为集体的一员，我们交易商品、防范暴力、惩罚犯罪、教育年轻人、监管货币并帮助饥饿人群。文化规范和制度规则鼓励人们为自己谋取最大利益、为集体谋求共同利益。同样，如果组织、社区和社会能帮助个人在做决定时权衡后果，那么个人就可以做出对未来更有利的决定。

但如今的问题是，这些集体的存在反而提升了筹划未来的难度。我们在文化、企业和社区中创造的环境违背了我们的初衷。它们本应是治病的药，现在却成了要命的病。眼前的担忧放大了我们当下的焦虑，让我们看不到远方。

企业和学校以季度利润和考试成绩的形式奖励立竿见影的成果，却对长远的影响不闻不问。股票市场只顾一时得失，将长期的增长和发展抛诸脑后。"常换常新"的概念被编入了法律（比如缩短的选举周期），刚刚上市的消费品转眼间就变得过时。政府不断重建灾区，却没人提醒居民提前做好防灾准备；政客们只顾眼前利益，却不顾子孙后代的死活。

作家史蒂芬·约翰逊（Steven Johnson）认为，随着历史的更迭，人们已经学会了如何做出更好的长期决策。但我不同意这个观点。我们这个时代的经验（从公司股票回购到失败的气候行动）表明，我们面临的挑战正不断升级，形势在全面恶化，鲜有例外。约翰逊认为，人类在预测方面的进步，可以被视为我们比前人更有前瞻性的证据。但正如我们将在第1章中说明的，预测和远见不是一回事。约翰逊认为我们使用的工具在不断完善，这一点我表示同意，但问题在于这些工具尚未普及。作为社会和文化共同体，我们仍需要做出改变，现实远不如约翰逊想象得那样完善。

将信息置于判断之上，做出远见决策

盲目鼓吹自身的进步并不是什么明智之举。随着代价的进一步加大和挑战的进一步升级，我们更应该从以往文明的兴衰之中吸取教训。地理学家、作家贾雷德·戴蒙德（Jared Diamond）对多个文明进行了研究，试图了解这些文明为何会在达到发展水平和影响力的巅峰之后一落千丈、迅速崩溃。他认为，历史上那些盛极而衰的文明：从复活节岛的波利尼西亚文明到格陵兰岛的维京文明，再到美国西南部的古代普韦布洛文明，他们的相同之处就是没有注意到未来的预警，等到察觉之时，早就为时已晚。他们做出的"糟糕选择"，如破坏植被、拒绝与拥有不同资源的群体进行文化交流等，抹杀了自身在历史上曾有过的辉煌。如果一个文明的人口持续增长，技术不断进步，但人们的远见却没有达到相应的水平，那么即便是最伟大的文明也会因此消亡。

对今天的人类来说，虽然灾难看似无法避免，但我们并非无能为力。

即使我们永远不知道未来会发生什么，仍可以做出选择，以避免文明走向消亡。我们可以在自己的生活中，在企业、社区和社会中采取措施，为未来做好准备，避免更多的遗憾。我们可以建立新的文化规范、设计更好的环境并不断评估，以获得最好的制度实践。

在接下来的内容之中，我将揭示阻碍我们继续进步的错误观念，并指出我们可以采取哪些不同的做法。我们的探索将从个人和家庭开始（第一部分），然后转向企业和组织（第二部分），最后来到社区和社会（第三部分）。我会在每个章节中为读者提供重获远见的策略，给出培养远见的方法。

在本书中，我将研究如何在决策过程中，将信息收集权置于判断之上。我将展示个人、组织、社区和社会为何会在得到准确预测的前提下，仍会做出鲁莽的决定。**我将展示如何从代价和耐心的角度衡量即时的结果。我会告诉你们，为什么过分依赖历史是一种愚蠢的行为，而忽视历史的人更是愚不可及。**我将探索如何克服末日预言带来的行为瘫痪，并纠正现代商业和政治实践所孕育的畸形视野。

阅读本书，你就会发现，有关塑造远见的一些最重要的见解，其来源往往异于常规。本书中能够为读者提供教益的，有一个由女医生组成的团队、一项喀麦隆幼儿研究计划、一位古代雅典政治家的流亡之旅、一个堕落的金融大鳄的救赎、一个有着 8 万年高龄的树木群落的生存策略、一座神社的历史，甚至有一段职业赌徒的黑话。在本书中，拥有卓然远见的，有 17 岁的雄鹰童子军和起诉美国政府的青少年原告，也有 80 多岁的农民和辞世已久的诗人。换句话说，本书中的深谋远虑之人，可能会大大超出你的想象。

CONTENTS 目 录

1 个人如何做出富有远见的决策   1
第 一 部 分

第 1 章   召唤未来的"精灵"   2
运用想象力做出长远决策

被掩埋的庞贝古城,一再上演的悲剧   4
用虚拟现实技术与年老的自己相遇   8
可用性偏差:天灾往往是人类创造的   11
心理时间之旅:用记忆想象未来的样子   16
建造一座运行 1 万年的钟,展望遥远未来   27

第 2 章   别只盯着"仪表盘"   32
符合长期目标的指标才是最重要的

印度顶级企业家的朝圣之旅   34
小额信贷是救世主还是剥削者?   39

开车时只盯着仪表盘，会让你冲下悬崖　　　43
　　　应对短期目标的"保护罩"　　　49

第 3 章　放下手中的"棉花糖"　　　55
超越即时满足的诱惑

　　棉花糖测试：人类的鲁莽决定是源于天性吗？　　　55
　　刮刮彩票竟然能帮助穷人储蓄？　　　59
　　扑克玩家如何战胜赌场　　　66
　　用"如果 / 就"策略击破"脆弱的决策时刻"　　　75

2　企业组织如何应对短视投机的诱惑　　　83
第 二 部 分

第 4 章　贴一张"警示海报"　　　84
提前发现灾难预警信号

　　医疗系统为何难以战胜超级细菌？　　　85
　　医生正在用抗生素伤害患者？　　　89
　　一道审批程序可以终结一场疫情　　　94
　　富兰克林的智慧：激励优于禁止　　　100

第 5 章　掌握"鸟瞰视角"　　　110
认清数字目标和真实目标

　　老鹰资本管理：从白手起家到 2 540 亿　　　112

季度目标正在吞噬大公司的未来	117
"北极星"战略怎样剔除垃圾信息？	126
为什么AI无法代替人类做决策？	133
让盗渔者变成秩序的维护者	136

第6章　点燃"闪光炸弹"　　146
用奖励引导人们做出正确选择

"荒野是我们的图书馆"	148
世界上最古老生物的智慧	151
NBA顶级球队夺取总冠军的制胜策略	154
150亿美元的巨型基金打赢抗癌战争	157
用有奖竞赛激发想象力，催生崭新的技术领域	161

3 社会如何引导人们避开短视　　165
第三部分

第7章　警惕身边的"洪泛区"　　166
不要违背既定的规则

绿色钻石项目：县议会主席 vs 房地产开发公司	167
"想象力的失败"将导致行动失败	172
说服人们远离危险，比阻止危险发生更难	176
如何纠正国家领导者的政治短视？	183
别让公共利益成为投机者的"钻石"	188

第 8 章　玩一场"战争游戏" 　　195
推演过去，预测未来

26 种风险情景应对慕尼黑奥运会 　　195
集体失忆症：福岛核事故本可以避免？ 　　198
"历史虽不会重演，但总会押着同样的韵脚" 　　202
一千年前的海啸预警："不要逃到这座山上" 　　205
怎样用游戏模拟帮助人们做出明智的决策？ 　　214

第 9 章　守护集体"传家宝" 　　222
推动不同世代间的合作

给 1 万年后的人类发送警告信息 　　222
社会折现：人类做出短视决策的关键因素 　　230
向未来的人类传递集体"传家宝" 　　235
建立一座"活着的纪念碑" 　　239

尾　声　5 种策略塑造长期主义者的洞见力量 　　249

决策，快与慢

1

个人如何做出
富有远见的决策

第 一 部 分

THE OPTIMIST'S TELESCOPE

THINKING AHEAD
IN A RECKLESS AGE

第 1 章

召唤未来的"精灵"
运用想象力做出长远决策

> 要有一个远见,能超越你未见。
> 我们要想办法,设想我没见过的地方,
> 那个世界可能还有什么样。
>
> 许倬云先生

可能只有在墓地中穿行时,我们的思绪才会向未来"飞奔"。眼前矗立的墓碑好像在提醒我们:总有一天,万事皆空。

最近,我访问了马萨诸塞州剑桥市的奥本山公墓,看到了诗人亨利·沃兹沃斯·朗费罗(Henry Wadsworth Longfellow)、演员罗伯特·克瑞利(Robert Creeley),以及著名发明家理查德·巴克敏斯特·富勒(Richard Buckminster Fuller)的坟墓。树龄上百年的山毛榉树在墓碑上方耸立,野生火鸡则毫无察觉地徘徊在坟墓周围。

然而,让我感触最深的,却是他们简陋的墓碑:墓碑上刻着他们的姓名,一条短线勾连起他们的生卒年月。逝者会邀请观者思考他们的死亡,无论那究竟意味着什么。其实,相比邀请,这更像是一种要求。

在死亡来临之前,我们很少关注生命中即将到来的转折点——我们只关注生命的终结，却不关心它的过程。也就是说，我们经常不敢直面自己的未来。

对此，我找到了一种绝妙的比喻，那便是开车。让我们先把目光从墓碑上移开。生与死之间的距离可以被视为一条长路。而在我们眼前延伸的路，就是我们的未来。

我们如何才能更加关注前方的路况、去想象未来将发生什么呢？我们如何才能在凝视前路时放下所有的惊惧，更加从容地做出更有利的选择呢？在公路上前行时，我们需要的不仅仅是一张地图、一套GPS定位系统，以及标志着阻碍视距的弯路、岔道和落石的路标。

假设我们前方的路修建在悬崖峭壁之上，下面就是大海，而且一路遍布着弯道。我们在出发前就可以做出选择：是白天出发还是夜间出发；是顶着冰雹出发还是等天气变好再出发；要不要加点油、检查一下轮胎；要不要和朋友同行。

我们的价值观和风险偏好将决定我们如何选择。我们需要收集信息：路况如何；哪里有加油站；哪里有景点。但无论我们如何谨慎，仍无法准确评估出路上的真实情况。我们可能遇到醉酒的司机、横穿马路的儿童、一群迁徙的候鸟，或者一幕能唤起童年回忆的情景。

虽然未来有无限的可能，但这条路我们必须走完。虽然未来并非完全可知，但我们还是要在出发前做出选择。在人生的道路上，无论是紧盯着仪表盘还是紧盯着面前的人行道，都不是明智的；每次转弯前，单纯依靠指示牌或靠听声辨位也是远远不够的。我们必须站在"未来的自己"的立场上，想象前方可能出现的情况，对路况有一个预判，对如何走完这条路有一个预期。

被掩埋的庞贝古城,一再上演的悲剧

公元 79 年的一天,罗马海军舰队的指挥官刚吃完午餐,这时他的妹妹看到东部的山峰上飘来一片奇怪的黑云。这位充满好奇心的军事领袖被后世称作老普林尼(Pliny the Elder),他还是一位杰出的博物学家,在业余时间为植物、鸟类和昆虫命名。盘桓在山顶的乌云逐渐遮蔽了天空,老普林尼召集他了的舰队,这样他就可以近距离观察那乌云了。

普林尼正准备率队从米塞努姆(Misenum)出发时,一名送信的使者拦截了他。信是从庞贝发来的,"快来救救我们吧!"一个惶急失措的庞贝居民这样写道,他看到维苏威火山上方冒着滚滚浓烟。

火山爆发了,山脊很快被层层叠叠的岩浆覆盖,碎石像暴雨一样从空中倾泻而下,空气中弥漫着浓重的硫黄味。房屋震颤着,直至倒塌。道路像纸一样被巨力揉皱,随后被野火点燃。人们用餐巾把枕头系在头上,但这并不能阻挡横冲直撞的飞石。

无数个世纪后,当我们掘开层层的灰烬,发现当年那不勒斯湾沿岸居民正在如火如荼地庆祝酒神节的到来,直到维苏威火山爆发。考古学家们在废墟中发现了破碎的餐盘、妓院的遗址,以及角斗士和儿童的骨头。勃起阴茎的意象,仿佛无用的护身符一般,出现在各处——它们被画成壁画,还以马赛克的形式被雕刻在道路上。

老普林尼因为去营救庞贝的居民而牺牲。他的外甥,一位崭露头角的诗人,记录下了火山爆发的景况。他躲过了厄运,但不是出于远见,而是因为巧合:当时他选择完成自己的诗作,而不是陪伴他的舅舅。

然而,公元 79 年的火山爆发并不是庞贝城遭遇的第一场大灾难。

17年前，这里就发生过一场严重的地震，地震摧毁了建筑物，杀死了很多羊，神像也破裂了。但到公元79年时，人们早已将它忘却。因此，在维苏威火山爆发前的几个星期，大地出现震动时，人们根本没察觉到这是地震的预兆，几乎没有人认为自己正面临着危险。至少四分之一个世纪后，当老普林尼的外甥写信给历史学家塔西陀（Tacitus）时，还专门记述了这一点。

在古罗马，自然灾害往往被视为愤怒的神罚，而这一点也是当时的哲学家们想尽一切办法去否认的。塞内卡（Seneca）是当时最受尊敬的哲学家，也是暴君尼禄的导师和顾问。公元62年，地震袭击庞贝及附近的赫库兰尼姆后不久，塞内卡在《自然问题》(*Natural Questions*)一文中提及了地震。他总结道，地震是强风从地下洞穴中涌出时造成的。老普林尼对此表示同意，他也认定地震无疑是由风引起的。

"所有地方都具备相同的条件，如果有的地方目前还没有发生过地震，那它迟早都会发生。"塞内卡在灾难发生后如是写道，想努力平息民众的恐惧。"有些人放弃了庞贝，有些人在灾难发生后移居他处，还扬言再也不会回来。我们不要听信这些人的鬼话。"

塞内卡的建议是保持原样、继续生活。不要妄图猜测地震何时会发生，会在哪里发生，因为这实在是太难预测了。

生活在今日的我们可以原谅塞内卡这种漫不经心的态度，就像我们能原谅维苏威火山爆发时成千上万在庞贝城丧生的人一般，毕竟当时人们掌握的知识有限，他们根本看不到那么远。

在那个遥远的年代，对自然灾害最符合逻辑的解释来自这些古板哲学家的沉思，而非科学的假设。庞贝城的居民未能总结过去的知识，他们不知道维苏威火山是一座活火山。庞贝以前发生过地震，说明这里位于危险的地震带，而大地的震颤则预示着地震即将爆发。

如果庞贝的智者们早就预料到维苏威火山会喷发呢？想象一下，如果哲学家塞内卡不再向庞贝居民承诺他们的安全，而是警告美丽的那不勒斯湾太危险了。或者，假设老普林尼曾敦促庞贝居民采取预防措施并制订疏散计划，而不是事到临头再惊慌失措。那么庞贝居民能避免灾难吗？

我们永远也不会知道这个问题的答案了。但我们知道的是，即使在今天，关于危险的知识也往往不足以打动人们，让他们代表未来的自己或家人做出最好的选择。

我们一直试图预测未来，人类探索未来的历史，几乎和人类有文字记载的历史一样悠久，可以追溯到探究天体运行模式的先民。他们使用的方法多种多样，从观察星星在夜空中的位置，到观察太阳在地平线上的升起、落下，再到各种神秘学，比如对甲骨文或巫卜者谶语的解读。古罗马人经常寻找灾难即将发生的迹象：母鸡不吃不喝、神像流出汗水，以及天空布满火绳的现象（即极光）。类似的占卜在我们这个时代仍然存在，比如预言世界杯比赛结果的章鱼保罗、嘉年华活动上的算命师、幸运饼干和水晶球等。

时至今日，我们仍在以有限的视野看待未来。但我们现在对自然灾害的预测能力远超古人，尽管我们对选举和体育比赛的预测仍经常失败。我们可能仍然无法每次都预测到地震或洪水发生的确切日期，但我们确实比以前的人们更清楚某个地方即将发生的灾难。

我们的时代拥有关于地质板块构造、地壳运动的知识以及过去的火山爆发和风暴记录。我们拥有监测地震活动的仪器，以及完善的海啸预警系统。我们不必成为塞内卡那样的宿命论者，认为每个地方都同样危险。

就在过去的50年里，曾经饱受诟病的天气预报已经变得非常准确。这为棒球迷和我们这些"头发状态不佳"的人带来了福音。在19世纪，有人心怀叵测地将气象预测服务与占星家的预言相比较，结论是后者通常更可靠。而在今天，像我一样坚持关注天气的人，已经可以在智能手机上看到每小时更新的气象状况，好像它们是直接从上帝那里推送过来的一样。

今天，托启蒙运动及其后续影响的福，经过实验验证的想法、从广阔的时间和空间维度上收集到的数据、可以从极小尺度观察自然细节的仪器，以及触达世界各个角落的知识，这一切汇聚在一起，成为最可靠的预测工具。我们坐拥这个时代的卓越知识和尖端技术，不禁对庞贝古城的受害者心生怜悯。

在21世纪，我们进入了一个迷恋预测的新时代。部分原因是数据分析技术的飞跃，其程度超过了工程师最狂野的想象，全球数十亿台设备收集的数万亿个数据点，时刻热切地关注着地球和近地空间中的一切，就像探究天体运行模式的先民一样。

机器学习技术的进步，以及计算机预测未来趋势的能力的提升，使我们对预测的兴趣不断被满足。人们现在使用这些工具预测某位客户将购买哪些书籍或衣服、流感爆发后将如何传播、哪些街区将在停电期间迎来犯罪高峰，以及泄漏的石油将如何在海上蔓延。在我们这个时代，预测的重点往往是近在眼前的未来：访问某个网站时，你会看到哪首歌将成为打榜热门，或哪些广告会引起你的注意。天气预报应用程序的最新趋势，是更准确地预测下一个小时是否会下雨，而不

7

是接下来的 10 天或两周是否会是晴天。

这些科学预测从本质上来讲并不完美，因为它们只是依靠过去的趋势来预测未知的未来。然而它们吸引了数十亿美元的投资，并赢得企业和政府的关注，成为近 10 年的潮流。

只有我们真正用到它们时，对未来的预测才有价值。矛盾的是，人们往往不会为他们的未来做好准备，也就是说，人们似乎永远走不出被维苏威火山的岩浆吞噬的命运。事实证明，好的预测并不等于好的远见。

用虚拟现实技术与年老的自己相遇

就我个人的经验来说，想象自己被鲨鱼袭击要比想象自己佩戴假牙容易得多。

每当想到自己会慢慢变老，我都会感到一阵恐惧，这恐惧可以和检查电子邮件或收拾杂乱的衣柜相媲美。对我来说，"变老"是一种前所未有的体验，因为我过去的经历并不足以让我在面对未来时有更多的胜算。但我知道，我终有一天会变老。

多年以来，我一直在努力做出决定，这些决定将塑造我的晚年生活；是否有孩子、如何储蓄、如何投资。有些人可能会说，他在尽力避免为未来的自己做出某些关键选择。相信除了我之外，还有很多人也活在这样的困境中。2006 年，有一项对来自 24 个国家的数百人进行的调查发现，哪怕是那些有远见的人，他们中的大多数也无法想象 15 年后的未来究竟会怎样。

人类已经在地球上生活了 7 000 多个世代。在这段历史的大部分时间里，人类的最长寿命不过40岁。然而，在过去的两个世纪中，医学的发展降低了婴儿死亡率，将人类从致死的传染病中拯救出来，人类的平均寿命也在稳步增长。今天，全世界新生儿出生时的平均预期寿命超过70岁，而在大多数发达国家甚至会超过80年。到2100年，发达国家的新生儿寿命有望突破100岁，甚至更长。

对人类来说，这基本上是个好消息，但我们的大脑还没有进化到能为如此长的寿命做好计划的程度。这也是如今人们，尤其是年轻人很少能设想自己晚年处境的原因。

在一个逐步进入老龄化的社会，人们对家庭护理员、储蓄账户和退休计划的需求不断增长，而晚年生活计划的缺位则会为社会带来相当大的威胁。如果连我们都不愿面对未来的自己，那么我们的后代该如何规划未来更漫长的岁月呢？

近几十年来，人们的预期寿命不断增长，但某些发达国家居民的个人储蓄率却不断下降，这种现象在美国、加拿大、德国和日本等国都不鲜见。以美国的博彩业为例，其资金高达数十亿美金，但是大多来自那些收入微薄、没有多余资金的人。这说明"人们存钱少是因为他们赚得少"这种论点根本站不住脚。购买彩票时，人们往往想的是在不久的将来赢得大笔资金，但这都是由对中奖者的新闻报道，以及购买刮刮卡的低廉成本带来的幻觉。相比之下，我们更想要的是儿孙绕膝、享受天伦之乐的未来，而不是仍需对抗痛苦、一筹莫展的未来。

几年前，如今已是加州大学洛杉矶分校教授的经济学家哈尔·赫斯菲尔德（Hal Hershfield）萌生了一个想法，他想让年轻人产生为自己的未来攒钱的兴趣。他认为，如果他可以让年轻人感受到老年时期的感官体验，可能会对研究有所帮助。于是，通过与虚拟现实设计师的合作，赫斯菲尔德设计了一个程序。可以让参与实验的大学生"变成"老人——满脸皱纹、白发稀疏的老人。通过虚拟现实技术，大学生们可以看到自己老年时的样子，这些影像都是根据他们自己的数据生成的。试验的目标是让大学生们对未来有一个超前的体验。

在赫斯菲尔德的建议下，我尝试了一种更为基础的技术，用一款名为 Aging Booth 的手机应用程序编辑照片，从而看到自己年老的样子。我想测试一下，当看到自己年老的样子时（哪怕不是什么积极乐观、风采依然的样子），自己究竟会做出怎样的反应。我本来准备在办公室给自己拍一张特写，但转念一想，还是决定用近景照片，于是上传了一张我站在俄勒冈州瀑布前的照片。

最后呈现在我面前的照片让我感到既震惊又欣慰。我回想起最近一部《星际迷航》（*Star Trek*）电影中，史波克遇到在宇宙中漫游了数百年的年老的自己的情景。老年版的史波克给年轻的自己好好地上了一课。看着照片中那个年老的我——她的眼睛凹陷，额头和下巴布满了深深的皱纹，我看到了一个既熟悉又陌生的人。我想象这位老妇人的脑海中究竟蕴含着怎样的智慧，但这仍是隔靴搔痒。我感觉她和我很相像，如果我有幸活到 80 岁，我甚至希望自己会变成这副模样。我的想象力开始活跃起来，同样被激发的还有我的同情心。想象中的未来突然变得更加真实，因为我通过一种非常个人的方式感受到了未来——更何况这"未来"还长着我自己的脸。

赫斯菲尔德发现，那些看到了自己老年形象的大学生纷纷表示，他们更愿意储蓄，以备退休后的不时之需，他们不仅比看到其他老人照片的大学生更愿意储蓄，也比已经开始存钱的对照组成员更愿意储蓄。

赫斯菲尔德的研究只是众多帮助人们想象未来的项目中的一个。虚拟现实技术已经能让富人们体验无家可归者的生活,帮助阿尔茨海默病患者重新体验童年生活,还能帮助专业运动员在虚拟的赛场上与特定对手进行比赛。作家、治疗师梅丽·彭巴蒂利(Merle Bombardieri)利用类似技术帮助夫妇们决定是否生育。她让夫妇们分别体验儿孙绕膝和孤独坐在轮椅上这两种情景,让他们判断自己究竟想要怎样的晚年生活。

我发现这些项目之所以吸引我,是因为它们不仅能让人们了解关于过去、现在或未来的事实,它们还模拟了不同的体验。我用虚拟现实技术与年老的自己相遇后,就无法不再重视自己的未来,而这背后的原因,我直到后来才真正理解。

可用性偏差:天灾往往是人类创造的

实验中的大学生们对年老的自己做出的反应,和如今人们对热带飓风预测的反应形成了鲜明的对比。

对热带飓风的预测可能是我们这个时代灾害预测科学实力的典范。从 15 世纪的克里斯托弗·哥伦布到 18 世纪的英国海员,飓风总是会在人们毫无防备时突然侵袭,最终摧毁整个船队。1900 年,在美国历史上最致命的飓风摧毁得克萨斯州的加尔维斯顿之前,国家气象局的预报员甚至没有向当地的居民发出警告。

在今天,气象学家能够绘制飓风登陆的百里半径,还能够及早绘制热带飓风的可能轨迹,以便居民在飓风来临前 72 小时内得到通知,从而选择逃离或自我保护。我们甚至可以提前几天知道自己所在的区域是否会遭受飓风袭击。

然而，人们对严重飓风预报的反应，暴露了技术进展的局限性。沃顿商学院的经济学家霍华德·昆鲁斯（Howard Kunreuther）和罗伯特·梅耶（Robert Meyer）发现，大多数人听到飓风预报后（例如袭击了纽约地区的飓风桑迪和袭击了墨西哥湾沿岸的飓风卡特里娜等），采取的预警措施只不过是购买瓶装水。即使生活在海边，他们也不会提前做好防水准备。居住在易受飓风袭击地区的大多数人都没有购买足够额度的洪水保险。这说明，即便拥有了关于未来的充分信息，人们也不一定具备良好的判断力。

飓风造成的损失急剧上升，过去10年中，飓风仅在美国就造成了数千亿美元的损失。到21世纪末，飓风在全球造成的损失预计将从每年260亿美元增加到每年1 090亿美元。其中一个原因是人们仍选择在风暴路径上建造房屋和创办企业，另一个原因是居住在沿海地区的人们即便在飓风快速接近时，也没有做好充分的应对准备。

不仅是飓风，当我们面对很多问题时，其实都没有做好准备。在美国地震和洪水多发的地区，只有10%左右的家庭采取相应措施来减少财产损失。不仅美国，这已经演变成了一个全球问题。从1960年到2011年，在全世界范围内主要自然灾害造成的损失中，有60%以上都没有投保。这不是因为人们付不起保险费：即使在高收入国家，地震、海啸和洪水造成的损失的投保率仅有50%。

我们今天做出的选择，将决定未来的自然灾害究竟会造成多大的损失。曾担任科罗拉多大学自然灾害中心主任的灾难专家丹尼斯·米莱蒂（Dennis Mileti）认为，所谓的"上帝行为"（不可抗力）都是由人类创造出来的。在他看来，虽然地震或飓风确实会对人类造成威胁，但灾难的严重程度是由人类在何处定居以及如何选择灾备手段等因素决定的。"不要把错误都怪在上帝的头上",2017年我们在一次鸡尾酒会上相见时,他打趣道,"这跟上帝没有一丁点关系。"

人们常常认为,自己之所以没能为未来的威胁做好准备,是因为缺少相关知识,但这其实是一种误解。一名卡特里娜飓风的幸存者在飓风肆虐期间被困在密西西比河沿岸的屋顶上,这让我意识到,问题与知识无关,甚至与资源无关。杰伊·塞加拉(Jay Segarra)是比洛克西的基斯勒空军基地医院(Keesler Air Force Base hospital)的肺科医学主任,他是一位备受尊敬的医生,精通洋流科学。然而,当塞加拉接到警报,得知该地区有史以来最严重的飓风即将来袭时,却没有当一回事。他相信自己完全可以使用发电机和手电筒挨过去,就像他以往做的那样。他没买过任何洪水保险。那场足以载入史册的飓风过后,塞加拉又一次在同一个地方重建了自己的家。

塞加拉从此意识到,对处于危险中的人进行教育可能是徒劳无功的。谈到灾难发生后的救济资金时,他说:"沿海地区的人们知道,政府和纳税人总会为他们的损失买单。"他说,如果当时有人要求他和他的邻居购买洪水保险,或者禁止他们生活在如此靠近海岸的地方,结果可能就大不相同了。"恐怕只有这样,人们才会停止在如此高危的地区安家落户吧。"

政府的项目和计划,如在灾后帮助重建,而不是鼓励居民搬迁,并没有让民众为未来做好准备。当政府发出灾难警告时,它往往没有足够的资源来帮助穷人购买物资或安全撤离。此外,美国文化鼓励我们对未来保持乐观态度:我们相信未来一定会更光明,根本没有心思去透过望远镜凝望远方,看到地平线上的飓风。如果有先见之明,我们就能做更多的事情,为应对灾难做好准备。

像之前几次遭遇飓风时一样，塞加拉觉得自己没有必要做任何准备，结果就是他在卡特里娜飓风肆虐期间度过了痛苦的一天，在时速上百英里（1英里约为1.61千米）的飓风中，他紧紧抓住房顶的天窗，他还要阻止洪水冲走宝贵的家庭相册和那把1890年在巴黎制作的、他父亲曾演奏过的大提琴。他说，如果他能够预知情况如此恶劣，就会义无反顾地撤离了。

塞加拉的难题在于，未来是可预见的，甚至是可以精确预测的，但人们就是不愿面对它。

每当我试图说服企业领导者为"干旱和热浪"做好准备时，都会将可靠的预测作为武器。但企业领导者和塞加拉一样，很难正确预测自己和公司的未来。这些公司短期内可能会沿着既有的道路获取很多利润，然而这些公司的领导人对未来的严峻形势和重大威胁欠缺应有的警惕。这是一个让人伤透脑筋的问题，但我们可以用风险认知科学来解释他们的自满情绪。

人们通常会接受自己愿意相信的信息，并过滤掉相反的信息。我们总是倾向于高估我们的寿命、我们能取得的成就，以及我们的婚姻持续的时间，这是对现实的一种否定。当一场灾难没有人们预测的那样严重时，我们的这种感觉就会得到强化，更加相信自己不会遇到什么坏事。因此，我们往往会将预警灾难的人看作那喊着"狼来了"的小孩。

在为未来的危险做准备时，盲目的乐观主义会使我们麻痹。例如，在2012年的飓风季节，鲍勃·梅耶（Bob Meyer）和他的同事们开展了一项研究，想搞清楚路易斯安那州和纽约州的居民如何应对专家对飓风"艾萨克"和飓风"桑迪"的预测。他们发现，尽管人们知道风暴潮所能带来的威胁，可还是会低估财产和房屋可能受到的损害，连生活在洪水高发地区的、有一定相关知识的人也是如此。人们也高估了自己能够忍受的停电天数。很少有人能提前制订撤离计划、购买家用发电机或安装风暴百叶窗。少部分人会选择对房屋进行改造，以抵御洪水和暴风。近一半的人没有购买足够额度的保险。极少有人考虑过他们的汽车被洪水淹没的可能性。尽管媒体已经铺天盖地地警告过洪水的致命，天气预报的收视率也屡破纪录，然而大部分人还是对灾难漠不关心。

依靠心理捷径和直觉，而非通过理性权衡来做出决策，这是人类的本性。古罗马人如此，如今的人也如此。为什么所有完备的预测都无法推动人们做出有利于未来的决策呢？这个问题困扰了我很久，如今我终于找到原因了：就是上述那种思维模式在作祟。因此，即便老普林尼和塞内卡拥有今天的预测工具，也许仍无法阻止庞贝城的毁灭。

人们最认真对待的威胁，是那些近在眼前的威胁。20 世纪 50 年代和 60 年代，机场中的保险承销商会在乘客登机前向他们兜售意外死亡保险。乘客们不难想象飞机失事的情景，保险公司因此获得了巨额利润。瑞士经济学家赫尔加·费尔-杜达（Helga Fehr-Duda）和恩斯特·费尔（Ernst Fehr），将这一现象与过去 50 年来世界各地的人们不去购买自然灾害保险的现象进行了对比。

什么样的事物才能迅速抓住人们的眼球呢？著名电影导演维姆·文德斯（Wim Wenders）曾给过我一个答案，即"可见性的垄断。"卡尼曼等行为科学家称这种感知偏差为"可用性偏差"，并注意到它会使人们错估未来的风险。卡尼曼指出，我们可以轻松地想象未来的情景，从而强化对恐怖袭击等小概率事件的恐惧，或在脑海中勾勒出不切实际的希望，比如彩票中奖。

当一个未来的情景拥有越多的细节，我们就越认为它会发生，无论事实是否如此。反之，细节越不足，它就显得越不真实。卡尼曼发现，如果你要求人们将明年某个时点加利福尼亚发生地震的可能性，与同一时间北美地区发生的灾难性洪水的可能性加以比较，他们会错误地认定前者的可能性更高，这只是因为你对前者的描述更为具体。

关于恐怖主义阴谋论的电影，以及媒体对彩票中奖者的报道会让我们产生一种错觉，认为这种事件发生的可能性很大，被鲨鱼袭击似乎比在浴缸中滑倒更常发生。我们会高估自己赢得"劲球彩券"奖金的概率，却会低估海平面上升的可能性。

谈到自然灾害，我们可能会认为灾难后密集的新闻报道会触动人们的内心，从而激发他们未雨绸缪的行为。暴风雨和地震发生后，受影响地区的人们确实倾向于购买更多的灾害保险。但媒体报道短期内就会消失，对灾区以外的人来说，这些灾难发生在远方的陌生人身上，而不是发生在他们自己身上。时光流逝，灾区的人们也不再购买保险了，然而最需要保险的人恰恰就是他们。

另外需要留意的是，风暴预报通常不会提示我们，未能做好准备工作会带来怎样严重的具体后果。如果广播公司能更多地展示社区遭受灾害的画面，预报可能会更有效。

心理时间之旅：用记忆想象未来的样子

如果没有想象力作为辅助，人们仅凭预测很难回避未来的风险。如果我们不运用想象力帮助自己实现目标，如今的预测科学就可能只是一场徒劳的努力。面对无法预测的威胁时，如果我们不去关注更多的可能性，我们将完全无法提前做出计划。

当我们畅想未来时，我们依赖的正是全人类共有的能力。因此，我们完全可以洞悉并获得这种被称为"远见"的能力。那么我们究竟该如何想象前方的道路呢？科学家为我们提供了答案。

人类对未来的思考堪称生物学上的奇迹。大多数动物都沉迷于它们当下能够做到的事情，而不会想到未来的后果。既然我们无法借助感官去感知未来，那就需要运用想象力实现一次"飞跃"。

一些进化心理学家认为，想象未来的能力可能正是人类与其他动物的根本区别，它决定了我们能够统治更迅猛、更强壮的动物。昆士兰大学教授托马斯·撒登德福（Thomas Suddendorf）研究了人类预见能力，即创造性地思考未来可能性的能力的起源。他认为，人类之所以与众不同，是因为我们拥有编造尚未发生的情景并让自己置身其中的能力，这是我们在漫长的竞争过程中逐渐成长、完善的一种表现。模拟未来的能力会推动我们制定战斗策略，以便日后战胜对手。纵观历史，我们并不比其他动物更迅猛、更强壮，所以我们必须比它们更聪明。

近年来，包括撒登德福在内的一些研究人员提出这样一种观点：预测未来前景的能力依赖于，或至少部分依赖于我们的记忆，我们会在想象中重新排列过去发生的事情。

为了搞清楚这种能力的运作方式，你需要假设自己正处于未来的某个时刻，也许是你女儿的婚礼上，你挽着她的手臂缓步走过仪式通道；或者是毕业那天，你骄傲地举起自己的学位证；也许是你第一次潜水；也许是你刚刚踏入罗马斗兽场。你可能会在脑海中召唤出相应的景象，就像放电影一样。你甚至可以隐约听到鸟儿鸣叫或人们鼓掌的声音。

你刚刚体验到的，就是认知科学家所说的"心理时间之旅"，即利用记忆把思维推向未来的时刻。当你这样做时，你其实是在重塑过去记忆中的图像和感官细节，比如你在童年时的经历、在电影和照片中看到的图像，以及在他人的故事中所听到的信息……即便没有亲身经历过那些时刻，也不妨碍你想象未来的情景。

在刘易斯·卡罗尔（Lewis Carroll）的《爱丽丝镜中奇遇记》（*Through the Looking-Glass*）中的镜中世界里，白皇后告诉爱丽丝，她只记得未来，记得接下来一周会发生什么。从某种意义上说，我们所有人都在"记住未来"。超前思考依赖于情景记忆（即回忆情景的能力），从而来预测我们尚未经历的事情。

哈佛大学心理学教授丹尼尔·沙克特（Daniel Schacter）告诉我，严重健忘症患者通常无法在脑海中构建过去或未来的事件。如果你要求他们回忆朋友在一年前举行的婚礼，或者要求他们想象一下自己将在下周参加婚礼，他们的大脑会变得一片空白。沙克特认为，上述事实表明，人类在进化过程中逐渐形成了记忆过去情景以便设想未来可能遭遇的威胁或机遇的能力。记忆的这种功能可以解释为什么我们会拥有某些不完美的回忆，比如目睹了犯罪现场的证人没能指认出凶手，或者我们与爱人对7年前一场晚宴的记忆相互矛盾。在利用过去的记忆构建未来时，把握要点即可，无须在意细节。

某些特定的习惯有助于我们进行"心理时间之旅"。韦尔斯利学院的心理学教授特雷西·格里森（Tracy Gleason）认为，任由思绪游荡可能就属于这样的习惯，因为游荡的思绪在获取和重组过去的情节时，可能有更高程度的自由。

格里森的主要研究方向是儿童的想象力。她告诉我，许多著名作家在童年时，都有一位想象中的朋友。2016年的某一天，我们一起喝咖啡时，她说自己正计划和家人到科罗拉多州进行一次野营旅行。他们并不是狂热的露营者，事实上，她丈夫甚至对在户外睡觉感到有些害怕。为了准备这次旅行，她在脑海中酝酿了一天，想象着她的家人可能面临的挑战，或者他们一家人可能会经历的冒险。他们到时候该如何喝咖啡？那就需要带上便携式咖啡机。孩子们在路上会做些什么？那就需要在后座上放一些玩具。如果遇到熊该怎么办？她不得不一一提出这些问题，并在脑海中做好解答。格里森并没有像天气预报员那样用算法来预测未来，而是自由地想象各种情景，让思绪游荡。她的目标是创造性地预测未来的各种事件，包括危险和机遇。

不过格里森也承认，对某些人来说，在脑海中想象未来会让他们担心所有潜在的问题，从而感到焦虑。格里森说，问题的关键是相信自己有能力解决未来出现的问题。换句话说，消除恐惧的最好办法，就是在脑海中描绘未来成功的情景。

这也意味着，我们不应该只是考虑地震或风暴期间可能发生的灾难，更关键的是要相信自己能够处理任何问题，即做好事前准备，在问题发生时应对自如。虽然在面对灾难时，我们的角色更像是受害者，但运用远见来指导行动，会让我们成为故事中的英雄。

思绪游荡时，我们所想的是与特定时刻的需求无关的事物。心理学家本杰明·贝尔德（Benjamin Baird）在研究人们的"白日梦"时发现，我们自发地思考未来，主要是为了帮助自己对未来的情况做出计划。而另一方面，如果给我们一些对认知能力有很高要求的任务，我们就需要高度关注当前的情况，而这往往会限制我们对未来的思考。思绪的游荡虽然会使我们脱离眼前的紧急工作，却为探索未来提供了可能。

当我们成功地想象未来的情景时，我们的感官也会变得活跃起来，这甚至可以推动我们做出选择。在过去的 10 年中，研究人员发现，邀请人们想象未来某个事件的详细情景，可以阻止酗酒者的冲动消费、鼓励青少年培养更多的耐心、鼓励肥胖和超重的妇女选择低卡路里的食物。如果我们能为未来的事件赋予生动的细节，就能在很大程度上影响当下的选择。

想象中的未来也可以让我们坚持下去，为了以后能得到的好处而忍受现在的痛苦。例如，想象毕业典礼的情景可能会帮助学生通过考试和论文答辩。但这种能力也有阴暗面：独裁者往往会利用想象中的未来影响民意。

对未来的想象也成为很多社会运动的推动力。2017 年，我去探望哈佛大学肯尼迪政府学院的社会学教授马歇尔·甘兹（Marshall Ganz），他是我的研究生导师，也是世界各地成千上万名社会活动家的导师。他的研究方向就是社会正义运动的内在机制。

甘兹认为，对未来的想象对于社会运动的成功至关重要，因为它能激励人们在挫折中继续前进。他的想法之所以如此笃定，是因为他有这方面的亲身经历。

甘兹在南加州长大，他的父亲是一名拉比。作为一名年轻的大学生，甘兹于 1964 年，也就在现在被称为"自由夏天"的那段时间前往密西西比州为黑人登记选票。当他发现自己目前的工作能够帮助黑人获得基本人权时，他就不准备回学校了，他选择退学，并成为一名社会活动家。不久后，他加入了加州的"联合农场工人"运动，担任凯萨·查维斯（Cesar Chavez）的战略顾问。28 年后，他重新接受正规教育，取得了本科学位，然后又获得了博士学位。

"对未来的愿景必须足够具体，具体到你能够想象它，"他说，"在农场工人运动中，工人们可以随意使用田里的厕所，不需要向谁行贿，还能够便利地享受医疗服务。这些就是具体的愿景。"甘兹说，在美国的民权运动中，最成功的运动就是通过具体的想象来实现的，比如想象黑人和白人坐在同一个午餐柜台前或一同搭乘公交车，这些情景并没有真实发生过，但当人们在抵制和示威期间受到暴力对待时，这种想象能激励他们坚持下去。

小马丁·路德·金经常与家人一起观看电视剧《星际迷航》系列，部分原因是该剧描绘了一个想象中的未来——一位黑人女中尉乌乎拉（Uhura）是星舰上的第四顺位指挥官。在美国全国有色人种协进会的一次筹款活动中，他告诉该剧的女主演尼什尔·尼科尔斯（Nichelle Nichols），她扮演的那位才华横溢的黑人女性与其他种族的男性是平等的，而这为民权运动注入了活力，使抗议者的牺牲不会成为徒劳，他们终将在种族平等问题上取得进展。此外，《圣经》中阐述的"应许之地"的愿景，也让人们相信种族运动有一个光明的未来。

对未来的想象甚至可以激励那些可能永远不会看到自己劳动成果的人，让他们奋勇向前。无数的民权活动家都没能亲眼看见美国的第一位黑人总统。同样的，一群80多岁的美国宇航局科学家在退休后一直在努力建造机器，以帮助未来的人类在火星上呼吸，他们想象中的壮举已经超越了他们人生的长度和高度。第一次听到这些科学家的事迹时，我感到敬畏，因为我的远见并未能超越自己的人生。对我来说，前方的道路比他们眼中的外太空更加模糊。

人类在想象未来方面的天赋，和我们的动物兄弟相比堪称惊世骇俗，但与这个世界的需求相比依然微不足道。我们不断关注着眼前的事物，与此同时，思绪的游荡、对未来情景的想象和预测却变得举步维艰。我们和历史上的人们并无两样，过去的经历（比如维苏威火山爆发前的地震）仍不足以让我们联想到未来。到目前为止，我们的思想仍未能走向未来。

在查尔斯·狄更斯不朽的杰作《圣诞颂歌》（*A Christmas Carol*）中，埃比尼泽·斯克鲁奇（Ebenezer Scrooge）因圣诞精灵的一次到访，对自身行为的后果产生了恐惧。他不仅需要安抚想象中的"过去之灵"和"未来之灵"，还需要摆平当下自己心中的寂寞。三个精灵的到访改变了他，他有生以来第一次愿意与贫困之人分享自己的财富。

为了提高想象未来的能力，我们需要找到属于我们自己的"精灵"：我们需要通过实践和工具来体验我们尚未拥有的经验。我们需要通过一些方法来看到更远的路。

得知赫斯菲尔德的研究后，我尝试了解更多和想象力相关的技术。在斯坦福大学的虚拟人体交互实验室，研究人员杰瑞米·拜伦森（Jeremy Bailenson）正在创造一个虚拟环境，让人们可以像超人一样在城市上空飞行，感受超人般无私的情感；或者吃掉（字面意义上的）人类每天因淋浴消耗的煤炭，感受内脏如何消化掉化石燃料；或者钻进不同种族的人体内，体验他们的生活。

2016 年，我参与了一项虚拟现实实验。实验中我"置身"于一座工业仓库，站在一块不超过 1 英尺宽的木板上，木板下面是一个 30 英尺深的地洞。我在木板上缓缓走着，一位研究人员问我想不想从木板上跳下来，跳进洞里，我犹豫了。在现实中，我曾从更高的山崖上一跃而下，只不过山崖下是一片水面。

从理论上来讲，我知道自己在这间虚拟现实实验室内的一切体验都不是真实的，但我仍感觉自己的身体被愚弄了。我颤抖着，心如擂鼓，然后在精神高度集中的情况下"跳下"了木板。我跌跌撞撞地"着陆"了，就好像真的从高空坠落下来一样。我后来得知，在成千上万参与实验的人中约有三分之一的人因为体验过于真实而拒绝跳下木板，我的感觉稍微好了一些。

接着，我像潜水员一样"游过"一片珊瑚礁，五颜六色的鱼在我身边穿梭。不过，如果人类继续排放二氧化碳污染大气，使海洋进一步变暖、酸化，虚拟的场景就会变成2100年的珊瑚礁：鱼虾死尽，横尸遍野。离开实验室之前，我体验了三个人的经历：一个身材矮胖的金发女郎（穿着暴露的衣服），一个年老的白种人，以及一个被穿着西装的男人大吼的黑人女性。这三个"化身"给我带来了一种前所未有且始料未及的体验。我觉得这不仅仅是一次和智力相关的实验，也不是什么毫无意义的小把戏。当我以黑人女性的身份遭受吼叫，或以金发女子的身份存在时，所有被激起的情绪都是那样真实：疯狂、恐惧、沮丧、骄傲、羞耻。当我化身为白种老人时，一种强大的感觉油然而生。虽然我仍不完全清楚成为这些人的意义，但已经有些心得了。

我的理性一次次试图告诉自己，这些体验都是虚拟的，但它们是如此的真实。原因之一是声音和振动强化了我看到的图像和做出的动作，拜伦森和他的同事将这种现象称作"触觉反馈"。我跳入地洞时，地板随之震动，我手腕和脚踝上的传感器被触发，我脚下被称作"踢屁屁"的低频传感振动器开始传送信号。排列在地板上的航天材料级钢材将以管道导水的方式传导震动。

不得不承认，这项技术成功地"蒙骗"了我的大脑，我感觉自己并不是站在帕罗奥多市的一个普通的实验室里，而是一会纵身深入到

23

一座黑黢黢的仓库深处，一会在一片热带水域中潜水。拜伦森的研究证明，在两丛不同的珊瑚礁（一丛是现在的，一丛是2100年的）中潜水后，受试人员更容易了解海洋酸化的危险，从而更加关注人类对海洋的威胁。与只观看过环境灾害题材电影的受试人员相比，他们的担忧更深、时间也更长。拜伦森认为，这是因为受试者在虚拟现实场景中的经历会影响他们的情感和身体，甚至可能永久地刻在他们的记忆上。

这些技术能在多大程度上影响人们的决策，我们尚不清楚。但我们清楚的是，这些技术已经被应用在商业中了。布莱恩·法伦（Bran Ferren）是迪士尼幻想工作室研发部门的前任总裁，也是技术和设计公司应用思维（Applied Minds）的首席执行官，他创造了一种类似宇航服的老化套装。这种套装能有效模拟白内障和视网膜黄斑病症来降低用户的视力，还能使用户的关节僵化，借此模拟关节炎，让用户体验到年老的感觉。这项技术被老年人护理保险公司所应用，鼓励客户体验，促使他们思考生活中的长期风险，最终购买保险。金州勇士队让凯文·杜兰特（Kevin Durant）通过虚拟现实设备体验旧金山湾区的生活，最终成功招募到了后者。也有几支美国橄榄球联盟（NFL）的球队提供虚拟现实环境，让球员与对手进行虚拟比赛，从而使其获得与在练习场中训练完全不同的体验。

虚拟现实工具也被用于救护人员的训练课程之中，以提高他们面临飓风、恐怖袭击等灾难时的应对能力。通过虚拟现实训练，伊拉克的护士和医务人员学会了在战斗期间对患者进行高效分类，紧急医疗救护技术员（EMT）们也学会了如何应对大规模伤亡的情况，比如波士顿马拉松爆炸事件。

研究人员在高质量的模拟过程中大量收集了人们的生物识别数据，发现这些数据通常反映了人们心跳加速、肾上腺素水平飙升、血压上升或下降的情况。从这个意义上讲，虚拟现实不只能触发人们对未来情景的想象，它甚至能让人们的身体直接感受到未来。

虚拟现实技术尚未被用来帮助人们想象未来的自然灾害，但随着虚拟现实设备成本的下降，以及虚拟情景创建难度的降低，终有一天，我们可以让这项技术成为预测和预警的辅助工具，拜伦森正在努力实现这一目标。"在虚拟现实情景中，灾难是可控的，"他说，"没有人会在虚拟现实中受到伤害。"我们可以创造虚拟的城市环境，帮助人们意识到，如果他们随意停车，灾难发生时就无法及时逃往尚未被洪水淹没的街道；如果他们能够提前安装好风暴百叶窗，房屋就能免受更大的损坏。社区甚至可以帮助人们在断裂带或海滩上建造或购买房屋之前设想可能发生的危险，从而让安全隐患消失于无形。

我之所以会对这些技术感兴趣，并非因为它们是解决一切问题的万能灵药，而是它们体现了一种态度，即技术可以适应人们对未来的想象，而非仅仅着眼于即时的满足。新技术的力量让人不由得联想到未来，就像在我们脑海中的电影院打开了投影仪一样。总部位于伦敦的未来主义公司 Superflux 的创始人阿那比·珍（Anab Jain）说，曾经有那么一段时间，她付出了极大努力，试图说服阿拉伯联合酋长国的政府和商界领袖想象一个画面：该国拥挤城市（如迪拜和阿布扎比）的道路上，车辆的数量大幅减少。

一位男性政要看了她设计的城市模型后，声称"我无法想象人们在未来停止开车并使用公共交通工具的情景。我无法要求我的儿子放弃驾驶他自己的汽车。"随后，珍向在场的领导人展示了她在实验室合成的一小瓶有毒气体,这瓶气体模拟了2030年城市气体的污染情况。珍对我说,第二天,领导人们就宣布,要对可再生能源进行投资。

对未来的想象并不需要复杂技术的加持。就算没有先进的虚拟现实设备或化学实验室,我们照样可以通过创建焦点来想象未来,就像召唤"斯克鲁奇的精灵"一样。

有时,仅仅是提出小小的建议,就足以召唤未来的精灵。普林斯顿大学的经济学家埃尔克·韦伯(Elke Weber)曾做过一个实验。她要求数百位受试者描述他们希望如何被后代铭记。实验结束后,她发现受试者往往能做出更明智的决定,甚至包括为抵御气候变化捐款。无独有偶,来自德国的研究人员发现,当受试者被要求想象一位在22世纪生活在一个比地球更炎热的星球上的女性日常生活的具体细节时,受试者对气候变化所表现出的关切要远远大于对这个女性的关切。我们可以将之称为"激发想象力的同理心"。

2015年,马萨诸塞州的两名研究生借鉴了以上的研究,启动了一个项目,以帮助人们对未来的想象。身兼经济学者和母亲的双重身份,特丽莎·施勒姆(Trisha Shrum)和吉尔·科比特(Jill Kubit)尤其关注气候变化对孩子的影响。但她们随即意识到,任何过着平凡生活的人都无法对如此抽象的概念给予太多的关注。因此她们推出了"亲爱的未来"项目,邀请来自世界各地的人们给他们的子女、孙子女或未来的自己写信,而这些信件将于50年后公之于世。她们不仅凭借这个项目让自己的目标深入人心,还顺便赢得了多个奖项。

对那些仍会在世上生活50年的人(尤其是现在的孩童)来说,这一项目是未来的锚,人们可以把注意力的小船系在上面。"给未来写信"以一种具体的方式展示了人们对未来的想象,并让参与者意识到当前选择的潜在后果。施勒姆和科比特的计划，是研究写下这样的信件是否会改变人们当前的选择和行为。最近，我给 30 年后的自己写了一封信，在信中畅想了现在做出的不同决定可能导致的结果。坦白讲，这比看到自己衰老后的样子更有震撼力。

在平时，我们还可以为生活增添仪式感，和家人共同构想未来。几年前，西雅图的企业家迈克尔·希伯（Michael Hebb）在自己的 40 岁生日晚宴上躺进了一口棺材。希伯的父亲在他十几岁时因病去世，因此，希伯希望邀请更多的人，包括自己的孩子，谈论自己终将面对的死亡，并期待参与者们通过这种方式来分享各自的临终遗愿。

希伯知道，人们对"墓碑"这一意象的认知往往和孤独相关，因此他创造了一次机会，让大家能够与家人无所顾忌地谈论衰老和死亡等无法避免的问题。他出版了一本免费的手册，用于指导更多的家庭开办这类主题异想天开、形式严肃认真的聚会和晚宴。这种晚宴已经在几十个国家流传开来，有超过 10 万人参与过，希伯将其称为"死亡晚宴"。与熟人和朋友齐聚一堂，举行类似的仪式：每年一次，每个人为自己写一篇讣告，然后在晚宴期间大声朗读给其他人听。

建造一座运行 1 万年的钟，展望遥远未来

对某些人来说，想象自己的甚至是孩子的晚年生活，并不是一件复杂的事。而对真正雄心勃勃的人来说，立足现在展望遥远的未来，也不是什么难事。

在得克萨斯州南部荒无人烟的奇瓦瓦沙漠（Chihuahuan Desert）中，一个精灵正在忙碌着，试图让想象不断延伸，使之超过自己的

一生。工程师丹尼·希利斯（Danny Hillis）正在通过世界上最先进的技术召唤未来的精灵。

早在20世纪80年代初期，仍是麻省理工学院博士生的希利斯已经造出了世界上运算速度最快的计算机。这台被称作"连接机"（Connection Machine）的并行超级计算机可以同时进行多次运算，希利斯还将其设计成了一台构建人工智能的工具。他公司的座右铭是"我们正在建造一台将为我们感到自豪的机器"。类似的技术目前仍被超级计算机使用，可以模拟人脑中的神经回路或预测复杂的天气模式。20世纪90年代，希利斯前往迪士尼工作，与法伦一起领导幻想工作室，并在世界各地发明了大量的多媒体主题公园游乐设施和博物馆展览设施。

希利斯在太空时代科幻小说的陪伴下长大，脑中充满了对宇宙探索和技术革命的想象。但在20世纪90年代，他开始觉得人们已经停止了对未来的思考和想象。"千禧年好像成了人们的障碍，所有人从2000年开始就不再思考了。"某年夏天我们坐在他的后院时，他对我如是说。他感觉自己未来生命中的每一年都在逐渐萎缩。随着时间的流逝，他对于生活中更重大的意义，对于重新激发自身想象力的渴望也在不断增强。他开始期待着能够创造出一些划时代的发明、一些前人从未尝试过的技术，将自己的思想传递到遥远的未来。他的想法是建造一个可以运行1万年的景观时钟。

最初，时钟只是存在于希利斯脑中的幻想。现在，人们正在得克萨斯州一块500英尺（1英尺约为0.3米）高的石灰岩悬崖上如火如荼地建设着这座时钟。这片土地的所有者，同时也是这座时钟的资助者正是亚马逊公司的创始人，杰夫·贝佐斯（Jeff Bezos）。在那里，仙人掌和丛生的油脂灌木挤在山谷丛林中，低缓的山丘从锯齿状的岩石上升起，甚至没有一条人工凿成的道路。根据希利斯的计算，此地的沙漠气候为时钟的不朽提供了可能性。它隐藏在人们视野的死角中，在一片人迹罕至的私人土地上，不会受到任何的伤害。

为了建造好时钟室，希利斯和矿工、葡萄酒窖设计师组成了一支离经叛道的团队，生生用炸药炸出了一条通往悬崖的隧道，并使用一个由机器控制的金刚石钻头凿出了一段365级的楼梯（代表一年中的每一天），直达时钟室。

与希利斯创造的超级计算机或其他发明相比，这座时钟必须运行得更久。时钟轴承用陶瓷制成，窗户用蓝宝石锻造而成。时钟不是以毫秒为单位计时，而是以数年、数百年和数千年为单位。

钟摆摆锤的动力来源于昼夜之间的温差。每年夏至，它将通过从窗口射入的阳光进行校准。根据希利斯的设想，无论游客何时来到钟楼，都可以通过一个圆盘为时钟上发条，圆盘上不仅会显示当天的日期和时间，还会显示出夜空中恒星、太阳和月亮的位置。

希利斯发现，通过建造这座时钟，他获得了一个思考遥远未来的机会。在考虑使机器长时间运行的各项细节时，他也会考虑时钟运行期间世界会发生怎样的变化。在1万年里，可能会出现一场足以毁灭整个地球的火山爆发。时钟的钟摆必须存储足够的能量，即便是连续一个世纪的暗无天日，它也能保持计时。人类的语言可能会发生变化，因此希利斯和他的合作者已经开发了一种"罗塞塔磁盘"，他们在世界各地留下了很多副本，可以帮助未来的人类解读我们的语言。对希利斯来说，在考虑时钟运转环境的过程中，气候变化等问题在希利斯的脑海中变得更加真实。他正在设计一些东西，保证时钟能在这个星球未来可能发生的诸多变化中留存下来,即便这些变化是他甚至他的孩子都无法亲自见证的。

时钟的构想吸引了很多人,包括未来主义者和技术大师斯图尔特·布兰德(Stewart Brand)以及音乐家布莱恩·伊诺(Brian Eno)。他们组建了一个名为 Long Now 的基金会监督时钟的管理工作,而且已经招募了超过 8 000 名爱好者加入其中。Long Now 基金会成员已经将集体想象未来 1 万年发展成了一种亚文化,或者像一位成员对我描述的那样,他们是"一个关注未来的组织"。其中有人会问,我们应如何创造一个可以持续 1 万年的法律框架?其他人则会考虑气候或工程问题。时钟让他们敢于将想象的触角探入未知的领域。

在世界各地,还有很多其他团体正在为我们对遥远未来的想象奠定基础。在德国的哈尔伯施塔特,圣布鲁沙伊教堂(St.Burchardi Church)的工作人员准备操纵风琴在更大的时间尺度上演奏约翰·凯奇(John Cage)的作品。演奏的原则就是"尽可能地慢",据说演奏的时间长度将超过 600 年。随着零部件的折旧更换,风琴将被不断地拆卸和重装,以便为下一个音符增减簧管。风琴每年最多奏出一两个音符,从某种意义上说,这次演奏是一次跨代的合作,是对未来的乐师和匠人的一次漫长的邀请。

这些古怪的实验让人不由得想起 1977 年,当时人类向太阳系外发射了旅行者号探测器,想要与可能存在的外星人交流。探测器携带着金色光碟,光碟上刻录着儿童的笑声、大象的叫声、纳瓦霍的圣歌、巴赫协奏曲和战斗机的引擎声等音频文件;还载有人类性器官、登山者和泰姬陵的图像。世界各地的人们都被这一事件所吸引,试图联系遥远星球上的生命。领导这项工作的天文学家卡尔·萨根表示,该项目的宏伟目标是帮助地球上的人们定义人类和人类文明。今天的时钟和风琴实验（无论它们是否能够长期存在）最大的意义可能在于帮助人们展望遥远的未来，并将我们自己看作巨大时代的一部分。

作为普通人，即使没有在沙漠中建造大型时钟的动力或预算，我们也能找到想象未来的更好办法，写信给未来的自己或自己的曾孙（如果存在的话）、起草自己的讣告，或创造一些存在时间长于我们寿命的东西。这些做法可能就像在房屋周围种一棵树、把书籍捐给图书馆，或者经营一个栽种多年生植物的小花园一样简单，但它们却可能使我们对未来的想象成为现实。我们也可以让自己的思绪更频繁地向未来游荡，这样一来，未来的可能性（无论是好的还是坏的）对我们来说都将变得更加真实。大部分人在每天清醒的时间中可能没有精力去做这些，但我们仍然可以将人生中的一小部分，如一个月之中的一天，一周之中的一小时分配给未来的自己。我们甚至可以将对未来情景的想象化为记忆，观察自己在其中的行动，穿过重重荆棘，将目光投向前方的道路。

我们目前面临的挑战是，即使我们拥有着想象未来的能力，也很难满足当前的需求。

第 2 章

别只盯着"仪表盘"
符合长期目标的指标才是最重要的

> 放弃时间的人,时间也会放弃他。
>
> 莎士比亚

有一段时间,我的一位女性朋友陷入了对计步的狂热。她参加了所在公司的职场健身比赛,希望能借此让自己变得更健康。她的公司发布的数字化小装置 FitBits 可以不间断地记录佩戴者行走的步数,全体工作团队都开始为这场比赛暗暗较劲。

有一天,我在马萨诸塞州剑桥市繁华的科技中心肯德尔广场碰到了她,并和她攀谈近况。她之前发现自己的团队在步数上远远落后于其他团队,因此在日常生活中增加了一段下午的步行。但是她承认,她刚刚走几步就会路过一家飘着香味的面包店,这时她总会给自己买上一两块糕点,在回办公室的路上填填肚子。自比赛开始,她重了几磅(1 磅约为 0.45 千克),但她的团队在步数上已经遥遥领先。她只关注每天走的步数,因为那是衡量比赛结果的唯一指标,反而将实际的健康目标抛诸脑后。步数导致了健康的幻觉，而实际上，她的碳水摄入量已经超标。

今天，无处不在的传感设备使我们能够实时追踪生活中的各种数据，并据此持续衡量我们的进步。技术专家将数据称作21世纪的石油和电力。运动员追踪着他们的静息心率、商品交易商追踪着天气预报的微小波动、情绪低落的人追踪着自己的瞬间情绪变化、父母追踪着婴儿的睡眠情况和尿布湿度。

到2020年，地球上将存在数百亿个传感器，让我们能够追踪更多的日常行动。无处不在数字测量棒让我们能够以更高的频率评估一切数据。然而，这些技术只是在以更小的尺度衡量长期的文化趋势。作家丹·福尔克（Dan Falk）指出，在莎士比亚的时代，一个"时刻"可能意味着一小时，而且莎士比亚从未在他的任何一篇作品提到过"秒"这个时间单位。福尔克还指出，在乔叟（Chaucer）的字典中根本不存在"一分钟"的概念。

传感器的好处是它能让我们正视自身的立场。就像警惕的守望者一样，数据会告诉我们当前是否正在走上进步的道路。例如，体温计上的数字能告诉我们是该服用泰诺还是给医生打电话。测量技术让我们能够通过不断实现小目标，最终达成大目标。步数可以激励我们更积极地去运动，鼓励我们将突破1万步作为每日锻炼目标。我们会对自己的收入、产品的页面浏览量和考试分数进行评估，以便我们能够努力改进，赚更多钱，拥有更多用户，进入我们梦寐以求的大学……简而言之，赢得生活这场游戏。

随着我们收集更多数据，我们开始依赖各种指标作为成功的风向标或危险的预兆。这一切看上去似乎都很有用，或者至少是无害的。

印度顶级企业家的朝圣之旅

2011年初,韦杰·马哈扬(Vijay Mahajan)在印度开始了为期80天的朝圣之旅,他提出了一个亟待解决的问题:他的生活究竟出了什么问题?

更重要的是,他想知道自己过去30年的生活是否被荒废了。他在职业生涯的大部分时间中都致力于为穷人提供服务,力图建立一个能够打破贫困循环的行业。现在,他站在塞瓦格拉姆静修所(Sevagram Ashram)中,这是印度中部的一块小型别墅区,圣雄甘地曾于20世纪30年代末至40年代初在此策划了印度的和平革命。成片的杧果和无花果树遮蔽了庭院和祈祷场。30年前,还是一名理想主义者的青年马哈扬曾造访此地,但随后的一场灾难将他打入了地狱。

30年前,在旅途的第一天,造访甘地会见全世界访客的那间用竹子和棕榈搭成的小屋时,马哈扬就已经感到了厌倦。屋门上刻着甘地认定的七大社会罪状,其中包括"缺乏道德的商业"。

早在朝圣之前,马哈扬就已经成立了印度最早的、为该国农村贫困人口和城市贫民窟居民提供小额信贷的组织。这个小额信贷服务组织,旨在帮助贫困家庭和农民购买牲畜并以较小的金额开办小企业——有时甚至只需要100美元。

在接下来的几十年时间里,印度人成为全世界小额信贷的主要接受者。像马哈扬这样的人不断向数百万无法通过传统银行和正规渠道申请贷款的人提供贷款。他被尊称为蓬勃发展的印度小额信贷行业的先驱,在国内和全球范围内备享赞誉。2002年,施瓦布基金会提名马哈扬当选"全球60位杰出社会企业家"之一。2009年,《商业周刊》

（*BusinessWeek*）将他评为"印度最具影响力的50人"之一。

然而，到了2010年秋天，这个曾被称为"救世主"的行业，和这个行业中首屈一指的英雄却被描绘成了恶棍，人人谈之色变。安得拉邦（Andhra Pradesh，一个人口规模与哥伦比亚相当的南部邦）爆发了一连串的村民自杀事件。村民口口相传着自己被小额信贷人员欺压的故事。数百人自杀身亡，因为他们无法偿还小额信贷机构的贷款，感到羞耻和绝望。邦政府出面指责这个"野蛮生长"的行业，并以这些事件为由，关闭了大量私人信贷公司，其中就包括马哈扬的公司。政府还颁布了一项法令，规定居民不需偿还贷款。

事件的爆发地印度是我父母的祖国，因此我对这场危机非常关注。这似乎是一场毫无必要的悲剧，它使我不安。在我的印象中，小额信贷是帮助穷人致富的一种巧妙的方式，填补了他们一贯被忽视的信贷需求。几年后，我试图进一步了解当时的情况，就在那时，我遇到了马哈扬。

马哈扬告诉我，危机发生前，印度国内领先的小额信贷公司将它们的大部分贷款组合集中于安得拉邦。邦政府的政策几乎立刻摧毁了马哈扬的公司BASIX，并给全印度的小额信贷行业带来一场大地震。BASIX失去了超过100万个信贷客户，马哈扬不得已解雇了9 000名员工，其中大多数是在安得拉邦工作的信贷员。他认为自己的公司在农村的发展模式与其他私人小额信贷机构不同，但它们的下场并没什么区别，印度的小额信贷机构几乎被彻底清除了。马哈扬公司的债务超过4.5亿美元。

那时，马哈扬开始质疑自己的事业，搞不清楚自己是给穷人带来了更大的好处，还是更大的伤害。

2011年1月，圣雄甘地63周年忌日之际，马哈扬开始了一场寻求真相的朝圣之旅。"人言即为真实"，他在日记中写道。在接下来的几个月里，他行走了超过3 000英里，他参观了古老的神社、路边的回收棚、花店的摊位，以及盲人经营的电话亭。他在印度的村庄、贫民窟和农场里步行或驾车，试图了解这个国家穷困人民的现状。

马哈扬踏上旅程时已经57岁，在途中，他的发际线向后退去，脸上也冒出了花白的胡须。在朝圣的大多数日子里，他都穿着一件简单的棉制库尔塔衫，衣衫的腰身紧紧箍住他的腹部，下摆在他膝盖下面飘荡。

马哈扬口才流利、言辞谨慎，外表也颇引人注目。作为一名商人，他能在谈话中引起一种奇怪的共鸣：他在解析财务模型时，能自然而然地谈论起叶芝（Yeats）和奥登（Auden）。我们2016年第一次对话时，他在许多人会选择拒绝回答或做自我辩解的情况下进行了自我反省，这一点让我大为着迷。在危机袭击安得拉邦和小额信贷行业之前，马哈扬其实一直在考虑提前退休。但危机过后，他反而觉得自己无法这样一走了之了。

马哈扬1954年出生于普纳，印度西部的一座城市，坐落于翡翠般葱郁的山峰之间。普纳因其优秀的大学教育被称为"东方的牛津"。马哈扬是一名印度军官的第四个儿子，他的三个哥哥也都参军了。当他的父母在中产阶层站稳脚跟后，马哈扬被送到一所英语学校。在学校，他培养了对英语诗歌和文学的热爱，以及对技术的浓厚兴趣。他成为当地的精英学子，考入印度理工学院。

20世纪70年代，马哈扬进入青年时代，当时学生抗议印度西北部的古吉拉特邦食品价格上涨的运动，以及印度东北部的比哈尔的反对政府腐败的大规模运动正如火如荼地进行。由总理英迪拉·甘地（Indira Gandhi）掌权的印度政府对这些不断蔓延的社会运动予以坚决打击，逮捕反对派头目。马哈扬看到，在这场混乱之中，年轻人开始登上政治舞台，为穷人和弱者而战。他开始产生了将自己的生命奉献给人民事业的愿望。

然而，多年以来他一直犹豫不决。他被私营企业更稳定、更有利可图的职业前景所吸引，并渴望获得商业管理研究生学位。回首往事时，他曾将那时的自己与让-保罗·萨特（Jean-Paul Sartre）"自由之路三部曲"中的主角马蒂厄（Mathieu）相比较。马蒂厄起初沉迷于一种意识形态所带来的便利，而不是投身第二次世界大战时期欧洲反对种族主义的抵抗运动中。马哈扬很快意识到，他必须按照自己的理想行事，这样才能无愧于内心。他在研究生院遇见了他后来的妻子萨维塔（Savita）。萨维塔鼓励马哈扬在公共服务部门工作，从某种意义上说，她也暂时禁锢了他的命运。

20世纪80年代初，马哈扬从研究生院毕业，开始了为穷人谋求利益的职业生涯。他被一个非营利组织全民合作农场协会招募，到印度东北部的比哈尔邦的农村工作。全民合作农场建立在维诺巴·巴韦（Vinoba Bhave）的土地之上，巴韦是圣雄甘地的助手，他在20世纪五六十年代曾走遍印度，说服富裕的土地所有者将他们的一些土地捐赠给穷人。得益于他发起的捐地运动，无地的贫困人口得到了超过240万英亩的土地进行耕种。然而在印度的许多地区，即使到了80年代，土地仍然紧俏。马哈扬与农村人民密切合作，帮助他们平整、开垦土地，移除巨石，并挖掘灌溉用井。

马哈扬很快就意识到，农民面临的问题远不止是否有地可种。

他们往往具有开办企业的抱负，但没有受过开办、经营企业的培训。他们不知道该如何在银行存款，更不用说获得信贷了。几年后，马哈扬成立了一个非营利组织，招募商人、医生和兽医等专业人士，帮助农民创办自己的企业。他试图说服当地银行提供贷款，帮助农民开办农场和小企业，但他最终发现传统银行不愿意向没有抵押品和信用记录的人提供贷款。

1994年，马哈扬了解到经济学家穆罕默德·尤努斯（Muhammad Yunus）在孟加拉国的实践。尤努斯目睹过20世纪70年代祖国被饥荒袭击的惨状，开始在能力范围内向生活在乡村的贫困妇女提供少量的金钱。他发现，妇女们可以通过小额贷款开展生产竹制家具的业务，而且她们能够按时还款。看到需求的尤努斯创立了自己的金融机构——格莱珉银行，该银行具有广泛的影响力，并在世界各地催生出类似的银行和公司。2006年，尤努斯获得诺贝尔和平奖。

受到尤努斯的启发，马哈扬决定在印度建立一个类似的组织，向穷人提供贷款。1996年，他创立了BASIX。它的第一笔贷款来之不易。马哈扬不得不说服印度储备银行贷款给他的公司，以便向穷人提供贷款。他还必须筹集慈善捐款和外援资金，因为他和共同创始人没有足够的资金来支持他们的贷款业务。

所幸，他们的努力得到了回报。其他公司也开始进入印度的小额贷款市场。随着越来越多的借款人按期偿还贷款，这些公司的资本不断增长，业务也能惠及更广泛的人群。

然而到了21世纪初，马哈扬已经厌倦了募集捐赠资金的工作。他看到了更大的社会使命——为有潜力的微型营利性企业提供贷款。因此，他将BASIX转变为一家控股公司。该公司拥有一个提供小额信贷的部门，让它能够接管外国股权投资。该部门为其他不那么有利可图的部门提供了资金来源，这些部门的工作包括为农村贫困人口提供工作、农作物保险、农场动物疫苗接种、商业培训和储蓄计划等。

小额信贷是救世主还是剥削者？

任何造访过印度的游客都会对其大胆炫目的色彩、强烈的气味以及震耳欲聋的声音印象深刻。万寿菊花环被挂在铃声嘈杂的自动人力车上、车辆会给被染色的公牛让路、路边厨房的香气随着柴油烟雾飘入行人鼻孔，而彭戈拉舞曲从汽车音响中传出，响如雷鸣。

然而在我前往印度的旅行之中，真正让我无法忘记的，还是举目皆是的贫困。孩童们将双手拢成碗状沿街乞讨，这个情景将永远刻在我的记忆里。几千年来，印度的贫困像"家族的诅咒"一样世代相传。在印度历史的大部分时期之中，最贫困的人无法享受银行服务，不能储蓄、投资或借钱，这加剧了他们的贫困。当一个穷人急于支付医疗费用或为家人购买食物，却没有可靠的现金来源时，典当商和当地的黑帮往往会填补银行的空白，但这种借款往往没有利率上的限制，还会依靠暴力催收。

多年来，印度政府一直试图解决这个问题。早在印度从大英帝国独立之前，政府就曾付出大量努力，想为穷人创造合作信贷。印度独立后，银行在政府的控制下将信贷计划扩展到更广大的农村地区，意图惠及更多贫困的农民。

20世纪80年代，在非营利组织和政府的帮助下，印度的农村妇女开始组建合作社，以获得可以负担家庭开支的信贷资金。这类团体通常由一个村庄内的10到20名妇女组成,她们定期开会,并互相帮助偿还贷款,这样也减少了放贷一方的风险。由于政策原因,扶贫成为政府的优先事项。印度政府开始支持这些妇女团体,为她们和国家银行、国际发展银行牵线搭桥。尽管如此,许多农村贫困人口仍然无法获得正规贷款。

当BASIX等受到格莱珉银行启发的小额信贷机构在印度兴起时,它们对自己的定位就是非营利组织。自然而然地,自助团体就成了它们的目标和盟友。研究人员表示,发展中国家的女性往往渴望创业、实现自给自足。她们通常会把赚来的钱反哺给家庭和企业,从而摆脱贫困的循环。自助团体了解了她们的贷款需求,并发放了贷款。女人们在家庭用度紧张时会相互帮助还款,彼此信任、对彼此负责。

印度,特别是安得拉邦的小额信贷业开始迅速发展,并在2010年危机前到达顶峰。作为营利性公司,印度主要的小额信贷机构从美国等国家吸引来了私人风险资本投资者。2008年4月至2010年7月,超过5亿美元流入该行业。信贷机构承诺并提供了天文数字般的投资回报,吸引了大量投资者。贷款偿还率高(数据显示仅有不到3%的贫困借款人会违约)、回报率稳定。借款人像雨后春笋般涌现。

在2008年和2009年,印度十大小额信贷公司的投资者平均收益率超过35%。一些公司的目标是上市,以获得更多的资本。当这种情况发生时,企业的价值越高,早期投资者就会越多。为了提高首次公开募股的估价,一些公司试图在不增加成本的情况下增加其投资组合中的贷款数量。最简单的方法就是,某地区的借款人数量越多,就越需要增加该地区的贷款数量,让当地官员拉来更多的穷人来贷款。换句话说,像安得拉邦这样,越穷的地方就越要加大贷款的投注。

在这种情况下，许多信贷员，尤其是来自农村的年轻人，接到公司的命令，要求他们在本地签署尽可能多的贷款。如果他们能在一周内拉来足够多的贷款，就能获得双薪或免费的摩托车、电视机等奖励。这些公司特别关注女性自助团体。因此，这些信贷员就有了明确的目标和动力，就像我的朋友对步数的狂热一样。

在2009年，安得拉邦的人口占印度总人口的7%，但其小额贷款组合的总量却占到全国的30%。到2010年，安得拉邦约有600万借款人，共计接受了900万笔贷款，这意味着许多穷人贷了不止一笔。

当时印度发展最快的小额信贷公司是SKS小额信贷有限公司。其创始人维克拉姆·阿库拉（Vikram Akula）无疑是一位有为青年，也是媒体的宠儿。仅37岁的他已经登上了《时代》杂志"最具影响力的100人"名单，像马哈扬一样，他也被美国和印度的主要新闻机构描述为全球小额信贷行业的领军人物。

危机前夕，阿库拉的公司即将上市。他从风险投资公司筹集了超过1.5亿美元的股权资本，其中包括美国的红杉资本和砂岩资本。投资者已经看到了非凡的前景，他们预计自己将获得可观的利润。

2008年4月至2010年3月，SKS增加了400多万名借款人，每位信贷员平均贷出488笔贷款。我们根本无法想象在如此数量的客户面前，一位信贷员是否真的能够深入了解他的客户，以及他们是否有能力偿还。2010年7月，就在危机爆发前几个月，SKS上市了。它的估值高达15亿美元，是该公司当年赢利能力的40倍。

阿库拉在印度和小额信贷行业是一个饱受争议的人物。他曾经说过，自己所经营的公司向这个国家的最贫困人口提供贷款的业务，"只能由贪婪驱动"。他的批评者将他与1987年的电影《华尔街》(*Wall*

Street）中的人物戈登·盖科（Gordon Gekko）相比较。盖科在影片中曾说过："贪婪，是个好东西。"

在撰写本书的过程中，我尝试过采访阿库拉，但经过几次电子邮件交流，我发现他似乎在回避我的问题。一位朋友告诉我，在危机之后，阿库拉已经厌倦了和新闻界谈论相关话题。

现代小额信贷运动的发起者尤努斯曾公开批评阿库拉为穷人提供服务时赚取巨额利润的商业模式。由于世界各地的小额信贷机构在20世纪90年代早期就已纷纷成为营利性公司，尤努斯担心它们会偏离自己的核心使命。尤努斯在2009年接受《福布斯》（印度版）（*Forbes India*）的采访中警告说，小额贷款机构正在"贪婪地发放高利贷"。2010年，危机爆发前，他在一次会议上和阿库拉展开公开论战。但阿库拉公司的赢利模式还是吸引了资金雄厚且极具影响力的硅谷投资者，他们将小额信贷视为对小微企业的支持，这与他们"拯救世界"的信条相一致，然而他们忽视了贫困人口需要贷款的初衷。

在此期间，全球小额信贷行业人士的眼光都集中在印度信贷业务的疯狂增长之上。过去25年来，伊丽莎白·拉尼（Elisabeth Rhyne）一直是领导美国国际开发署小额信贷项目的专家，她回忆说，近来的每一次国际发展会议上，小额信贷行业人士都不禁谈论起印度的那些令人惊讶的数字——不计其数的穷人得到了帮助。拉尼说，这些小额信贷公司忽视了潜在的风险，印度银行业当局和全球小额信贷行业也被冲昏了头脑。

然而，随着印度小额信贷公司寻求上市的步伐逐渐临近，全球小额信贷行业开始了一场平静的辩论。印度贷款数量飞涨真的是因为穷人的需求吗？是否有什么大事正在发生？

开车时只盯着仪表盘，会让你冲下悬崖

不断实现短期目标可能会让我们上瘾。我们通常会根据容易衡量的东西来设定这些目标，即我们所说的"指标"。我们认为数字是客观的，因为数字不会说谎。因此我们会使用数字来确认自己究竟是失败了还是成功了。

在实际操作中，我们更倾向于依赖短期数据，因为它们与我们眼前所能看到的情况一致。换言之，它们强化了"可用性偏差"——我们倾向于认真对待那些能够立刻感知到的东西。然而短期数据有时会彻底欺骗我们。2014年冬天，华盛顿特区遭遇了史上罕见的寒流降温，当时生活在那里的我吃尽了苦头。来自北极冰川的寒风一路南下，声势浩大，气象学家称之为"极地涡旋"。但是每天早晨的温度计读数却道出了真实的情况：总体来说，全球气温未降反升，2014年成了地球有史以来最热的一年。第二年汽油价格的临时下跌掀起了美国人购买SUV的热潮，导致人们在油价再次上涨时不得不承担更高的费用。

基于类似的原因，通过邮件获得2 000美元的支票可以让人感觉税收政策还算不错（例如2017年12月在美国通过的税收政策），即使它使中产阶级在买房子、偿还债务、供孩子上大学时更为捉襟见肘。毕竟随着时间的推移，他们获得的财富会变得越来越少。政客们能够看清这种伎俩，公众们却仍被蒙在鼓里。我们今年获得的支票以及银行余额的增加只是一种障眼法，它们远不及我们在税收改革中将会遭受的损失。我们很难从单个数据或当下的收益中捕获未来的大趋势。从这个意义上说，获取眼前的利益影响了我们遇见未来的威胁。

我们选择的短期指标不仅会影响我们的观点，也会影响我们的行动。

老话说"所测即所得"（What gets measured gets done），这句话在今天可能需要改为："可测即可做"（We do whatever we can measure）。我把这个问题称作"仪表盘驾驶"问题，因为我们开车时，只注意到了速度表或燃油表，却没有意识到我们可能会冲下悬崖。这不仅因为我们生来就偏爱现在、忽视未来，还因为我们选择使用的工具，我们执着于表面上的进步。不过好在我们还可以做其他选择。

一项针对纽约市出租车司机的研究能够向我们展示指标是如何影响日常决策的。出租车司机通常也会设定月度或年度收入目标。但研究表明，大多数出租车司机实际上是根据内心的每日收入目标做决策的，即使这与他们的长期目标相冲突。一组经济学家发现，在雨天，那些完成了每日收入目标的出租车司机往往提前几小时收工，即使雨天人们用车的需求猛增，出租车司机可以通过延长工作时间获得更多收入。而在出租车司机可以休息的天气晴朗的日子里，他们反而会延长工作时间，不断寻找顾客，浪费时间和汽油。他们的每日目标（虽然是非正式的）似乎比他们对未来的明确目标更具指导性。它为人们创造了一种成就感，让他们当下感觉良好，而忽视了未来的后果，就像戒烟后的复吸。

人类很容易被眼前事物所影响，这看上去有些愚蠢。人们这样做是为了避免当下的损失。**我们大多数人对失去的畏惧要远大于对得到的渴望。**

每当我们失去一些东西，无论它们多么微不足道，我们都会难以控制地感到不适。我们今天失去的金钱或错过的目标不仅代表着具体的损失，更重要的是，它迫使我们面对一个与自己的期望相矛盾的现实。失去让我们痛苦，我们会一遍遍追问自己，如果我们提前预见到可能犯下的错误，是否能避免损失。我们试图避免错过目标，因为它就像我们攀登陡峭山峰时的绳索，一旦脱手，我们就不得不用脆弱的身体去承受现实的引力。

卡尼曼认为，我们对失败的厌恶源于人类进化的早期阶段。他在《思考，快与慢》(*Thinking Fast and Slow*)中写道，"为了免受掠夺者的侵害，狩猎者和采集者们需要尽快对威胁做出反应，成功避免恶意侵害并幸存下来的人，会将这种特质遗传给后代。"结果就是，相比追求收益，人们更倾向于保护自己免受损失。在与长期合作者阿莫斯·特沃斯基（Amos Tversky）共同开展的实验中，卡尼曼展示了当下损失引发的情感（而不是对长期得失的预期），是如何影响人们做出决策的。因此，未达成每日目标的出租车司机往往会主动寻找客人，以避免自己感受到这种当下的损失。

在2009年，《华尔街日报》的头版刊登了不少针对印度、欧洲和美国小额信贷行业的反对声音，警告上述地区潜伏着信贷危机的萌芽。

印度管理学院的一位专家表示，信贷公司对某些地区提供了"地毯式轰炸"般的贷款。掌控着1亿美元投资基金的业务经理担心信贷泡沫正在不断膨胀。记者科塔基·戈卡莱（Ketaki Gokhale）在一系列文章中报道了印度大部分女性的现状，她们身负多笔小额贷款，只能拼命偿还。有人曾在9家贷款机构贷了款，并因无法偿还欠款而受到公开羞辱。还有不少人已经获得贷款，但她们每月收入只有9美元，根本无力偿还。

戈卡莱发现，女性贷款的目的并不是做生意，而是购买牛奶、支付逾期账单，甚至用作亲属婚礼的份子钱。在这些情况下，贷款并没有帮助女性增加收入，而是在帮她们拆东墙补西墙。由于贷款利率很高，女性借款人很可能陷入更深的贫困。

小额信贷行业顾问丹尼尔·罗萨斯（Daniel Rozas）对印度小额信贷行业表示支持和同情，但他也发出了警告："除非信贷结构改变自己的做法，否则行业的泡沫将转瞬即至。"

罗萨斯并不是什么先知，也不依赖任何内幕情报或难以捉摸的数据。他只是看得比贷款回报率等指标更远，而正是这些指标掩盖了小额贷款行业的暗潮，让大家认为安得拉邦一切正常，岁月静好。

罗萨斯是一名居住在布鲁塞尔的美国人，我们在2016年通过电话。他告诉我，安得拉邦的贷款能力（包括潜在借款人的数量、人口总数和其他因素）在2009年出现了一次飞跃。他当时做了一些粗略的计算，结论是人们偿还贷款的能力值得担忧。这可能意味着，借款人只能在贷款专员的蛊惑下贷出更多的钱来偿还以往的贷款，而不是通过开展新业务来创造收入。直到某一刻，人们无法获得更多的贷款，纸牌屋就会崩溃。借款人的家庭将被无法偿还的债务淹没，而信贷公司则会像多米诺骨牌一样接连倒闭。

罗萨斯在房利美（Fannie Mae，联邦国民抵押贷款协会）度过了他职业生涯的前半程。2007年，美国抵押贷款市场崩溃，引发了全球自"大萧条"以来最严重的金融危机。随着华尔街资本的涌入，房地产市场泡沫加剧，这些资本支持了贷款机构的狂热发展。其中一些机构的做法极具掠夺性，它们要求借款人定期进行再融资——随着时间的推移，未偿余额会像雪球一样越滚越大。雷曼兄弟和贝尔斯登等公司将高息贷款打包成证券，然后将其出售给不知情的投资者。信贷机构也没能将这种产品评级为"风险型"。当住房市场变得过度饱和，房主既不能出售房屋也无法支付房屋贷款时，多米诺骨牌效应就会在整个金融体系爆发。尽管房利美在设计其投资组合时，已经降低了次级抵押贷款的比例，但出于市场竞争地位的考量，仍承担了许多风险贷款。泡沫破裂后，房利美随即破产，和房地美（Freddie Mac）一起接受了美国纳税人的"救助"。

"坦率地说，安得拉邦的数据让我忧心忡忡，"罗萨斯在2009年发表的一篇关于安得拉邦的评论中写道。他几乎可以确认，该邦小额信贷的狂飙增长正是借款人承担过多贷款的结果。"我认为这是人们利用公开数据揭示泡沫存在的最有力证据。"

针对印度南部贫穷借款人反复借贷的现状，罗萨斯警告："在他们眼中，短期利益优先于行业的长期财务稳健性，也优先于真正需要贷款的人的长期利益。"

另一方面，阿库拉以非常强势的态度回应了罗萨斯等人的警告。2009年，阿库拉在《哈佛商业评论》发表了一篇文章，还给《华尔街日报》的编辑写了一封公开信，驳斥了那些认为小额信贷泡沫即将在印度爆发的人。他认为印度的小额信贷业正在健康、稳定地发展，第一个证据就是贷款偿还率。在他的公司，贷款偿还率高达99%，而印度小额信贷行业整体偿还率则接近98%。当然，阿库拉的言论代表着一种态度，即相信印度信贷业的快速增长将继续下去。

面对大量借款人承担多笔贷款的批评，阿库拉再次抛出偿还率来回击。他指出，研究报告表明，确实有不少积极进取的企业家从多家小额信贷公司借贷发展业务，并以高利率偿还贷款。这难道有什么不对的吗？

而罗萨斯在更深入地研究过这份报告后，发现阿库拉的说法并不适用于2009年正在发生的情况，而是适用于印度小额信贷开始快速增长之前的阶段。他们面对的不再只是一小撮"积极进取"的多重贷款，而是车载斗量的借款人——其中许多人可能不会使用贷到的钱创业，而是将它们用于家庭医疗和食物开支。

贷款危机就像一场摧枯拉朽的狂潮，水面之下，涌动的暗流已持续数月之久。借款人承担了多笔无法偿还的贷款，这些安得拉邦的村民持续被邻居或催收人员骚扰，羞愧不堪，一些人最终选择自杀。邦政府借由警方提供的自杀报告，一举将私人信贷机构踢出局，并允许借款人合法拖欠债务。这引发了一系列的崩盘，摧毁了整个信贷行业，使信贷公司深陷泥潭。

很多同情阿库拉的人说，他被之前获得的巨大成功误导，还背负着公司上市后投资者索取高回报的巨大资金压力，实属祸不单行。投资者紧盯着的并不是公司的长期存在和未来发展，公司上下也遗忘了"用贷款服务穷人"的初心。

对于阿库拉来说，在小额信贷行业处于泡沫高峰时期，站出来明确表示"该行业增长过快"（即便他知道这是真的）确实有些强人所难。"企业正在减缓增长速度"或"不要在上市时追求股票价格最大化"，这种说法可能会导致首席执行官遭到解雇。或者正如花旗集团前首席执行官查克·普林斯（Chuck Prince）对英国《金融时报》记者所说的："只要音乐仍在播放，你就必须站起来跳舞。"

包括对阿库拉为投资者返还高额回报视若无睹的专家们在内的一些人觉得，阿库拉在信贷危机爆发前面对公众的态度过于厚颜无耻。当我问他们为什么没有对阿库拉的行为表达更多怀疑时，他们纷纷表示，因为阿库拉抛出来的各项指标太好看了，好看得不容置疑。

而正是这些指标，为市场埋下了安全隐患。

应对短期目标的"保护罩"

古希腊历史学家希罗多德（Herodotus）在作品中写到了智者、政治家梭伦（Solon），他在公元前594年被选为雅典首席执政官，领导了雅典的法律改革，其中包括禁止奴役未偿债务的人，以及给平民选举权。改革后，梭伦自愿离开了雅典。他前往萨迪斯（Sardis，即今天的土耳其）拜访克罗伊斯国王（King Croesus）。

根据希罗多德的说法，自负的国王立即请梭伦参观自己的宫殿，向梭伦炫耀财富。随后，国王问梭伦，谁是世上最幸福的人，言下之意就是让梭伦恭维自己。

但梭伦的回答激怒了克罗伊斯，因为他的答案并不是国王。梭伦说，这世上最幸福的人是一位名叫特勒斯（Tellus）的雅典人，他在战斗中英勇牺牲。他的所有子孙都幸免于难，他因自己的功绩名垂后世。梭伦告诉国王，某一特定时间内的财富并不能作为衡量一个人幸福与否的标准。梭伦还说，人类的平均寿命为 26 250 天，厄运降临到每个人头上的机会都是均等的。而且厄运确实降临到了克罗伊斯国王头上，他很快就失去了自己的儿子和王国。

两个多世纪后，亚里士多德在他关于道德的作品中对梭伦的智慧箴言激赏不已，他认为生命不应以一时的得失来衡量，而应以最终的结果来衡量。当我们仅通过能够立即实现的目标来衡量自己时，我们就会对那些需要长时间努力才能取得成果的事失去耐心，比如学习一门新语言或养育子女。因为我们失去了看到全局的机会，而随着时间的推移，富有远见的决策才能发挥更大的作用。

历史上，人类的洞察力似乎永恒存在，却常常被忽视。托马斯·曼

（Thomas Mann）在20世纪20年代撰写史诗小说《魔山》（*The Magic Mountain*）时，似乎就已经在书中反思了人类"频繁测量"的虚荣心。在这本书中，医生指示地处瑞士阿尔卑斯山区的贝格霍夫疗养院（Berghof sanatorium）的工作人员，每天为病人测量4次体温，每次用时7分钟。从此，体温计的读数为每天的生活提供了固定的节奏，医生也按时为病人展示各自的体温报告。

与此同时，时间稳步地向着第一次世界大战推进。几个月过去了，几年过去了，但病人们似乎对时间的流逝浑然不觉。测量体温的行为增强了病人们的"患病感"，体温计的读数则成了他们专属的"勋章"。当故事的主角汉斯·卡斯托普（Hans Castorp）想要离开疗养院时，他问医生，是否可以根据体温记录准许自己离开这里。医生则生气地透露道，体温计读数从一开始就毫无意义，根本无法说明病情的好坏。而且体温的上升，只是这群病人躲避战争的一个借口罢了。

没人愿意"选择一个短视的目标"。而事实上，我们经常会根据短期目标衡量自己，因为我们在潜意识里认为，它帮助我们评估当前决策在未来产生的后果。我们衡量自己现在所做的事，是因为我们想知道自己的立场，如果立场不明确，我们就会陷入巨大的焦虑之中。个人、组织和社会通常会采用某种特定的衡量标准，因为他们认为该标准可以带来一种更深层次的、长期的结果。而正是这种执念导致了我们面临的许多问题。

我们可以通过一种方法来避免短视，那就是当短期目标过来分散我们的注意力时，不去理会它们。

来自芝加哥的对冲基金投资者安妮·迪亚斯（Anne Dias）曾告诉我她是如何通过上述方法取得成功的。她知道，定期关注投资组合全天收益和亏损的投资者所获的利润，要比不那么看重表现、投资更为随意的投资者低。对损失的厌恶情绪深刻地影响着投资者，暂时的价格下跌可能会让他们做出立即抛售的决定，即使这些股票在未来会变得更有价值，加利福尼亚大学的经济学家布拉德·巴伯（Brad Barber）和泰伦斯·奥迪安（Terrance Odean）研究了这种现象，发现成千上万的投资者往往都会持有表现不佳的股票，而卖出表现优于市场平均水平的股票，因为他们的情感冲动驱使他们避免眼下的损失。亿万富翁沃伦·巴菲特也曾说过，他在睡觉时赚的钱，通常比他积极盯市时赚的钱更多。

因此，迪亚斯决定先不紧盯着自己的投资组合了，她要求操盘人员仅在其涨幅或跌幅超过某个阈值时再告诉她。实际上，她通过这种做法为自己制造出了一个"保护罩"，最大限度地避免了损失厌恶对投资行为的影响。换句话说，她让未来的自己耐心等待她现在所做的决定。

我们每个人在生活中都可以采取这种做法，尤其是在做出重要决定时。例如，买房时，我们可以少关注短期的付款，而更多关注未来数十年的潜在成本；购买燃油效率低的汽车时，我们不仅要考虑今年的汽油价格，还要考虑未来数年平均下来的费用；处理长期项目时，我们可以尽量少查看电子邮箱和社交媒体，而将更多精力投入项目本身。

像迪亚斯一样，我们可以让自己停留在具有"先见之明"的时刻，即那些我们可以运用"远见"的时刻，并将其与我们想要获得或避免的未来行动相结合。当我们错过目标或几乎错过目标时，这种做法可以防止我们做出过度反应，从而使我们免受更多的损失。为了做到这一点，我们可以与自己"订立合同"，设定好我们违背诺言时必须付出的代价。我们在计算每天或每周做了多少事情时，也可以考虑用多个衡量进度的指标来代替单个指标。例如，我们不仅可以测量每天走路的步数，还可以测量每个月减掉的体重磅数、每周摄入或燃烧掉的卡路里数，以及步行的速度和时间等。我们还可以利用从测量中学到的经验来开展行动，并提醒自己，有时候不采取任何行动也是一种选择。

在印度的小额信贷热潮期，贷款还款率指标就是一个"骗人"的数字。它既无法衡量该行业的健康状况，也无法预示该行业在安得拉邦的前景，更无法体现穷人生活的改善情况。同时，高还款率还给马哈扬带来了幻想。它掩盖了这场热潮对他的公司、行业、借贷的贫困家庭以及他个人声誉的威胁。

但是，马哈扬并没有完全忽略即将出现的问题。在危机爆发之前，他已经感到需要勒紧贷款业务的缰绳了。安得拉邦"镇压行动"发生前不到一年，他与该行业的从业者们一起建立了一个由44家小额信贷机构组成的网络。马哈扬担任该网络的主席，并为信贷机构制定了规范，例如不得向单个借款人发放三笔以上小额贷款。

并非行业中的每个人都能将这些自愿性的规范付诸实践。尽管马哈扬一直在幕后努力，但他在2010年初还是公开表示，他不相信安得拉邦正在形成大量的信贷泡沫。

马哈扬和其他小额信贷行业领导者们，在危机爆发前采用了错误的衡量标准，认为信贷市场的增长永无止境，信贷体系也没有任何缺点。尽管他们拥有良好的意图，想确保其投资和业务的健康，但错误的衡量标准却使他们蒙受了极大的伤害。只关注贷款增加数量的这种短视行为，给该行业的领导者和投资者造成了盲点。

马哈扬直到开始朝圣之旅前，才搞清楚为什么这些指标具有如此巨大的误导性魔力。旅程结束后，马哈扬来到安得拉邦。他询问了大量之前的借款人，现在私人小额信贷机构已在该邦被禁，他们要如何谋生。其中一人表示，信贷危机后，他依靠买卖二手汽车零件糊口，并已停止偿还贷款。马哈扬还拜访了各种妇女自助团体，了解她们在危机之前的经历。

这些妇女自助团体有一种内在机制：由于团体的信用取决于每一位妇女偿还贷款的表现，因此她们会互相提示，避免其他人违约。如果另一名妇女无力偿还贷款，其他人会临时解囊，帮忙还款。这种做法很灵活，但马哈扬了解到，这也掩盖了每个人作为借款人的偿还能力。他听到了一些故事，故事中无法按时还款的妇女会被同伴羞辱，甚至会不让她的孩子去日托。

马哈扬发现，在某种意义上，自己只是个一叶障目的傻瓜，与不幸的克罗伊斯国王没什么两样。在朝圣的旅途中，他的见识不断被刷新。最终，在安得拉邦的普查帕里村（Pochampally，60多年前，巴韦在这里发起了捐地运动），马哈扬结束了为期数月的旅行。该村庄因其独特的伊卡特莎丽（ikat saris）织造技术而闻名，纱线先经过扎染，随后在机织过程中呈现出非凡的图案。马哈扬认为捐地运动是印度历史上最伟大的和平土地改革运动，通过这一运动，穷人得到了数百万英亩（1英亩约为4 046.86平方米）土地，而这些土地都是可以继承的合法财产。

听了村民的谈话，并参阅了研究人员展示的自杀调查报告后，马哈扬沉默了。随后，他告诉人们，小额信贷公司应向那些自杀者的家庭提供赔偿。他重新致力于帮助穷人，并提议他的公司和所在行业进行改革，号召信贷机构对每个借款家庭的还款能力进行深入的调查，他认为这样可以防止曾经的愚行在未来重复上演。

我们无法预测生活中可能发生的一切。每个人都希望避免灾难，但有些灾难之所以发生，其实只是因为我们运气不佳。我们可以避免的，是盲目开车冲向悬崖的愚行。当我们评估自己生活的意义或工作的进展时，我们可以听取梭伦的建议，吸取马哈扬事业兴衰的教训。目前，我们有很多的方法来衡量自身的处境，因此我们总是在试图确定自己在某个特定时间的表现究竟是好是坏。

在我看来，每个月或每两个月进行一次反思是一个好方法。即便实现了近期目标，我们也可以经常问问自己还需要做些什么。 我认识一些人，他们每个月都要列出"重要但不紧急事项"的清单，贴在他们家里或办公室的显眼位置。另一个方法，就是不要在实现或错过某个目标时给自己施加太大压力。这些都是避免自己因鲁莽而忽视某些重要事物的有效方法。

通过不定期地而不只是在生命的尽头询问自己"我希望留下的最终遗产是什么？"，我们可能还会发现自己与未来的更深层联系。这趟旅程结束时我们想完成什么？我们希望他人因为什么而记住自己？我们在这方面取得了进步吗？还是我们只是在生活的游戏中积累了更多的分数？

第 3 章

放下手中的"棉花糖"
超越即时满足的诱惑

> 何时该走,何时该逃,要心中有数。
>
> 唐·施利兹(Don Schlitz)
>
> 《赌徒》(*The Gambler*)

长久以来,有一种传言弥漫于大众文化中,即只有某些有天赋的人才能拥有远见。在这幅人类行为的图景中,人们是否会做出鲁莽决定取决于他们的先天能力。这样一来,文化、社会、企业和社区都被免除了相关的责任,人类的鲁莽决定似乎与它们无关。

棉花糖测试:人类的鲁莽决定是源于天性吗?

如果你同意这种观点,就很容易感到绝望。如果一切都取决于天赋,你又该如何更好地运用远见呢?

这种误解可以追溯到一个实验,即测试儿童延迟满足能力的"棉花糖测试",由心理学家沃尔特·米歇尔(Walter Mischel)于 20 世纪

60年代首次开展。如今这个实验已经广为人知了，米歇尔让斯坦福大学的比恩托儿所的600多个孩子做一个选择，是立即吃掉自己钟爱的零食，还是再等待20分钟，从而获得双倍的零食。

几十年后，米歇尔发现那些选择延迟满足的孩子后来取得了更高的SAT成绩，并普遍取得了更高的学位。与前一类孩子相比，他们患肥胖和吸毒的可能性更低。

米歇尔的研究结果发表后，高调的评论者们纷纷响应，认为童年时的自我控制能力是人生成功的主要预测因素。"通过棉花糖测试"甚至成了《芝麻街》(*Sesame Street*)某一集的主题。

2009年，一位演讲者在TED上发表了受欢迎的演讲，题为《不要吃棉花糖！》(*Don't Eat the Marshmallow!*)，而很多小学生也穿上了印有这句口号的T恤。

米歇尔的研究引来了大量新闻媒体报道，在这些报道中，等待的习惯和日后的成功之间紧密相关，一个人的意志力在他出生时就被预先"设定"好了。而将孩子按照"通过测试"和"未通过测试"进行分类，也只是为了满足家长们的欲望：他们希望通过孩子早期的行为来预测他们的未来。

一些后续的研究发现了环境和文化在人们控制冲动时起到的重要作用。例如，一项由罗切斯特大学的科学家领导的研究项目表明，延迟满足不是天生的能力，而是一些孩子适应环境的选择。

2012年，认知科学家塞拉斯特·基德（Celeste Kidd）、霍利·帕尔梅里（Holly Palmeri）和理查德·艾斯霖（Richard Aslin）对米歇尔的棉花糖测试进行了优化。他们让一组儿童面对可靠的条件，另一组儿童面对不可靠的条件。实验开始前，研究人员向"不可靠"组的孩

第3章 放下手中的"棉花糖"

子们承诺,他们可以使用华丽的新贴纸和新蜡笔来完成美术作业,但并没有给孩子们分发文具。而另一组孩子则得到了漂亮的新文具。

研究人员发现,如果确定自己能够在未来得到奖励,孩子也就更愿意等待。而想要立即得到奖励的孩子,则往往对未来的奖励抱有怀疑。实验结果表明,并没有哪个孩子天生就有更好的自控能力。相反,孩子会因对成年人的信任程度和对奖励承诺的信任程度,选择不同的策略。实际上,一个孩子未来成功与否并非由天性决定,环境才是最重要的影响因素。在米歇尔的棉花糖测试中表现良好的孩子后来之所以更成功,可能仅仅是得益于他们的生活环境,而非他们的能力。

我们在人类日常生活的决策中也能看到这种动态变化。譬如某人今天看上了一双能穿好几年的鞋子,但钱不够。考虑到自身情况,他可能会退而求其次,选择一双更便宜、却只能穿3个月的鞋子。即便长期来看,买第一双鞋子的总成本更低。他之所以没能看得更远,可能是因为时间紧迫,他不得不快速做出决定,而他恰好又看见一家正在打折的鞋店。即便我们告诉他长期来看买第一双鞋更划算,也无法改变他的决定。但如果我们改变了他的处境,或他对当前处境的认知,他可能就会做出不一样的决定了。

文化对人的影响可能和环境一样大。德国心理学家贝蒂娜·拉姆(Bettina Lamm)对近200名孩子进行了改良版的棉花糖测试,她发现喀麦隆农民家庭孩子的通过率大大高于德国的孩子。喀麦隆的孩子在等待延迟奖励时发出的抱怨要少得多,并且几乎都采用了"冥想"的方式来抵御诱惑,这种方法效果非常显著。这两个国家的孩子从3个月大就开始被跟踪研究,而2017年的这次研究是西方文化以外的孩子第一次接受棉花糖测试。

拉姆搞不清楚，为什么70%的喀麦隆的孩子愿意等待双倍的、被称作"帕芙"（puff-puff）的当地甜甜圈，而德国中产阶层的孩子能做到这一点的却不足30%。之前类似的研究也表明，愿意等待延迟奖励的美国儿童不到1/3。但是拉姆和她的同事确实观察到，来自喀麦隆Nso族裔社区的父母在养育孩子时有着明显不同的习俗和期望。

和德国的母亲不同，喀麦隆的母亲会在新生儿开始哭泣之前就立即给他们喂奶，拉姆认为这可以防止婴儿在进入世界时感受到负面情绪。喀麦隆的孩子在泥砖砌成的、没有任何电力供应的房子中长大，只依靠简单的饮食（主要是玉米和豆类）生活。他们出生后即被父母寄予厚望，从小就在家庭农场工作，并照顾年幼的弟妹。

这些发现引出了一种观点，即文化价值观和文化习俗可以极大地影响人们对待冲动的方式。尽管喀麦隆的孩子比同样接受了棉花糖测试的德国或美国的孩子贫穷得多，但他们的文化可能促使他们更加重视未来的回报。

科罗拉多大学博尔德分校的研究人员于2018年发表的另一项棉花糖测试研究表明，同组成员的行为也会极大影响受试儿童的选择。如果告诉一个孩子，还有一组穿着和他相同颜色T恤的孩子也在受试，并向他展示其他孩子正在等待的图像，似乎也会影响这个孩子的选择。

相比之下，尝试将人们的生物学特征，例如性别或种族，与他们的忍耐能力联系起来的实验并没有得出令人信服的结果。相反，更有力的证据表明，一个群体的文化规范影响着人们对未来的看法，这也就能解释不同地区、职业或政党中的人运用远见时的差异了。

这项研究得出了一个强有力的结论：人们可以根据条件和文化规范来改变自己对未来的态度。洞察力影响深远，因为它为我们提供了选择,选择为自己和他人创造合适的条件以实践远见,而不仅仅是依靠自身的意志。

不过长期以来,这个结论一直被人们忽略,他们更喜欢将棉花糖测试看作对一个孩子未来能否成功的预言,这个想法在大众脑海中已经根深蒂固。而棉花糖测试的最初实践者米歇尔在人生的最后几年里,也一直致力于消除人们对于推迟满足能力的错误认知。

在揭开棉花糖测试的面纱后,我们得出了一个更重要的结论:我们注定要做出鲁莽的决定。但解决方法是存在的,我们需要研究那些鼓励超前思考的文化习俗和规范。

刮刮彩票竟然能帮助穷人储蓄?

人们在尝试着为未来存钱时,常常会遇到困难。尽管从长远来看,储蓄对他们的财务状况十分有利,但这将会减少他们近期购物的资金。

我问蒂莫西·弗拉克(Timothy Flacke)是否知道解决这个难题的方法。弗拉克是波士顿非营利组织联盟的执行董事,已经在帮助美国贫困家庭和中产阶级家庭维持经济稳定的岗位上工作了20年,他说:"人们都知道储蓄是一招好棋。但想做到真的很难。"

如果一个家庭的愿望与行动不匹配,后果可能是毁灭性的。如果一个家庭没有储蓄,当预算之外的需求出现时,它就会陷入危机。美联储在2015年对数千名美国人的储蓄习惯进行了调查,发现46%的美国人在紧急情况下拿不出400美元。

绝望的人们往往有充分的理由专注于眼前的需求。行为科学家塞德希尔·穆来纳森(Sendhil Mullainathan)和埃尔德·沙菲尔(Eldar

Shafir）研究了世界各地穷人的决策习惯后，认为时间、注意力或金钱的匮乏会使人们将注意力集中在当下，也常常导致他们去借钱。从某些经济学家的角度来看，这种行为是不合理的。

但是对于贫困人口而言，关注当下可能才是最实际的决策方法。穆来纳森和沙菲尔在他们的著作《稀缺》（Scarcity）中解释了为什么穷人会申请发薪日贷款，即使这种贷款利率很高，往往会让他们变得更加贫困。他们写道：

> 就像我们在赶往医院的途中超速了也在所不惜一样，一切有价值的目标总是享有最高的优先级，因此当某些人在申请发薪日贷款时，长期的经济后果完全不在他们的考量范围内。为什么发薪日贷款如此吸引人？因为人们需要贷款……尤其是在火烧眉毛时。发薪日贷款的最大优势，就是能够迅速有效地扑灭这场大火。但它们最大的隐患，就是会在火灾再次爆发时火上浇油，但这个隐患早就被人忽视了。

在一项研究中，穆来纳森和莎菲尔对印度种植甘蔗的农民进行了认知测试，这些农民在甘蔗收获前往往会陷入缺钱的窘境，甘蔗收获后则可以立即变现。他们发现，当这些农民手中资金充足时，他们控制冲动的能力也会变强。一个缺钱时做事鲁莽的农民有钱之后，会变得头脑灵光、富于战略眼光。

我从中认识到了一个现实，即资源匮乏的人会更重视当下能得到的帮助，这让我理解了为什么那么多印度小额信贷危机的受害者宁愿放弃自己未来的利益，也要陷入债务深渊。当然，这也解释了为什么贫穷的家庭面对飓风预报时，仍然一意孤行、对风险不闻不问。

宾度·阿南斯（Bindu Ananth）是位于印度金奈的婆罗信托组织（Dvara Trust）的董事会主席，该组织为印度的穷人提供投资教育、保险、储蓄和贷款等方面的金融服务。婆罗信托的研究表明，穷人在偿还银行和小额信贷公司的正式贷款时非常可靠，而且大多数人都能做到按期还款。但是阿南斯认为，贷款已经被滥用了，公司、政府和援助组织往往把贷款作为解决穷人缺钱问题的灵丹妙药。

阿南斯告诉我："如果一个人遇到了健康问题，就可以申请一笔高额贷款，这在短期内似乎没有什么问题，但还款期限一旦延长，他就会入不敷出。"她还说，"通常，走投无路的穷人会用贷款代替储蓄和保险。"

问题在于，你怎样才能帮助没有钱的人存钱呢？

弗拉克和他的同事注意到，至少在美国有一种趋势，似乎与穷人的储蓄和借贷习惯不一致：他们玩彩票的比例很高。一项针对美国民众的调查显示，38%的美国低收入人群（占美国人口的21%）认为彩票中奖是积累大量金钱的最实用方法。他们幻想着头奖能够落到自己头上，这样就可以一举解决他们的财务问题。同时，在美国收入最低的家庭中，仅有不到1/3会定期储蓄，但这些家庭的彩票支出比例却很大。

据弗拉克了解，彩票具有储蓄账户（至少是活期储蓄账户）所没有的吸引力。穷人们看中立即赢得大奖的可能，而不愿等待长期的回报。大奖具有立竿见影的魅力，滋生了穷人的幻想。刮刮卡彩票还为人们提供了少量的安慰奖励（1美元到2美元），这就会让他们觉得自己很幸运，觉得自己应该接着买。

2009年，弗莱克与密歇根信用社联盟（Michigan Credit Union League）和联邦财富（Commonwealth）合作，决定用彩票的功能来鼓励人们为自己的未来储蓄。他们为进行储蓄的人提供参与当月抽奖活动的机会。除了能赚取储蓄利息，储户还获得了一张奖金基金的抽奖券，该基金不仅经常抽奖，头奖更是有10万美元之巨。

试点的结果非常成功，超过11 000人在新增账户中存入了超过800万美元。即使对该计划的设计者来说，这也是一个惊喜：金融危机刚刚把密歇根州的中低收入家庭推入了深渊，许多人失去了工作，而他们却通过这次活动为未来积蓄了不少财富。事实证明，该方案比高利率的储蓄方案更受欢迎。

经济学家彼得·图法诺（Peter Tufano）是联邦财富的创始人，现在是牛津大学赛义德商学院的院长。图法诺研究了英国优质债券的成功案例，该债券兼具彩票和储蓄两种性质。英国政府于1956年启动了优质债券计划，以鼓励民众在第二次世界大战后进行储蓄。在过去的70年中，有22%至40%的英国公民持有该债券。虽然其保底收益低于政府债券，但储户们依然十分追捧，因为每月提款时可能会赢得现金奖励。图法诺的研究表明，以这种形式进行储蓄的人通常不会把其他形式的储蓄放在眼里，因为这种储蓄方式更像是赌博。

与买彩票不同，人们在进行这种储蓄时永远不会蒙受失去初始资金的风险。通常，他们只需放弃一部分潜在利息收入，就有机会赢得大奖或少量现金奖励。换句话说，他们就是在玩彩票，还是一种不会蚀本的彩票。实际上，在潜移默化中，他们正在为自己的未来做好准备。

由于博彩法律的限制，在2009年之前，这种与奖金挂钩的储蓄计划在美国大部分地区是非法的。在密歇根州的试点初见成果后，一些州开始对银行和信用合作社开绿灯。2014年,国会通过法律,在联邦一级制定了类似的例外规定。自密歇根州试点启动以来,已有超过8万名美国人通过该计划在储蓄互助社持续存款,超过20万名美国人在银行上使用了类似功能。

2016年底,斯坦福大学研究人员开发的一款名为Long Game的智能手机应用程序也借鉴了这些原则。Long Game能够帮助人们轻松开设储蓄账户(最低至60美元),并将其添加到他们现有的账户中。该应用也允许储户参与抽奖活动,奖金高达100万美元。在启动后的6个月内,Long Game的用户超过12 000人,他们平均每个月向自己的账户续存50美元。他们的存款由联邦存款保险公司予以保障。

近年来,美国十多个州的银行或信用合作社提供了类似的储蓄计划;在世界范围内,有十几个国家也在这样做。2007年,阿根廷的两家银行启动了与奖金挂钩的储蓄计划。在接下来的6个月内,它们的存款金额和储户数量增加了约20%。

不过该计划在推行过程中会遇到一个障碍,就是商业银行无法从储蓄中获得多少利息收入。因此,除非银行意识到与新客户建立长期关系的重要性,否则它们往往不会积极拥抱此类创新。图法诺说,近年来,低利率阻碍了该计划的发展,因为它需要大量的储户才能提供每月100万美元的奖金。图法诺还研究了南非地区的类似计划,它们非常成功,甚至让彩票委员会感受到了威胁,政府最终将后者关闭。

政府此前希望垄断彩票,以筹集资金支付基础设施和公共教育等项目的费用。但是这种做法存在一个长期问题:它们是在利用社会底层贫苦人民的钱来支付公共服务的费用,这就像对社会上最需要帮助的人征收递归税一样令人不齿。而与奖金挂钩的储蓄成功吸引了那些为自己储蓄的人，从而完全扭转了这种局面。

我发现，这种与奖金挂钩的储蓄计划的聪明之处在于，它迎合了人们用长期储蓄资金去赌博的欲望。其基本思想是，**我们可以激励自己在当下就做一些对未来有利的选择**。在我看来，它就是"短期目标"的对立面，它能鼓舞人们进行长期的坚持。

我曾经也使用过这样的策略，但不得不说，我当时的目的不大崇高。几年前，我大学时期的一个朋友决定参加休斯敦的马拉松比赛，当时我特别想帮助他完成人生中的首次马拉松。我的朋友性格开朗，喜欢鲜艳的色彩。比赛中，当他到达关键里程点时，我向他撒去很多闪闪发亮的东西，让他大吃一惊。这种行为在某些激进的跑步者圈子中被称为"闪光炸弹"，有些"闪光炸弹"具有攻击性，往往不受欢迎，但幸运的是，我的"闪光炸弹"深受朋友喜欢。抵达终点后，朋友告诉我，"闪光炸弹"帮他熬过了比赛中最艰苦的部分。

有些牙医在给孩子做手术前会送给他们一个气球或彩色牙刷，帮助他们转移注意力，我的做法和这并没有什么不同。只要我们选择的奖励与自己的长期目标相一致，这种方法就是可行的，它足以帮助我们撑过一年的夜班、学会一门难懂的语言，或重返学校获得学位。

我现在认为，"闪光炸弹"也可以帮助人们为即将来临的灾难做准备。我认识的一位防洪专家花了很多时间，也未能说服易受洪灾地区的人们保护自己的房屋免受洪水侵袭。她说，真正有效的方法是与房主分享降低每年洪水保险费的具体策略。一旦人们知道做防洪准备有利可图，他们就会愿意在这上面花费时间和金钱，因为这些刺激是具体而直接的，而不像"将来的洪水"那样遥远。

如果人们能对将来的气候灾害做出更充足的准备，社区和保险公司就可以为他们提供更多的经济奖励，与政府和公司救灾时投入的高昂成本相比，这些奖励简直是九牛一毛。至少，政府不应惩罚人们为自然灾害做准备的行动。举个反面例子，直到1990年，加州民众为了应对地震，集体对房屋进行修缮，而当地的房地产税反而上升了。事后，该州的选民明智地通过了一项投票倡议，以防止在人们为满足更高的抗震标准而改建房屋时，政府提高税率的情况出现。

而更好的方法，是社区为居民操作退税。美国的一些地方如休斯敦和新泽西州，已经提供了一套非常划算的买断方案，帮助居民在灾难后离开原住址，去他处重建家园。

我们完全可以在灾害密集发生的区域推行这项政策。居民可以基于自身需要来决定每年的投保金额，从而将更多的资金用于储蓄，而非保险。这种方案和很多对冲基金的操作模式类似，投资者每天查看投资组合和出售股票的次数都是受限的。

"闪光炸弹"甚至可以为抑制全球变暖提供思路和方法。数十年来，人们一直在追求立竿见影的方法，但减少交通和用电造成的温室气体排放的提案并不尽如人意。

大多数人和企业都不想因"地球变暖"这一抽象想法而忍受天然气和电力价格上涨。近年来，一些保守派和自由派团体都提出，美国应采取一种巧妙的方式来减少二氧化碳带来的污染，即提高煤和石油等化石燃料的价格，并向人们提供税收抵免或每季度通过邮件派发股息支票。对石油和煤炭等污染性燃料征得的税费可以用来支付股息。这种方法可以让人们自发地使用清洁能源，从而避免那些不必要的牺牲。

当然，"闪光炸弹"并非在所有情况下都奏效。毕竟，我们有时会发现自己根本无法抵御当下的诱惑。

扑克玩家如何战胜赌场

如果世界上有一个地方，能让"鲁莽"像杂草一样疯长，那就是拉斯维加斯。在这里，有些人能够直接从别人的短视中获利，他们以此为生。对我来说，如果听任拉斯维加斯沿着现有的轨迹发展，它就会变成未来社会的缩影，就像迪士尼在20世纪80年代推出的"明日世界"乐园那样。我去了一趟拉斯维加斯，在那里感受到探寻未来的极大障碍，而我本以为那会是一趟开心的旅程。

在赌场内你就可以了解到，为什么我们会因为眼前的欲望而忽视未来。赌场管理者精心创造了一个环境，其中有许多人（即便不是绝大多数人）会为了诱人的幻想而放弃对未来的远见。

赌场一开始会向游客抛出大量诱惑。在好莱坞星球赌场度假村内，我注意到一个盲人一只手拿着鸡尾酒，另一只手拄着拐杖。我的注意力像弹珠一样乱窜，他看上去却很淡定。四周充斥着嘶哑的声音，有人在洗牌、酒杯碰撞叮当作响、街机喷吐着电子音旋律，还有筹码撞击的咔嗒声混合在一起，非常刺耳。女服务员端着免费的香槟杯在赌徒中间穿梭，霓虹灯闪烁，将人们带往"快乐的坑谷"。

"试试手气"的诱惑和对获胜的期待在赌场中被不断放大，你好像同时拿着10部手机，每部手机上都闪烁着魅惑的信息。你心中期望的是下一刻的收获，而明天或下周的愿望则被抛到脑后。直到某一刻，你可能会像我一样，发现自己不知不觉地将辛苦赚来的现金一股脑地输给了一个名叫帕姆（Pam）的21点庄家。

人类有一种沉迷于即时满足的倾向，而赌场正利用了这一弱点。神经科学家们已经证明，当人们获得一定量的"奖励"时，无论是巧克力、性高潮还是吃角子老虎机上闪烁的金色星星，都会让大脑分泌出多巴胺（dopamine），这是一种在神经元之间传递兴奋感的化学物质，而它的作用就是训练我们尽快分泌更多的多巴胺。这就是为什么在老虎机上开出同花、听到手机短信的"叮叮"声、喝一小口含糖饮料或在社交软件上获得一个"点赞"时，我们就会对下一次刺激产生期待。

当我们满足了眼前的愿望，我们就会陷入一种强迫循环，不断地寻求下一次刺激。比如我们看完一部悬疑剧集后，会有一种余味久久不散的感觉。即时满足令人上瘾，这就会混淆我们对后果和时间本身的看法。这种对当下的关注完全不同于佛教徒提出的当下的理想，如20世纪70年代拉姆·达斯（Ram Dass）在书中所说的"活在当下"，或乔恩·卡巴特-津恩（Jon Kabat-Zinn）提出的专注状态等。相反，对即时满足的渴望会夸大人们对不久的将来的期望，对他们来说，当前状态将永远无法令人满意。

纽约大学的人类学家娜塔莎·道·舒尔（Natasha Dow Schüll）经过分析，发现了赌场经营者如何基于赌客对多巴胺的追求而实现对他们的控制。赌客赔钱时，赌场会提供一些免费赠品（如食物和饮料）让赌客产生"赢取收益"的错觉，从而鼓励赌客继续下注。舒尔发现，自20世纪80年代以来，视频赌博机大量涌入赌场，专门用来培养赌客的成瘾性，使赌客能够在短短的几秒内就体验到近乎胜利的感觉。

这些机器会在屏幕上生成旋律和鲜艳的色彩，赌客们能够从中获得一些小小的刺激，从而渴望一次又一次地投入游戏之中。这使他们陷入了一种怪圈，忽视自己的利益，忘记了时间。在拉斯维加斯，你会发现赌场的天花板被设计成天空般颜色，并通过背光营造出一种白昼的感觉，即使到了夜间，赌徒们也会在机器和纸牌桌前流连忘返。

但是，拉斯维加斯毕竟是一个极端的环境，它在人们的想象中几乎是"放纵"的代名词。不过，我们在日常生活中依赖的技术也会被精心设计，以求达到类似的效果。它们提供了丰富的诱惑，比如让全世界的知识触手可及，或者瞬间就能让我们与认识的以及许多不认识的人取得联系。它们用"转发""点赞""新消息"等通知诱惑我们沉迷其中。其实，我们每个人都在口袋中装着一座微型赌场。

就像咸味下酒菜会让人渴望喝下更多啤酒一样，从即时消息到一键式购物，如今最流行的工具让获取物品和信息变得方便快捷。我们开始期望生活中的一切都能加速，我们在收银台前排长队时，会不耐烦地用手指敲敲打打。

我们不仅可以更频繁地测量时间，还期待能将时间压缩。如果我们追溯到拍立得相机和微波炉刚刚被发明的年代，就会发现无处不在的消费产品正将我们的时间压缩成越来越短的片段，从而让我们认为理应"即时"拥有的东西变得越来越唾手可得。

亚利桑那州立大学科学与想象力中心主任埃德·芬恩（Ed Finn）记录了谷歌公司如何改进其搜索引擎，以消除输入问题和显示结果之间仅仅几毫秒的延迟。如今，谷歌的"自动完成"功能可以在用户完成输入之前就显示结果。它的目标就是预测用户的需求并更快地给予满足。

时间显示技术的发展象征着科技如何从我们的感知中抹去了过去和未来，从而将我们的注意力锁定在当下。从前，钟面和表盘让我们能够感知到时间从过去到未来的移动；而如今的数字钟只向我们显示一个接一个的瞬间。

17世纪，艾萨克·牛顿将绝对的数学时间和我们感知到的"表象"

时间进行了对比。文学研究者哈罗德·施韦泽（Harold Schweizer）认为，随着技术的进步，表象时间的压缩使人类感到焦虑和彼此疏远。他在《论等待》（On Waiting）中写道："在当下的文化中，'等待'是一个轻侮性词语，这反映了我们对快速现代化的不适感。"他指出，我们的焦虑状态将会迎来进一步的恶化。"如果社会变革的加速导致当下被压缩，那么等待当下的痛苦也将被延长。"施韦泽将被压缩的时间与相机快门的突然闪烁进行了比较。"换句话说，现代时间的加速极大地加剧了等待的乏味感。"

在当下这个缺乏耐心的时代，我们对即时满足的追求几乎不可避免，甚至愈演愈烈。在使用智能手机、搜索引擎和社交媒体时，我们的行为其实和瘾君子无异，脑科学家彼得·威博（Peter Whybrow）称这些令人沉迷的技术为"电子可卡因"。即使不像瘾君子那样面临直接的生命威胁，我们也需要训练自己为了未来牺牲当下迫切的放纵欲望。

未来的几十年中，新技术可能会为我们提供更快、更无缝的时间体验。即使可以完全摆脱这些技术，我们可能也不会这样做。数字技术是我们这个时代的蒸汽引擎，它为我们的一切行为提供动力，并将全世界的人们紧紧联系在一起。在当下的社会，没有多少人会选择放弃这些能让生活变得更快、更轻松的产品。我并不赞成"勒德分子"（Luddite）彻底反机械反自动化的主张，但是像许多人一样，我想知道如何让自己专注于未来，如何抑制自己追求即时满足的冲动。当我在路上想要不顾一切地转弯时，我希望自己能够抬眼看得更远，从而避免危险。

我有个堂兄是一位扑克玩家，他经常造访拉斯维加斯和其他城市的赌场。但是，与大多数赌徒不同，他通常会在赢得很多钱后离开赌场。

他告诉过我一些职业扑克玩家的内幕，他们每年能赚上六七位数的收入，但他们靠的不是鲁莽，而是战略。这些职业选手以玩牌为生，有些人甚至就住在拉斯维加斯。他们并不是所谓的"满足文化"的受害者，而是它的主人。

2015 年访问拉斯维加斯时，我在好莱坞星球主赌场楼上的一个房间里观看了一场扑克锦标赛，奖金为 150 万美元。偌大的大厅里铺着肮脏的地毯，配置着黑色的硬椅和柔和的头顶灯，就像一间乏味的会议室。这里没有女服务生分发马提尼酒，大家喝的都是瓶装水和罐装红牛。扬声器会用闷闷的声音发布每一轮的新广播，声音听起来就像高中游泳比赛时的播音员。扑克锦标赛进行时，看门人会用一个小型垃圾箱收集三明治包装纸。数百名戴着棒球帽的扑克玩家坐在数十张桌子旁，看起来像是在养老院里玩宾果游戏，场面无聊至极。

职业扑克玩家们并不比正常人拥有更强的意志力。职业扑克是一种根植于拉斯维加斯的亚文化，有着自己的规范、语言和玩法，就像 20 世纪 80 年代的朋克摇滚一样。这种亚文化的拥护者有着坚决的主张，他们鄙视主流赌博文化，并与它划清了界限。他们将自己视为拉斯维加斯的黑客，而不是粗心大意的、玩票性质的战略家。

扑克与其他赌场游戏不同。这种不同不仅因为游戏形式，更是因为有人可能将扑克游戏作为自己的谋生手段。对于牌技和运气双赢的玩家来说，操纵赔率也不是不可能。专业人员表示，大多职业扑克玩家并不仅仅追求即时满足。

他们的生计不是一场独幕戏，而是贯穿于多场游戏之中的。在持续数天的锦标赛中，成功的玩家会从始至终坚持下去。他们坚守自己的筹码，经常弃牌，等待合适的机会下一笔大注。获胜的玩家必须忍受一系列失败而不能后退,这样才能在比赛中取得更好的成绩。相比之下,弱小的玩家则在努力遏制着种种冲动,比如每一手都压着对手打,或打所谓的"仇杀扑克"(vendetta poker),即通过制造小分歧来打败对手。

职业扑克玩家们使用的术语强化了他们的价值观。从学习打牌到以此谋生的漫长道路被称为"研磨",就像文艺复兴时期雕塑家工作室中的学徒一般,选手们会对投入大量时间完善技艺的人报以尊重,认为这是一种崇高的敬业精神。当扑克玩家在赌场玩掷骰子或21点时,或将自己打牌的收入挥霍在昂贵酒水和夜生活上时,人们就会说他在"泄漏",这意味着"船最终会沉没"。这些术语巩固了亚文化的规范:并非所有人都遵循,但有很多人渴望遵循。

"损失"是职业扑克文化中的荣誉徽章。因在2003年世界扑克大赛获得成功而闻名遐迩的职业扑克玩家、荷兰人博伊德(Boyd)简洁地告诉我:"很多人想成为扑克明星,但沉下心来磨炼手艺的却没有多少。"成名前,博伊德一度屡战屡败,但他最终坚持了下来。

另一名职业玩家罗尼·巴尔达(Ronnie Bardah)在游戏厅长大,后来他父亲在赛马中输掉了家中的全部积蓄。巴尔达经过近10年的训练,从低筹码的扑克牌局起步,积累了大量业余扑克游戏(职业扑克玩家称之为"菜鸟游戏")的经验,最终获得了在世界各地参加高级锦标赛和现金比赛的资格。

认真磨炼扑克技术7年后,他在2010年的锦标赛中赢得了自己第一笔6位数的奖金。像我遇到的许多其他成功的扑克玩家一样,他为了获得丰厚但不确定的长期回报,抵制了获取更多短期利益的诱惑。他父亲因赌博陷入贫困,而他则逃离了这种命运。

一组英国研究人员在2008年和2009年分别与几位英国扑克玩家进行交谈后，发现他们有一种行为模式，这种模式为我在拉斯维加斯的发现提供了佐证。成功的职业扑克玩家每年能赚到15万美元以上。与那些休闲玩家不同，他们不会试图立即止损，而是拥有更广阔的视野。他们似乎已经想出了从情感上摆脱当前损失的办法。

扑克玩家对待损失的不同态度，使我想起社会学家马歇尔·甘茨（Marshall Ganz）曾对我解释过，为什么某些社会运动会持续下去，而另一些却随着时间的流逝而消失。甘茨说，一个关键因素是运动领导者应对挫折的能力——他们究竟将挫折描述为通往胜利的试炼，还是象征着敌我实力相差悬殊的失败信号。

换句话说，**用鸟瞰视角看待损失，可能会阻止人们在特别困难的时刻选择放弃**。凯斯西储大学的政治学家凯伦·贝克维斯（Karen Beckwith）对她所提出的"失败的叙述"开展了研究。她追踪了英国和美国的劳工运动，并发现积极的态度有助于某些失败的劳工运动得以存续。小马丁·路德·金曾说："我们必须接受有限的失望，但永远不要失去无限的希望。"

职业扑克玩家"栖息"在自己的环境中，从某种程度上说，这种环境能够使他们免受赌场中其他游戏的诱惑。即便是在混乱嘈杂的拉斯维加斯，扑克锦标赛也通常在赌场主层之外的房间中进行，就像我在好莱坞星球看到的大厅一样。

这是赌场管理者权衡后的结果，因为扑克并不会像其他项目那样为赌场提供收入，玩家们会赢到其他玩家的筹码，而不是将筹码上交给赌场，不过赌场还是会对锦标赛收取一些入场费。

扑克玩家往往会放缓游戏的节奏，而不是将现金投入老虎机，或在轮盘赌桌上狂输滥赌。赌场更倾向于向扑克亚文化之外的人提供福利。而扑克玩家也会从赌场的这一疏忽中受益：相比常规赌桌，扑克锦标赛几乎没有体现出任何赌场的特色，也无法诱使人们产生放纵的冲动。在这里，女人不会露出乳沟，赌场不会提供免费的酒，也没有钟声或灯光使人投下每一枚硬币的动作变得绚丽多姿。因此，寻求下一波刺激的强制循环便被打破了。

在短视文化横行的汪洋之中，赌场扑克文化像是一座浮岛，为更广泛地培养反对短视文化的习惯、抵制生活中的即时满足提供了可能。

作家、企业家威廉·鲍尔斯（William Powers）几年前受到柏拉图、塞内卡和梭罗的启发，在家中发起了一项崭新的实践。鲍尔斯每周都会在他的住宅中创造一个"栖息地"，来打破强迫性循环。

每周末，全家都会迎来"互联网安息日"。在此期间，所有人都不能用谷歌搜索、不能发送电子邮件，也不能使用任何数字设备。这样他们就能在日常生活中创造一个临时的浮岛，从而更深入地思考、更专注地互动。作家皮科·艾耶（Pico Iyer）也提倡在生活中创造一段时间，享受静谧和安宁。

在美国的企业之中，一项运动正在悄然开展。这项运动创造出一个隔绝了数字设备的空间。沃尔玛前高管、作家尼尔·帕斯里卡（Neil Pasricha）建议人们每周安排一次"雷打不动的一天"，既不开会，也不打电话，更不查看电子邮件或社交媒体的动态。尼尔表示，在亲身实践之后，他明显感到自己的工作效率提高了，并在多个长期项目中取得了圆满成功。他将这些成绩归功于"雷打不动的一天"。

我们对时间的感知有一定的弹性，而环境则会影响我们对时间的感知，使我们变得不耐烦。实验显示，相比慢节奏的音乐，快节奏的音乐更能降低我们的耐心。在一系列实验中，加州大学洛杉矶分校营销学教授卡西·莫吉尔纳（Cassie Mogilner）发现，给生病的孩子写信或在星期六早上花时间帮助朋友的人，比那些被迫接受琐碎的、浪费时间的任务，或被"勒令"放松精神的人，对生活表现出了更为从容的态度。

文化也是造成人与人之间差异的重要因素，比如喀麦隆农民家庭的孩子等待点心时表现得比德国孩子更有耐心。在新加坡，我经常看到人们把车倒着开进停车位中，这是一种文化怪癖，有人对我解释道，这样做是为了"做好随时赶时间的准备"。同样，我们也可以将一些超前思考的习惯作为家庭和邻里之间的规范。

长期以来，人们一直认为是生理上的差异，使新加坡人或中国人更倾向于远瞻未来，但我的研究让我相信，文化和亚文化习俗扮演了更重要的角色。例如，中国股票市场的投资者可以通过高度投机和短期的方式行事，而这与中国的文化传统相违背。

最令人痛苦的是，亚文化可以重新定义人们的期望和紧迫感。在我访问过的一所纽约贵格会学校中，全校人员的每一天都是在冷清的大厅里举办的冥想会开始的。根据学校的文化规范和贵格会的传统，在他人做出回应之前，所有人都应该保持沉默。沉默通常会持续数分钟，但对没有体验过这种文化的人来说，这种等待就像永恒一般漫长。在我们越来越渴望立即回复收到的每条消息的时代，漫长的等待成了一种反文化习俗。在这所学校，青少年们静静地等待、沉思、倾听、考量，不得不说，这也是一种小小的革命。

在过去的时代，礼拜厅和市政厅是人们经常聚集的场所。人们聚集在一起，思考眼前的忧虑，并规划未来。如今，此类空间大多在一些边缘化、远离工作和生活环境的地方。我们可能要花上一个小时参加瑜伽课、造访冥想中心，或者参加朋友的晚宴。

如果我们在这种场合拿出智能手机，就会被别人鄙视。离开后，我们又不得不返回日常生活的"赌场"。我们需要营造让自己能够进行超前思考的环境。我相信，在生活中，拥有不同信仰的人也可以一起培养耐心。我们可以在公园或庭院、家庭或工作场所的房间里，鼓励彼此进行缓慢的交谈和安静地思考。这将有助于我们了解哪种生活方式最适合自己。

用"如果/就"策略击破"脆弱的决策时刻"

从某种意义上说，玩扑克就像是在为未来做计划：只需要掌握有限的信息就可以做出决定，而且胜负很大程度取决于运气。你只能利用自己手中的牌和筹码，你无法决定自己或对手获得哪些牌，也无法决定其他玩家采取什么策略。面对不确定性，你能做的只有选择。

但是从另一种意义上讲，玩扑克并不像我们在现实世界中做出的决定。扑克游戏中的情况可能很多，但它们都相当明确的，包括纸牌的组合或其他玩家的行动，其中很多是可以预见的。许多经验丰富的职业选手甚至能大致算出不同结果发生的概率。在结果以及前进途中的障碍可以被预见的基础上，成功的扑克玩家所采用的技巧可能会给我们带来启发。

世界扑克锦标赛冠军马特·马特罗斯（Matt Matros）曾在职业扑克比赛中赢得 200 多万美元，他与我分享了自己玩扑克时必不可少的一种仪式，他认为正是这种仪式指引他走向成功。

马特罗斯刚入行时，十分沉醉于获胜的快感。但也正是因为他讨厌失败，所以此前未赢得过锦标赛。他太胆小，根本打不出让看客想下注的牌，因此到了锦标赛后半程，他已没有足够的筹码与更具侵略性的选手作战。换句话说，就像投资者看到股价下跌就坐立不安那样，试图逃避短期损失的心理反而使他的长期事业前景暗淡。

自称为"怪胎"的马特罗斯在大学期间获得了数学学位。2003年，田纳西州一位化名"克里斯·钱纳"（Chris Moneymaker）的27岁会计师赢得了世界扑克大赛，之后有很多像马特罗斯这样的高智商玩家开始涌进这个行业。马特罗斯曾在业余时间练习，主要是在线上练习。他的个人锦标赛首秀就是2003年世界扑克大赛。在那次比赛中，他以39美元入场、赢得入场比赛的资格，并最终赢得了250万美元的奖金。

马特罗斯之所以能成为顶级扑克玩家，是因为他想出了一个特别书呆子气的比赛策略。他在上桌前就制定好了总体策略。他的目标是确定比赛中"虚张声势"和"价值押注"（即在自己手气好时加注）两种行为的比率。如果他的手牌不错，他便会加注；如果手牌不好，他便会在一定时间内弃牌，而在其他时候虚张声势。

这种比赛策略要求他提前预见到牌桌上可能发生的各种情况，因此无论手牌好坏，他都能有一个应对计划。因为这是扑克比赛，所以他可以计算出使用不同纸牌组合获胜的概率。每当马特罗斯感到紧张时，即双方手中的牌组情况超出了他的预期，他就会运用自己在赛前模拟练习中早就考虑好的应对方法。他就像一名优秀的演员，早就预演了戏剧中的每一幕情景,并且可以即兴地使用自己事先写好的剧本。

然而我想知道,马特罗斯的这项技术是否仅适用于脑力超群的人。然后,我不由得想起了纽约大学实验心理学教授彼得·戈尔维策(Peter Gollwitzer)的研究。20世纪80年代,戈尔维策领导德国马克斯·普朗克研究所(Max Planck Institute)的一个研究小组,进行了"人们如何在眼前的诱惑下坚持自己的长期目标"的主题研究。他发现大多数人并没有设定长期目标的动力。当他们面对有害的短期诱惑、还想坚持长期目标时,麻烦就来了。很快,戈尔维策开始测试一种类似于马特罗斯扑克策略的"如果/就"策略。

在数百次跨学科研究后(从更好地均衡饮食,到完成家庭作业,再到省钱和避免因肤色差异而对他人做出不当行为),戈尔维策和他的团队展示了,当人们愿意花时间对未来的各种结果做好预案时,他们会取得怎样的成效。例如,以健康饮食为目标的人可能会预估下周将面临的所有垃圾食品的诱惑,然后制订相应的计划遏制自己的每一次冲动。

在对"如果/就"策略进行深入研究后,戈尔维策团队惊讶地发现,我们选定的长期目标越难以实现,"如果/就"策略展现出的威力就越大。换句话说,它可以帮助我们更好地应对那些艰难的挑战。戈尔维策还表示,对于那些不善于控制冲动、缺乏耐心和毅力的人,该策略效果更好。他们发现,精神分裂症患者、酗酒者以及注意力不足/多动症患儿采用"如果/就"策略时,往往能抗拒分心和诱惑,并获得较高的满意度。和正常人相比,他们从策略中获得的收益更多。如此看来,马特罗斯的扑克策略其实是一种通用策略,或许能够得到更广泛的应用。

"如果／就"策略使用起来非常简单，正因如此，我曾一直犹豫要不要把它写进书里。后来，我发现它在重大决策领域也同样具有难以忽视却尚未被开发的潜力。假设你已经决定明天早上不再查看电子邮件，以节省更多时间用于长期项目，为了防止自己在精神虚弱的时刻草率地放弃，你可以提前考虑一下可能遇到哪些会让你分心的情况。然后你就可以从容地想出应对方法。

比如，你可能会做出以下决定："如果我意识到某些电子邮件需要回复，就会在笔记本上记下标有项目符号的提醒，这样我就不会忘记"。或"如果我因为在项目中遇到困难就想通过查看电子邮件来逃避，就要从电脑前站起身来，到外面散散步"。计划的动作越具体，"如果／就"策略也就越有效。将心理意向与积极行动相结合，明确自己该做什么、不该做什么，往往会收获更显著的成效。

"如果／就"策略要求人们预想自己将来会采取的行动，而不仅仅是预想未来的情况。让我感到震惊的是，心理学家格里森曾指出，有人会在预想未来时表现出焦虑的情绪。而"如果／就"策略的优势，就是能让人们通过第三人称的视角做出选择，完美避开计划未来的恐惧情绪，在平静的状态下指导未来的自己。例如，参选人制订出选举日投票的具体计划后，往往能够平静地参与选举。但"如果／就"策略并不是万能的，它只对我们可以事先想到的事情有效。而我们将来面临的许多事情往往都是不可预测的，我将在后面的章节中探讨它们。

更让我感兴趣的是，我们是否能通过使用"如果／就"策略影响他人的选择。2009年，戈尔维策和他的同事萨伊德·门多萨（Saaid Mendoza）在实验中取得了惊人的发现,他们要求受试者玩一款名为"射击者任务"的电脑游戏。游戏画面中会出现一系列人形图像，其中一些拿着枪,另一些则拿着别的东西。受试者需要射击那些拿着枪的人,而不是拿着钱包、手机或其他物品的人。实验要求受试者快速做出选择,因此他们只能依靠本能反应。游戏中共有80张图片,每张图片出现前,受试者仅有半秒钟来做出决策。

在游戏中,人形图像分为两种——黑人和白人。研究表明,人们射击没拿枪的黑人的概率远高于射击没拿枪的白人,而且做决策的速度也更快。而拿枪的白人遭到射击的概率也比拿枪的黑人少得多。参与者都不是黑人,他们的行动模式展现出了同样的内隐偏见(implicit bias)。在大多数情况下,表现出这种倾向的人并不认为自己是种族主义者,也不认为自己会因性别、种族、年龄、外貌而有意识地对某类人群表现出歧视情绪。但在必须迅速采取行动的情况下,内隐偏见通常可以指导人们的行动,而这些行动可能会让人大跌眼镜。

戈尔维策和门多萨在游戏开始之前,向一半的受试者传授了"如果/就"策略。他们警告这些受试者,除了图片中的人所携带的物品,不要让任何其他特征影响自己的反应。研究人员建议他们采用以下策略:如果我看到一个人,就要无视他的种族!他们要求参与者在脑海中重复该策略3次,他们还将这句话输入到游戏界面的对话框中。结果显示,使用该策略的受试者犯错误的可能性大幅降低,他们"枪杀"的持枪黑人和持枪白人数量基本一样。

美国各地公立学校的校长和教师们随即开始推广这项实验,防止种族方面的偏见诱导校方做出偏颇轻率的决策。2012年,俄勒冈州波特兰市一所K-8(从幼儿园到八年级)学校的校长凯瑟琳·埃尔伍德(Kathleen Ellwood)发现,被传唤到校长办公室的学生中有近90%是黑人,尽管黑人学生只占学生总数的15%。美国其他学校的趋势也是如此。

2018年，美国政府问责局分析了全美K-12公立学校的数据，发现黑人学生被停学和开除的概率远高于白人学生。而这与学校的经济水平和学科类型无关。黑人学生被送到校长办公室的概率几乎是白人学生的4倍，但黑人学生的不当行为率并不明显高于白人学生。

20世纪90年代初，美国暴力起义和种族冲突频频发生，白人女性埃尔伍德在加利福尼亚州长滩的一所公立学校开始了她的教学生涯。她发现，即使最坚强的青少年，比如少年帮派成员或目睹过谋杀案件的孩子，也会在想起老师或校长当年的不当言论时泪流满面，比如斥责他们愚蠢或无用。在她看来，孩子们早年在学校的经历，会改变他们对梦想和未来生活的选择。

研究表明，美国公立学校老师对有色人种学生尤其是黑人进行纪律处分时，要比处分犯下相同过失的白人学生时更加严厉。结果是更多有色人种学生不断错过在教室里学习的宝贵时间，因为他们被频繁送往校长办公室，并遭到拘留和停课的惩罚。这不仅影响了他们的课业成绩，也影响了他们的生活——他们统统坐上了"从学校到监狱的直通车"，缺课的孩子更可能从事违法犯罪活动。

这并不是说，所有将学生送往校长办公室的教师都是有意识的种族主义者，或对这些学生怀有恶意。实际上，研究表明大多数教师没有这种意图。但是在愤怒的时刻，教师更有可能表现出潜在的种族偏见。像我们所有人一样，教师们接触的媒体和通俗文化作品中常常将黑人描绘成罪犯，这些意象塑造了人们的潜意识并影响了他们的大部分行动。

俄勒冈大学的教授肯特·麦金托什（Kent McIntosh）和埃里克·吉文（Erik Girvan）将教师做出带有偏见的惩罚的时刻称作"脆弱的决

策时刻"（vulnerable decision points）。

他们收集了全美各个学校发生的违纪事件数据并加以分析。他们向学校行政人员和教师宣称，这些时刻通常是可预见的。如果教师们在下课时感到疲劳，或因开会而没吃上午餐，他们就更有可能做出轻率的决定。某些"脆弱的决策时刻"比较特殊，但仍然可以预见，例如一个学生在课堂上打断了某位性格强势的教师，这样的时刻就会降临。

这似乎也能佐证穆来纳森和沙菲尔对稀缺性（在这种情况下是时间和注意力）与鲁莽决策关系的研究。它也符合"越穷的人越不愿为未来储蓄"这个模式。

当"脆弱的决策时刻"来临时，老师和校长就会不自觉地远离自己的初衷。即使是为解决教育中的种族差异花费了20多年的埃尔伍德，有时也会发现，她对待有色人种的方式比自己想象的更严厉。

埃尔伍德邀请麦金托什对她所在学校的教师们开展培训，教导他们如何应对"脆弱的决策时刻"。麦金托什请老师们提前制订好计划，并在纸上具体地列出实施的步骤，以便帮助他们在想要严厉惩罚学生时能够保持理智。

假设某位老师意识到自己因没吃午饭而容易生气，尤其是在学生打断她说话时。那么她就可以制订一个计划，并大声读出来：如果学生在我说话时打断了我，我会放下铅笔深吸一口气，然后再决定要做什么。她也可以这样做：如果有学生在课堂上恶作剧，我会将双手背后，退后三步，再做决定。麦金托什已经为全美数百名教师做了相关的培训，教他们使用这种策略。

埃尔伍德发现，老师、学生和管理人员采用了"如果/就"策略后，黑人学生扰乱纪律的情况大大减少，被送往校长办公室的学生数量也随之下降。麦金托什和吉文希望在更多学校推广这种策略，以测试它是否普遍有效，并深入探讨这些实践在重塑学校文化方面的应用前景。很显然，研究结果显示这些实践是有前景的，但它是否适用于所有学校，还有待进一步证明。

每个人都可以采用这些简单的方法，帮助自己提升对未来的关注度。我担心的是，个人冲动可能并不是让我们做出短视选择的唯一因素。如果还有其他因素，"如果/就"策略所能发挥的作用可能就远远不够了。如果股东和董事会时常以解雇相威胁，那么首席执行官就会表现得畏首畏尾，投资研发的进取心也会不断受挫。

如果房地产公司声称将在下次选举中反对市长，那么市长就可能不会阻止它们在脆弱的海岸线上大兴土木。如果被侵蚀土地上的农作物更有市场，那么农民可能会为了短期收益，放弃对土地的长期维护。为了能够在类似的情况下做出前瞻性思考，我们必须拥有超越个人利益和当下形势的远见。

决策，快与慢

2

企业组织如何应对短视投机的**诱惑**

第 二 部 分

THE OPTIMIST'S TELESCOPE

THINKING AHEAD
IN A RECKLESS AGE

第 4 章

贴一张"警示海报"
提前发现灾难预警信号

> 务必随身携带威士忌以防止被蛇咬。
> 此外，请始终随身携带一条小蛇。
>
> W.C. 菲尔茨（W.C.Fields）

所谓的错误，永远都不会只是单一时刻的产物。相反，在一瞬间内发生错误，是由一系列情况孕育而成的。

我们经常会听到某个组织做傻事、犯错误的故事。我们通常会记住头条新闻中的各类丑闻，还有那些只为了眼前利益、不顾未来的欺诈者的丑恶面孔。某家汽车公司在排放测试中造假，被罚了数十亿美元。某家银行开立了上百万个欺诈性的支票账户，受到当局调查。某家慈善机构的工作人员身陷召妓丑闻，造成捐赠者大量流失……

这些组织的欺诈行为令我们反感，而它们这些不计后果的决定可能会造成更深层次的、难以察觉的巨大威胁。

美国国家经济研究局（National Bureau of Economic Research）的约翰·格雷厄姆（John Graham）目睹了大量令人震惊的丑闻。约翰表示，企业高管们为了提振短期经营成果而做出的不良决策，已经对公司股东（包括加入401K养老计划的个人和养老金由机构投资者管理的公司）造成了严重的长期损失。虽然孤立地看，这些决定似乎是无害的，但它们加在一起，就是一场由鲁莽决策造成的灾难。

其实，许多组织犯下的破坏性错误是可以避免的。如果企业、非营利组织和政府机构愿意学习新的策略、抓住未来的机会并留意灾难的预警信号，它们仍然能够避免犯错。

这一发现让我感到，企业仍存在着被拯救的可能。通过研究企业和其他组织的成败案例，我看到它们仍蕴含着未开发的力量。它们完全可以预见未来的道路，避免自身发展偏离正轨。就像我们每个人一样，它们其实也能做出选择。

医疗系统为何难以战胜超级细菌？

超级细菌是一种对抗生素具有抗药性的致命细菌，遍布全球。萨拉·科斯格罗夫（Sara Cosgrove）博士在其职业生涯中的大部分时间里一直与它们进行斗争。身为传染病医师和医学院教授的科斯格罗夫是巴尔的摩的约翰霍普金斯医院（Johns Hopkins Hospital）抗生素管理计划的负责人。她是全球范围内抗药性传染病研究领域的权威专家之一，经常与世界各地的政府和企业交流。她性格低调、善解人意，特别善于化解尴尬的局面。谈到自己数十年来一直辛勤耕耘的学术领域时，她乌黑的眼睛中充满着自豪。

科斯格罗夫从小的梦想就是成为一名医生。她经常感冒，是医院的常客。在等待治疗的百无聊赖之际，她会打开抽屉寻找棉球和玻璃管。

在家里，她将双氧水、洗发水和浴缸粉混合成了一剂"药"，佯装要为她的小弟弟提供治疗——万幸的是，后者并未服药。20世纪80年代末期，高中时期的她被《滚石》（*Rolling Stone*）杂志上的一篇有关艾滋病流行的报道所吸引，从此决心进入医药领域。报道称，艾滋病每年会导致数千名美国人丧生。

作为一名医学生，科斯格罗夫自豪地认为自己会将一生都贡献给攻克艾滋病毒和治疗艾滋病患者的事业。在医学院，她访问了多名感染艾滋病毒的妇女，了解她们为孩子的未来做出的计划。

然而，2001年的进修培训期间，她转而开始关注另一个被人忽视的问题。她注意到，医院中罹患抗药性感染的患者比其他患者的死亡率更高。她认为，如果医生能够制订更好的治疗方案，就能避免大量病患的死亡。科斯格罗夫从此决定解决这个问题，但这个问题后来却成了困扰她一生的梦魇。

"这是个必须解开的谜题。"科斯格罗夫说道，"每种病原体都有自己的故事。"科斯格罗夫发现自己在与超级细菌斗争的过程中积累的经验，可以为各类组织避免鲁莽决策提供借鉴。

如今，超级细菌在全球范围内呈扩散式增长，每年会造成70多万人死亡。不会对抗生素产生反应的淋病在世界范围内蔓延，大肠杆菌等耐药性感染也在危害着大量病患。现在，传染性结核病感染了120多个国家和地区的居民。预计到2050年，每年将有1 000万人死于超级细菌之手。

对医院来说，对抗超级细菌不仅是一个责任，更是一场噩梦。当疫情在医院中蔓延时，原本有望治愈的患者会面临病情加重的风险。最脆弱的患者，如癌症患者和接受器官移植的患者受到感染的风险最高。在医院爆发的超级病菌疫情会侵蚀人们对医生和医疗保健系统的信任。

对像科斯格罗夫这样的传染病专家来说，超级细菌的出现并不奇怪。这是可以预见的，也确实被人预见过，而且它在很大程度上是可以避免的。如今，大多数医疗专业人员都知道该如何预防。但问题在于，这场浩劫的罪魁祸首正是超级细菌的"解药"。

历史上，抗生素药物第一次得到广泛使用，是在 1942 年 11 月一个寒冷的夜晚。当天晚上，一列康茄舞长队在椰林俱乐部（Cocoa-nut Grove）的舞池中蜿蜒而行，这是一家位于波士顿某个仓库内，由地下酒吧改建而成的俱乐部，也是镇上最活跃的聚会场所。波士顿大学圣十字足球赛结束后，约有 1 000 人涌向这里。社会名流、黑帮老大、醉汉、士兵和球迷们在弥漫的酒气和歌舞声中集体飞离了现实，迷失在斑马条纹沙发和热带棕榈树模型之间。

一周前，作曲家欧文·柏林（Irving Berlin）在椰林俱乐部演出，宣传即将上映的电影《这就是军队》（*This Is the Army*），正是该片使演员罗纳德·里根（Ronald Reagan）和歌曲《天佑美国》（*God Bless America*）一炮而红。而在大西洋彼岸，希特勒刚刚入侵了法国。俱乐部的电动伸缩屋顶在温暖的夜里徐徐打开，映着头顶的星光；在那个寒冷的夜晚，天花板上装饰着蓝色绸缎，出入口是一扇旋转门。

后来，目击者回忆了俱乐部里发生的一系列事件：16 岁的服务生在黑暗的走廊费力地拧紧一个灯泡，那是情人们为了在黑暗中亲热而偷偷拧松的。为了找插座，服务生点燃了一根火柴，火柴掉在地板上。不久后，俱乐部的假棕榈树和窗帘燃起大火，人们蜂拥到狭窄的出口逃生。50 年后，波士顿消防局得出结论，当时氯甲烷（一种易燃气体）大量地从失效的空调系统中泄漏出来，在整个俱乐部中弥散。

当晚，有近 500 人在大火中丧生，数百名烧伤者涌入波士顿的医院病房。他们身上的伤口很容易被葡萄球菌感染，这导致大量伤者在那段时间死亡。这是波士顿历史上最严重的一场大火，也是美国历史上最致命的一场大火，造成的死亡人数远超 1871 年的芝加哥大火，后者在数英里的范围内持续燃烧了两天。

不过还是有一些好消息。新泽西州的一家公司听到了大火的消息，迅速派遣一辆卡车一路向北，开到了马萨诸塞州总医院（Massachusetts General Hospital），当晚有许多伤者在那里接受治疗。货车上的货物中有一种非常冷门的药物，在当时的美国，服用过这种药物的患者不超过 100 人。这种药物就是青霉素（penicillin），对椰林大火的伤者进行治疗的医生们认为它能极大提升伤者的存活率，甚至在对烧伤最重的患者进行植皮手术时，它也能派上极大的用场。

青霉素在这起事件中发挥的重要作用，刺激了美国政府支持生化公司生产抗生素。添加青霉素的饮料、漱口水和肥皂很快占领了市场。"感谢青霉素……他能平安回家了！"1944 年，《生活》(*Life*) 杂志刊登了一则广告，称该药是第二次世界大战的伟大治愈剂。直到 20 世纪 50 年代中期，美国人不需要医生开处方，就能方便地买到青霉素。

在抗生素尚未被广泛使用的 20 世纪初，早夭的阴影曾笼罩着世界上的每一个家庭。人们容易罹患肺炎、腹泻和猩红热，也经常死于这些疾病。产妇往往因败血性休克而死去。在某些城市，感染使 30% 的儿童在 1 岁之前丧生。1927 年，一名奥地利医生通过让梅毒患者感染症疾来治疗他们的痴呆症状，并因此获得了诺贝尔医学奖——这是一个非常糟糕的主意，尽管它在抗生素出现之前的绝望时代受到盛赞。

医生正在用抗生素伤害患者？

随着青霉素和其他抗生素被广泛使用，人们对昆虫叮咬或生育的恐惧变得越来越少，咳嗽不再是死亡的征兆。抗生素就是奇迹般的万能药，人们可以放心地接受器官移植或冠状动脉搭桥术，而不用担心会死于感染。抗生素还使性生活变得更安全：越南战争期间，经常去妓院的美军士兵定期注射青霉素来预防淋病。一些妓女也得到了美国军方提供的抗生素。

快速解决令人生厌的问题，似乎是全人类的偏好。长期以来，抗生素在这方面帮了我们大忙。如今，青霉素的使用范围已经从治疗领域扩展到了预防领域。农民为了以防万一，将它们喂给健康的鸡。医生开出针对常见病毒的处方，哪怕我们能够通过免疫力来对抗这些病毒。

"由于抗生素挽救了许多生命，所以从20世纪40年代中期到21世纪初，我们都认为抗生素是无害的。"科斯格罗夫告诉我，"对医生来说，问题不是何时开青霉素处方，而是为什么不开处方。"20世纪的万能药抗生素会对人类造成伤害这一事实，往往会引起某种与直觉相反的认知障碍：如此神奇的药物怎么可能会带来危害？

如今，美国和英国医生开出的大多数用于咳嗽和感冒的抗生素已经不再有效。不必要的抗生素不仅会杀死我们体内的微生物群落（这些群落能够帮助我们保持健康），还使我们容易受到致命感染，从而造成更大的危险。

很多医生早就知道了这些危险，从而致力于引导抗生素领域的革命。亚历山大·弗莱明（Alexander Fleming）在1928年发现了青霉素强大的杀灭细菌的能力，但他在1945年警告人们，随着时间的流逝，抗生素的过度使用会促使细菌进化出抗药性。然而，近几十年来，新药不断取代旧药，从而掩盖了这一问题。

如果制药公司可以继续生产新的抗生素，让医生在旧抗生素失效后使用，超级细菌可能就不那么令人担忧了。但是大多数易于研发的抗生素已经被生产，而发明新抗生素既昂贵又困难。与抗生素短短的疗程（患者往往只服用几天）相比，研发他汀类药物或止痛药（患者会服用数年）对制药公司来说更加有利可图。也就是说，这是一场注定失败的战争：超级细菌的数量在激增，有效的药物却在减少。抗生素已成为一种稀缺资源，就像含水层中的淡水和矿井中的煤炭，人们很快就用光它们，却丝毫没有考虑过如何应对没有抗生素的未来。

科斯格罗夫希望保持现有抗生素的有效性。她笑着说："我们已经意识到了自身愚行的后果，医生必须停止开具滥用抗生素的处方。"其实，滥用抗生素处方的医生也明白当前的形势。他们这样做往往也违背了自己的良好意愿。

在约翰霍普金斯大学任职初期，科斯格罗夫和她的同事进行了一项研究，以了解医生们拥有的知识能否应对他们遇到的实际情况。通过调查和观察，她发现年轻的医生往往声称自己不会在病情尚不明晰的情况下给患者开抗生素，但他们实际上恰恰是这样做的。他们的所作所为，与他们声称的"为患者长期健康考虑"，与"严控社区对抗生素的需求"相违背。也就是说，即便医生对现状有"正确"的了解，也不一定能做出更好的决定。如果这是一项"如果/就"策略的实验，那么实验结果毫无疑问是失败的。

很难想象，为什么受过最严格训练的医生在对事实有着充分认识的情况下，还会开出患者不需要的抗生素。但是，当我们将医生面临的环境纳入考量范围后，这个问题似乎就不那么难以理解了。当医生面对患者时，紧迫的需要往往优先于预见性。也就是说，情境给他们的"暗示"在鼓励他们忽视未来的后果。

科斯格罗夫发现，即使在不需要抗生素时，恐惧也会驱使医生们开出抗生素。如果医生不用到手上所有可用的工具，他们就会担心患者的病情节外生枝，甚至会对他们自己的专业能力产生怀疑。

如果不使用抗生素，住院患者的病情可能会加重，甚至死亡。医生们会在脑中预演可能遭到的诉讼。他们会因患者病情恶化而产生困扰，而在这个过程中浪费掉的精力本可以用于其他更有意义的事务。他们很少甚至根本没有意识到自己为患者所提供的，是不是已经超过了患者所需要的，比如是不是让患者做了不必要的血液检查，是不是为患者开具了会引起某些问题的药物等。此外，还有诸多因素迫使医生必须在当下做出决定，这一切使得他们看不清未来。

当代医学文化强调一种态度：医师必须"给"患者一些东西。从某种意义上说，一旦医生拥有选择治疗方案的权力，就会在潜意识中产生使用它的冲动，因此，医生无法拒绝为患者提供任何可能的治疗。如今，我们很幸运地拥有核磁共振成像、化学疗法等数千种诊断和治疗疾病的技术和药物，但它们也带来了不小的问题。有了这么多工具，医生便很容易忽略根本问题，即是否要对患者开展治疗，以及何时治疗才有意义。繁多的治疗技术和药物也增加了社会的医疗保健支出。

国家指令也是医院过度使用抗生素的幕后推手，20世纪90年代的一项政策便造成了损失。为了降低肺炎引发的高死亡率，美国最大的医疗保险机构——美国政府医疗保险和医疗补助服务中心（Medicare and Medicaid Services）规定，当有肺炎症状的患者来医院就诊时，医院应在患者到达的最初几小时内，尽快使用抗生素辅助治疗。为了帮助肺炎患者，该政策鼓励医生在做出明确诊断之前开具（通常是错误的）抗生素处方。在研究人员的记录中，使用了抗生素的患者往往会感染梭状芽孢杆菌，这是一种能诱发结肠炎的超级细菌，通常会在患者长期使用抗生素杀死"好细菌"后感染结肠。研究人员发现，这些患者中的大多数人很可能从未患过肺炎。

在医生办公室问诊的患者，病情通常并不严重。然而，医生和护士报告称，开抗生素处方的压力很大，而这种压力往往直接来自患者本人。对某些医生而言，患者的信任会使他们产生一种责任感。一位父亲将他刚出生的孩子的生命交付给了外科医生，这是他花了10年时间才得到的孩子；一名十几岁的运动员患了感冒，且必须在比赛之前康复，这样才能保证大学奖学金落袋为安。医学社会学家茱莉亚·希姆恰克（Julia Szymczak）花了数年时间研究医生滥用抗生素的原因，她说，医生很难忽略眼前的患者，而去考虑未来模糊的风险。

当医生和护士在患者之间奔波时，现实对他们的注意力提出了越来越高的要求。长时间的轮班导致疲劳，使他们承受更大的压力。在一项走访了2万多家初级保健诊所的研究中，研究人员发现随着工作日程的推移，医生和护士工作进度落后于日程安排，过度疲劳的情况越来越严重，滥用抗生素的可能性也随之显著提高。一位医生说："不开抗生素的话就要花费5倍的治疗时间，因为你必须向患者解释为什么不开抗生素。"

疲劳、时间限制和社会压力迫使人们做出鲁莽决定的情况，这绝不仅仅发生在医学领域。我们不妨回忆一下行为科学家穆来纳森和沙菲尔的研究。他们说，时间的匮乏就像金钱的匮乏一样，会驱使人们专注于眼前的需求,并以牺牲未来为代价。他们举了 NASA 火星轨道飞行器的例子,该飞行器于 1999 年坠毁,原因是反向推进器的点火程序计算错误。而反向推进器本应使飞行器减速,以便进入火星轨道。事故发生之前,NASA 就承认,发射的最后期限时间紧迫且不可更改,工程师不得不高负荷工作,而这为后来的事故埋下了祸根。这场悲剧源于一个简单的错误:计算机没有将力的计量单位"牛顿"和英制单位"磅"进行转换。

不过话说回来,如今哪个行业不会给人们带来巨大的时间压力?哪种工作不会将重要的决定交给过度劳累的人?我们这个时代的所有组织都被巨量的信息流所困扰。紧迫的期限、漫长的轮班和压力是这些运送货物、开发移动应用程序、驾驶飞机、进行社区巡逻、播送新闻、在周末晚上提供饭菜、制造火箭弹、营救火灾受害者、完成诉讼程序、制造自动驾驶汽车或教育儿童的组织的标志。这种趋势应当引起我们的关注,人们在这些组织中做出的决定会影响到我们所有人,但他们却经常将注意力集中在紧迫的问题上,而不是关注最终的后果。

社会科学家罗杰·鲍恩(Roger Bohn)和拉马钱德兰·贾库玛(Ramachandran Jaikumar)将组织做出的这种决策称为"救火":只留意大火,而对火苗毫不在意。他们在 2000 年发表的一篇论文中指出,**持续处于危机状态中的组织会随着时间的推移忽略重要的事项**。而这种文化氛围的成因,往往是工作负担过重,以及组织对"救火"的奖励远远大于对"预防火灾"的奖励。

无论是在医院还是在初级保健诊所,开处方的医生通常都无法看清他们的决定带来的后果。对他们来说,当下的直接因素比患者可能受到的感染,或可能在全球范围内出现的超级细菌更有影响力。这种情形不仅出现在抗生素滥用这一件事上，牙医也会滥用止痛药。这导致了全美范围内的阿片类药物致瘾危机，甚至会导致患者死亡率的上升。

一个医生一次只能治疗一名患者，但滥用药物却可能使病毒大范围传播。医生是否开抗生素处方取决于当时的压力和面对的患者，而超级细菌的后果则会由集体承担——医院、社区，乃至全社会。医生做出短视的决定，往往会让焦急的患者感到满意；而从集体利益出发的远见往往会被忽视，甚至受到惩罚。古典经济学家将这种情况称作"公地悲剧"（tragedies of the commons），即为了个人利益而损害集体利益。而处理这个问题的诀窍，就是使个体的决定与组织想要实现的更大的利益相一致。

一道审批程序可以终结一场疫情

20世纪90年代初，科斯格罗夫正在休斯敦的贝勒医学院（Baylor College of Medicine）进修。当时，本·陶布医院（Ben Taub Hospital）的重症监护病房中爆发了一场灾难性事故——一种对抗生素有耐药性的不动杆菌开始感染人类。本·陶布医院是休斯敦三家县医院中规模最大的一家，也是贝勒医学院的附属教学医院，这意味着在本·陶布医院就职的医生正是医学院的教授，而医学院的学生则可以在病房内观摩和实习。

当时，医院工作人员试图通过隔离感染超级细菌的患者来阻止疫情暴发，并发起了一场"鼓励医生和护士勤洗手"的活动。但疫情仍在蔓延。大量患者因在医院染病而遭受痛苦，甚至面临死亡的威胁。

医院管理者决定强制执行一项新规定：医生想开出6种抗生素中

的任何一种，都必须先致电感染病专家并获得批准。专家们将每天24小时轮值留守，对患者进行评估，以确定该患者是否必须使用抗生素。

研究人员对后续情况进行了跟踪。患者会因为延迟服药而死亡吗？会不会有患者无法获得必需的抗生素呢？研究人员发现，新规定开始执行后，医院的抗生素使用频次和细菌表现出的耐药性都呈现出下降趋势。医院中的细菌感染对抗生素的敏感性则大幅上升，这一点在被不动杆菌感染的患者身上表现得尤为明显。同时，患者的整体存活率保持不变。医院执行新规定后，并没有患者因得不到必需的药物而死亡，需要抗生素的患者仍会在24小时之内得到它。由于该计划降低了医生开处方的次数，患者和保险公司因此节省了不少资金。

美国其他地区的教学医院，也规定医生在开抗生素处方前需获得批准，产生了类似的结果。降低了成本，抗击了超级细菌。简而言之，如果医院管理人员创建了一个缓冲区，那么医生就能抑制住为患者开抗生素的冲动。现在，医生从诊断到开处方的时间有所延迟，并受到第三方监管，而且这个第三方对患者的健康抱有长远的眼光，对医院和社区的也有更广泛的了解，因此情况大为改善。

但是该规定存在一个主要缺陷：医生不喜欢它。许多医生觉得自己受到了限制，还有一些医生怀疑医院管理人员只是想省钱，而对患者健康漠不关心。一些医生还开始"钻空子"，即为患者开出更多不在限制清单内的抗生素，或者等到专家们回家过夜后再到医院值班。"医生们对此颇有微词，"科斯格罗夫说。"他们会说：'能别再指手画脚了吗！我要怎样治疗我的患者，难道还需要你来教？'"

科斯格罗夫后来在约翰霍普金斯医院实施了一个项目，该项目对事先批准进行了改进和补充。她与一个由7位传染病专家组成的团队合作，这些专家都是精明强干的女性医生和药剂师，她们都接受了科斯格罗夫的培训和指导。该团队仔细研究了不同的药物及其成本，以确定哪些药物可在医院药房（处方药）开具，哪些药物必须通过审核才能开具，审核通常需要花费几天时间。

科斯格罗夫的团队还培训了一支由30名专家组成的更大的团队，其中包括药剂师、传染病研究员和医生，他们前往医院，与那些要求限制使用抗生素的医生交谈。团队的工作人员随时待命，不仅告诉医生不能做什么，还会帮助他们做决定。在这个过程中，他们会故意留出一小段延迟，以收集更多的反馈和数据。一天下午，我跟着科斯格罗夫和她的同事到医院的重症监护室巡视。她们与医生和医师助理相处得非常融洽，并提出了一些不带指控色彩的问题。她们帮助医生了解患者的病情，并告知医生应何时减少抗生素剂量。

观摩了科斯格罗夫团队的工作之后，我不禁想起希腊神话中的一段故事：奥德修斯（Odysseus）要求水手们将自己绑在桅杆上，并在各自耳中塞上蜂蜡，以免受到海妖塞壬（Siren）的蛊惑。这样一来，尽管奥德修斯被塞壬的歌声迷得神魂颠倒，水手们依旧不会给他松绑，从而确保航行顺利。

科斯格罗夫团队的职能就类似于故事中的水手。组织通常需要专门的团队发挥牵制作用，防止决策者做出鲁莽的决定。上述计划也并非一直都奏效——医生有时会拒绝他们决定的质疑，或者在被告知不能开药时感到愤怒。然而，在预防不计后果的处方方面，这家医院远远超过了其他医院，许多医生甚至开始把他们的病历视为一种骄傲。然而，在防止抗生素滥用方面，约翰霍普金斯医院的表现远超过其他医院，许多医生甚至开始将保持"不滥用抗生素"的纪录视为骄傲。

医生开出的大多数抗生素处方是给咳嗽和感冒患者的，而不是住院患者。尽管医院的病房才是对抗超级细菌的第一线，但对超级病菌抗药性产生不良影响的处方却并非来自这里。

科斯格罗夫的方案在大型医院之外缺乏可行性，普通的医生门诊通常没有传染病专家，也没有资源聘请专业团队为他们提供建议。

近几十年来，限制医生开抗生素处方的努力大多收效甚微，其手段包括向医生讲解超级细菌的风险、奖励开出合适处方的医生，以及在电子健康记录系统中弹出提示，提示医生不要滥用抗生素等。这些手段默认医生仅需要更多有关未来风险的信息，或者受到物质奖励时才能做出正确决定，然而这些假设并不成立。人们很少关注，究竟是什么才能让对未来的预见促使医生做出正确判断。

然而近几年，一种阻止医生滥用抗生素的新方法开始起效了。

南加州大学的研究人员丹妮拉·米克（Daniella Meeker）发现了三种减少医生滥用处方的策略。2011年，米克在洛杉矶和波士顿开展了一项针对47种初级保健问题的研究。在一年半的研究过程中，她追踪了将近17 000位患者就诊的情况。部分患者患有流感或其他病毒感染，因此抗生素并不是正确的选择。她在研究中使用了各种干预措施并检验其结果。2014年，她又展开了一项针对5种初级保健问题的独立研究，并尝试了另一种干预措施。

米克在研究使用的第一种干预措施是这样的：每当医生开出抗生素处方，并在电子医疗系统内输入指令时，都会收到提示，要求他对该处方的必要性进行说明，即"自辩"。当然，医生或执业医师可以不作说明，但这样的话，系统会告知他们，患者的病历中将显示"未提供任何依据"的字样。如果医生决定不再开抗生素，系统会允许他们取消之前的指令。这个提示就是一种冲动缓冲措施，虽不会剥夺医生开处方的自主权，但会影响医生的专业形象，并让一种受到"羞辱"和"损失"的可能性对医生产生威慑：他们可能会担心病历中的说明会让患者对自己的专业能力产生怀疑。这是约翰霍普金斯医院管理团队策略的自动化版本，可以为医生提供建议，并在关键时刻将他牢牢地绑在桅杆上。

第二种有效的干预措施是每月向医生发送一封电子邮件，告诉他们开出的抗生素处方是否必要，以及他们是不是在这方面表现得最好的医生。就像某种反映社会规范的成绩单，这些电子邮件使医生可以查看自己在同行中的排名。这不是一种有关未来风险的抽象信息，而是在特定情境下的具体数据——这些数据是为医院的决策者定制的，可以供决策者做比较。一些公用事业公司也采取了类似方法，每月向用户发送报告，方便用户比较自己与邻居的能源使用情况。

总体来说，该策略减少了用户的用电量。酒店向客人提供酒店毛巾重复使用的次数，也会产生类似效果。研究表明，组织可以通过采用简单技术的策略，使人们感到自己是团体的一部分，从而愿意动用远见。这让我想起了棉花糖测试中那群同龄的孩子，他们的规范鼓励他们等待第二块棉花糖。

米克和她的同事发现，与向医生提供限制使用抗生素的信息或单纯地观察医生的行为相比，上面两种干预措施的效果更为显著。由此观之，真正有效的方法是设定新的文化规范并缓解人们的冲动，而不是仅仅为其提供信息。

米克使用的第三种成功的干预措施，是要求医生在检查室里张贴海报。在2014年的研究中,医生们在带有自己的照片和签名的海报上,用英语和西班牙语写上了"仅在必要时才开抗生素处方"的承诺，并与患者分享了使用抗生素的风险。3个月后，张贴海报的做法产生了十分明显的效果。我发现这种做法的有趣之处在于医生与患者进行了交流——医生不仅塑造了自己的职业文化，也塑造了更广泛的就医文化，这些都能减轻来自患者的社会压力。研究表明，公开承诺向公共事业捐款、在选举中投票或进行垃圾循环利用的人，会比那些仅仅出于私人意图而做这些事的人做得更多。

2014年，英国政府基于米克的报告，开展了一项全国性的实验。政府向英国数千名医生发送信件，而这些医生正是最常开抗生素处方的人。这封来自英国高层领导人的信让这些医生知道，他们开出的抗生素超过了当地80%的同行，信中提出了替代抗生素的治疗方法，如为患者提供自我保健的建议等。英国政府行为跟踪小组的研究人员发现，这些信件与之后抗生素处方率的大幅下降存在相关关系，在接下来的6个月里，全国范围内的抗生素处方量减少了7万次。这些信件本身的成本很低，却为国家卫生保健系统节省了大量用于购置医药的资金，并且有效地保障了公共健康。

后来，加利福尼亚州尝试了一种类似的方法，通过对开具处方药的医生和要求开药的患者进行登记，来防止阿片类药物的滥用。截至2016年，加州医疗委员会要求所有医生对他们开出阿片类镇痛药的时间及原因留档备份。医生可以查看某位患者是否一直在购置阿片类药物，医疗委员会和执法调查人员也可以据此识别出鲁莽开药的医生。到2018年，美国许多其他州都开始效仿加州，创建各自的数字阿片类药物注册系统，尽管有些系统设置了访问限制，数据并未全面公开。

在这些州，警方可以访问处方数据库中的患者数据。这引发了公众对个人隐私权的关注——尤其考虑到美国的法律体系将药物成瘾也定义为犯罪。在我撰写本书时，联邦法院已裁定，医疗人法和执法专业人员无须获得授权即可访问处方数据库，这是符合宪法的。我认为，对医生的处方开展跟踪是一个好主意，因为他们是为公众服务的专业人员，但是患者数据应该保密。

富兰克林的智慧：激励优于禁止

如果更多的组织可以设置条件激励人们动用远见，而不是禁止某些行为或单纯讲道理，情况会怎样呢？其实已经有思想家思考过这个问题了，这段历史至少可以追溯到18世纪。

本杰明·富兰克林（Benjamin Franklin）曾认为自己是美德的仲裁者，并认定思考会影响人类的行为。作为美国国父之一以及当时最杰出的发明家，他对身后之事也十分看重。1790年富兰克林去世前，将总计2 000英镑（相当于今天的10万美元）的遗产作为信托，赠送给费城、波士顿这两个城市所在的州。根据他的遗嘱，遗产中的一部分要在他死后100年内使用，其余的要在那之后的100年内使用。两个世纪过去了，他的遗产已升值到约650万美元，这两个城市和其所在州将这笔钱用于公共事业。费城开始为高中生开设手工艺课程，而波士顿则建立了技术学院。富兰克林不仅普及了"时间就是金钱"这句话，更是用自己的行动诠释了它。

富兰克林自认为对商业交易抱有长远的眼光，他不会为了蝇头小利争执不休，反而更加关注关系的维持和未来的合作。他在费城担任邮政局长时做出了一个决定：绝对不会对竞争对手的报社进行打击报复，虽然后者此前曾在担任该职位时拒绝贩卖富兰克林主编的报纸。

富兰克林总是一副不慌不忙的模样，但在极少数情况下会性情大变。青年时期，富兰克林曾和自己饱受争议但博学的好友约翰·柯林斯（John Collins，富兰克林说他是个酒鬼）一起泛舟河上，两人轮流划船。当富兰克林要求柯林斯划船时，却遭到对方的拒绝。富兰克林一气之下将好友推进了特拉华河中。

富兰克林终生都在追求道德上的完美，他在自传中赞扬了节制、真诚、谦卑等13种美德，并记录了自己的行为，以便能将每种美德都培养成一种习惯。他认为，公众形象和社会规范可以塑造一个人的行为。例如，他承认自己实际上并不算谦逊，但他知道如果自己表现得很谦逊，就能赢得别人的钦佩。他在与人谈话时总能保持耐心，即使对方的观点和他不一致，他也会首先指出对方观点中他认为正确的部分。最终，这种交流方式成了他的一种习惯。

富兰克林将他在公共议会中的影响力归因于谦逊的态度，而不是雄辩的口才。他认为，公共角色促使他成为一个能力和地位相匹配的人。富兰克林的例子解释了为什么张贴海报和处方记录可以防止医生做出短视的决策，因为它们可以激励医生去匹配自己的公众形象和社会规范。

当富兰克林代表美国出访巴黎时，他对自己的道德要求有所放松，养成了和巴黎人一样熬夜的习惯。1784年，他在写给《巴黎日报》（*Journal of Paris*）编辑的一封讽刺信中估算说，如果所有巴黎人都能在天黑时上床睡觉，在黎明时按时起床，那么他们在6个月内就可以节省6 400万磅的蜡烛。

尽管富兰克林对法国人怠惰性格的描述有夸张之嫌，但他的勤俭和创新精神使他提出一个足以帮助所有人早起的计划。他最激进的建议是塑造一种全民"闻鸡起舞"的氛围，迫使人们珍稀白天的时间。"每天早晨，只要太阳升起，就让每个教堂都鸣响钟声；如果这还不够，那就在街上开枪放炮来唤醒这些懒汉，强迫他们睁开眼睛，看看自己的人生究竟应该怎样过。"

直到第一次世界大战时，夏时制才成为欧洲和美国的官方惯例。这个想法的初衷，是在夏天延长一个小时的白昼来节省电力。其实早在一个多世纪以前，富兰克林就已经想到了这种改变人们时间观念的方法，以便使他们早早起身，为自己的利益做出决策。将时钟拨快一个小时，或让教堂的钟声唤醒人群，其目的都是提示人们将眼光放得长远，并节省资源。

长期以来，夏时制对城市家庭和企业而言都是一种福利：他们额外得到了几个小时的阳光，既节省了金钱，也节省了能源。然而，现代的生活习惯已经使夏时制的初衷变得毫无意义。如今，人们全天都开着空调和电灯，根本无法节省电力和金钱。但无论如何，通过改变环境来影响人们的行为仍然是一个强有力的想法。这是"设计文化"的一项壮举，富兰克林则是这一想法的"设计师"。

富兰克林逝世一个世纪后，另一位杰出的思想家出现了，她投入了更多的时间和精力来研究鼓励人们运用远见的方法。在那个禁止女性独自出门的年代，这位思想家成为意大利历史上第一位获得医学学位的女性。19世纪90年代，还是罗马大学医学生的玛丽亚·蒙台梭利（Maria Montessori）开始在天黑后独自解剖尸体，因为在当时的人们看来，女性出现在赤裸的尸体旁或男性医学生中间是不体面的，她还开始抽烟，以掩盖身上的尸臭味。蒙台梭利学习非常刻苦，据一位教授回忆，她是学校历史上唯一一个在暴风雪天气里来上课的学生。

蒙台梭利早年在罗马的精神病院当医生，里面的儿童被认为患有精神疾病，被囚禁在病房中，日渐颓废。蒙台梭利很快就成为儿童疾病的专家，并被调到罗马的圣洛伦索贫民区。那里的孩子们没有玩具和书籍，也没有老师来教育他们。通过对"异常"的孩子进行长期的追踪和观察，蒙台梭利开始相信，如果改变他们的居住环境、允许他们在一定的约束范围内做出选择，其实大多数孩子的"病情"是可以改善的。这样的想法在当时是激进的，人们普遍认为儿童的智力是一种遗传性的特质，并且是一成不变的。

20世纪初的某一天，刚刚开始医学生涯的蒙台梭利被一个营养不良的三岁女童所表现出的专注状态所吸引。她看着女童自顾自地玩着玩具——一个有圆形凹槽的木块。女童玩玩具时，并没有被她周围唱歌跳舞的孩子分散注意力。为了测试女童的专注力和决心，蒙台梭利拿起她坐的扶手椅，把女童和扶手椅放到一张桌子上。但女童浑然不觉，仍在把圆柱形物体插进凹槽，据蒙台梭利观察，她一共重复42次。当女童终于停下来时，蒙台梭利觉得她像是刚从梦中醒来，充满了活力，一点也不因重复的行为而感到疲劳。

蒙台梭利观察到，大多数学校对待学生时，都像是把学生"像蝴蝶一样固定在别针上"，试图通过奖励和惩罚来激励他们。20世纪初期，蒙台梭利离开医学界，开始践行自己的教育理念。这种新的理念侧重于营造"有准备的环境"，课程设计的目的是让孩子们自由探索，同时引导他们做出决定、帮助他们学习和培养职业道德。当她于1913年到达美国时，纽约报纸的头条新闻称赞她为"欧洲最有趣的女性"。她彻底改变了教育方式，做到了当时难以想象的事情——教会精神疾病患者和残障人士阅读和写作。最终，她将这种方法应用在一般的儿童身上，并传达了这样一种观念：学校教育应该从孩子三岁开始，课程的设计应该着力于吸引孩子们天生的好奇心。

我对蒙台梭利的学生的印象，就是一些时常在校园里自由地闲逛的孩子。但在2006年，我遇到了几个蒙台梭利的学生。我注意到了他们的耐心，以及对工作的超常专注。后来我才知道，谷歌的创始人谢尔盖·布林（Sergey Brin）和拉里·佩奇（Larry Page）以及亚马逊的创始人贝佐斯等富有远见的精英都曾在蒙台梭利的学校学习。当然，这也可能是巧合，但我开始怀疑，在蒙台梭利教育的背后，是否有某种东西能教会人们延迟满足并长期坚持，就像发明突破性技术或创建一家成功的公司所需要的那样。

麻省理工学院领导中心执行主任哈尔·格雷格森（Hal Gregersen）通过研究证实了我的猜测。在对500位知名企业家和发明家开展采访后，他发现约三分之一的人将其创新能力归功于学生时代受到了蒙台梭利学校的老师，或教育理念与蒙台梭利类似的老师的支持。

蒙台梭利学校的独特环境似乎是造成教育效果差距的原因。为了避免冲突并保证每名学生在老师的监督下完成相同的任务，大多数传统学校都在努力使学生拥有相同的资源和互动对象。

相比之下，现代的蒙台梭利学校会为学生，特别是3至6岁的孩子，制定单独的互动对象，在任何时刻，通常只有一个孩子可以玩算盘或者搭积木。通过对资源和互动对象的限制，蒙台梭利学校训练了孩子们延迟满足感的能力：他们并不是总能立刻得到想要的东西，但最终一定会得到。教师们会鼓励那些想得到某样玩具的孩子，让他们选择延迟满足，从而可以被奖励更长的玩耍时间。这个方法能够让孩子们在当下保持足够的耐心。其实，这类方法的效果，和扑克玩家或高中教师使用的"如果/就"策略的效果是一样的。

我很少甚至从来没有在蒙台梭利学校的教室中听到老师拒绝学生。相反，他们会问孩子，除了偷其他孩子的积木或把手指插在电源插座上，他们愿意选择什么。当两个或两个以上的孩子同时伸手去拿同一件物品时，老师会温柔地引导一个孩子选择其他活动。当不可避免的冲突发生时，老师会在一张"和平"桌前或教室的角落进行调解，允许孩子在说话时握住他想拿到的那个东西，比如一块小石子，然后鼓励他在倾听时把石子让给另一个孩子。这种方法能让对话的节奏放缓，从而避免争论。有时，希望引起老师注意的孩子更愿意让老师将手温柔地放在自己的手臂上，他们认为身体上的接触可以克服爆发的冲动，帮助他们保持耐心。

马萨诸塞州蒙台梭利学校董事会主席玛莎·托伦斯（Martha Torrence）曾对我说："蒙台梭利学校的教师都是引导情绪的大师。"托伦斯还是蒙台梭利峰会的负责人，这是一个有将近100个孩子的私立学校，位于马萨诸塞州弗雷明汉的一座有山墙的维多利亚式大房子里，这座房子建于蒙台梭利出生前4年。建筑外部被涂成淡淡的黄色、青绿色和桑树色，相比于学校，这里更像是故事书中的姜饼屋。在大厅里，我可以听到孩子们的说话声和奔跑声，我原以为这类允许孩子自己做决定的学校会陷入完全的混乱，但现实让我大吃一惊。这是一块精英的飞地，其中也许有一些特质值得其他的学校借鉴。

看到老师引导孩子们远离其他孩子手中的物品时，我不禁回想起自己15年前在古巴的哈瓦那大学读书时的日子。我被公交车站发生的事情迷住了，在这里，人们常常要花两个小时才能等到一辆超载的、蓝白相间的柴油公交车,人们乘坐这种不可靠的交通工具在城市中通行。但神奇的是,古巴人开发出了一套系统,能让人们在等待公交车、领取口粮、购买电影票和冰激凌时心甘情愿地排队。

起初,我没觉得那些人是在排队。人们聚集在公交车站,前后顺序也不是很明显,大家成群结队地闲聊、在杏树荫下看报纸,或者从路过的摊贩那里购买纸筒包装的花生。但我很快就知道了,在这里等车需要向身边的人提问:"谁是队伍里的最后一个?"这时便会有人举起手指说"是我"。然后,所有人又恢复到原来的状态,该聊天的聊天、该做白日梦的做白日梦,直到公交车到达。这时,所有人就会井然有序地排成一列,没人插队,也没人推搡——因为每个人都知道他前面的人是谁,也知道身后的人是谁。

古巴人为等待而设计的这套系统的"优雅"之处,在于它使人们能够将注意力从等待公交车的焦急中转移开来,或者使他们摆脱在闷热的午后渴望吃冰激凌的诱惑。他们并没有将注意力集中在欲望的目标上,即并非聚焦于单一的对象,而是随心所欲地在更广阔的"区域"中游走。但是,他们也像蒙台梭利学校的学生一样制订了计划,以取得应有的席位。他们设计了一种环境,使社区能够通过达成共识来忍受不可避免且无法控制的延迟满足。这是一种共同的仪式,能够在个体产生冲动的那一刻进行重新定向。

麻省理工学院数据系统教授理查德·拉森(Richard Larson)在研究中发现,排队中的人往往会更耐心地等待,因为他们不仅有随时分心的便利,还确切地知道自己需要等待的时间。一些精明的公司已经将这个发现应用到实践之中了。例如,迪士尼世界通过彩色壁画、巨型卡通角色玩具和清晰的预计等待时间,帮助排长队的游客们分心。

这就像赌场中老虎机作用机制的反面，它营造了一种人们可以通过等待获得期望对象的环境。

当医生被要求为自己开出抗生素处方的决定辩护，或接到信件告知他们的行为已被记录在案且会被拿来与同行进行比较时，他们便不得不考虑未来的后果。和富兰克林的精神一样，"记录报告"的信件和门诊办公室内张贴的海报，都旨在利用社会规范和公众形象来推动医生的行为转变。蒙台梭利学校的教学原则，以及前文提到的"弹出提示"都会转移受众的注意力，并在后者容易做出鲁莽决定的时刻为其造成一定的延迟。这些杜绝"超级细菌"涌现的方法，都受到了行为经济学的启发，行为经济学为富兰克林和蒙台梭利基于直觉和观察提出的建议提供了理论基础。

经济学家理查德·泰勒（Richard Thaler）和卡斯·桑斯坦（Cass Sunstein）将这些令人保持清醒的提示称作"助推"。助推者会精心设计环境，在允许人们自由选择的同时，使其心理天平偏向某些选项。比如，一些企业将员工向退休账户缴款设为默认选项，要求员工选择退出而不是加入，以鼓励他们为未来储蓄。有些程序会随着员工薪资增长而自动增加储蓄额，因此员工在短期内就不会觉得工资数额有所减少。这种"选择架构"可以显著提高储蓄率，这一点已经得到了证实。

在我看来，这种方法其实是一种微妙的操纵形式。组织可以利用它来提醒人们为自己的利益做权衡，当然，它也可以用于一些不那么"利他"的目的，比如让人们在等待某件事情的时候保持平静，比如在哈瓦那等公交车。曾在谷歌担任"设计伦理学家"的特里斯坦·哈里斯（Tristan Harris）撰写了一篇关于当代科技公司如何用这种方式操纵我们的文章。在某些情况下，科技公司可以将我们的选择范围限制在 Yelp① 上的餐厅，而不是附近的所有餐厅。零售商和广告商只让我们选择退订，而不是从一开始就选择拒绝接受他们频繁发送的电子邮件。我们倾向于选择默认选项，并从给定的内容中做出决定，而不是选择所有可能的选项。

不过，如果组织能说明自己为什么这样设计选择架构，那么这些做法反而可能在道德方面行得通。南加州大学的研究员米克和英国政府的抗生素实践已经表明，组织可以通过这种方法取得巨大成功。21 世纪初期，一家名为 EnergieDienst 的公用事业公司在德国黑森林地区采用了类似的方法。它将可再生能源（包括太阳能和风能）作为客户的默认选项，尽管它们比常规电力更昂贵。

2008 年的一项研究表明，即使在短期内为电费支付了更高的费用，仍有 90% 的居民选择了可再生能源。能源公司这么做的优势有二：第一，如果居民想要选择便宜的能源，就必须对现有的能源供应方案进行更改，这非常麻烦；第二，这种设计能让居民明白，选择更清洁的能源是一种社会规范，随着时间的流逝，可再生能源对社区会更有利。

科斯格罗夫和米克的研究均表明，在敬业的团队或技术的帮助下，组织可以有效阻止冲动性决策，并通过重新调整社会规范来激发人们对未来的思考。此外，组织还可以通过设计环境来减轻压力和时间上的限制，以防鲁莽行为的发生。穆来纳森和沙菲尔所倡导创建"闲置时间"就是该理论的一次实践。我们以密苏里州的一家医院为例，这家医院通常会留出一间手术室，以备突然接到紧急手术。结果是，这项安排让医生完成了更多的手术，因为他们不再需要对紧急手术所造成的加班和重新排班去做调整。鲍恩和贾库玛建议引入"临时问题解

---

① 美国最大的点评网站。——译者注

决者"机制，它可以在组织面临太多危机时承担一些工作，并限制每天可能积压的问题数量。他们还建议对主动解决长期问题而不是危机问题的经理进行奖励，并帮助他们在任务时限之前完成工作。

近年来，科斯格罗夫和她的团队开始着眼于开抗生素处方的整个流程——不仅关注处方开具之前，还要关注开具之后的问题。他们会在患者领取抗生素后展开追踪，并标记出"错误不匹配"的情况，比如医生开了抗生素处方，但患者体内的菌群不适应抗生素；或患者需要抗生素，却因种种原因没有拿到。他们拜访了大量的医生，与他们分享患者领取抗生素之后的情况。这样一来，他们给予医生的便不仅是关于抗生素处方的一般性指导，更是这些医生亲自治疗的患者的生动故事。他们将抽象的、延迟的治疗结果转化为一种更直接、更具体的形式。

最近，科斯格罗夫的团队在一项针对1 500多名患者的研究中表明，和事先限制使用抗生素相比，这种重现过去事件的方法能对抵制抗生素滥用产生更持久的影响。但它的缺点在于需要大量的时间和烦琐的工作，甚至连拥有抗生素管理团队的医院都缺乏开展这项工作的资源。

在跟踪了科斯格罗夫团队的研究后，我注意到以上这种方法不会限制医生的选择，也没有在"脆弱的决策时刻"让医生感到羞愧。相反，它利用真实的故事凸显未来的后果，并重塑了医院的文化规范。

这为组织和企业提供了另一种方式，使它们可以通过调查和交流的方式引导人们做出适应未来的决策。过去决定的后果可以帮助人们更好地想象未来，就像在过去和未来之间架起了一座桥梁。

第 5 章

掌握"鸟瞰视角"
认清数字目标和真实目标

> 如果我们不能按照长期的法则来度过这短暂的时光，
> 那将是多么遗憾啊！
>
> 亨利·戴维·梭罗（Henry David Thoreau）致
> 哈里森·布莱克（Harrison Blake）的信

小时候，随着我一年年长大，父母会在壁橱门上标记出我的身高。这能够提供一种令我满意的进步感：我越来越高了。同理，关键指标的稳定增长也能够让组织产生进步感。这就是组织追踪其培训过的员工数量、提供的餐食数量、赚取的利润、通过测试的人数以及受到惩罚的人数的原因。

这似乎是一种判断程序或人员进度的简单客观的方法，决策者只需要关注所选数字是上升还是下降就足够了。慈善机构、投资公司、非营利组织、政府机构以及企业在很大程度上都会依赖于此类指标来做出决策。

但是，实现数据目标与实现真实目标并不相同。比如，接受过农业培训或软件程序员培训的人可能成千上万，但真正选择这些岗位的人可能很少。我们无须了解人们饥饿的原因，便可以在社区中为上百人提供餐食。企业即将破产时仍可以赚取利润，学生们上课时学到的知识几乎对社会生活没有任何用处，但他们仍可以在学术测试中取得高分。

2010年印度小额信贷危机爆发之前，受到短期指标困扰的可不只是马哈扬这样的个人。商业和投资公司也不约而同地追求提高特定区域的贷款数量之类的数据目标。小额信贷公司的投资者们收到了好看的数据，比如高还款率和不断增长的贷款组合份额等。在危机期间，许多小额贷款机构宣告破产，还有一些则陷入了沉重的债务之中，因为它们此前忽视了行业中正在酝酿的灾难。

当我们在事后回顾此类事件时，很可能会轻易得出结论，认为组织应停止对数据目标的依赖。但如果我们舍弃掉所有的数字目标，情况可能会变得更糟。因为如此一来，各机构可能会依靠盲目的信念和无限的耐心而不是良好的判断力，来判断产品或援助计划是否有效。当公司为平庸或失败辩解时，"出于对长期的考量"往往成为最常用的借口。领导者可能会忽略掉临时措施导致未来灾难的迹象。换句话说，完全抛弃数据目标之后，我们仍可能会陷入决策的危险之中。

在理想的情况下，企业不仅要考虑当下的需求，更应将未来也纳入考量范围内。数据化的度量标准可以帮助组织中的人明确当前的进度，在出现问题时及时纠偏，将较长期的项目分解为短期步骤。长线数据（而非瞬间的数据点）可以揭示发展的趋势，如市场增长情况、气温上升情况或投资组合收益情况等。

那么组织该如何在正确的时间选择正确的措施，并避免短视呢？

老鹰资本管理：从白手起家到 2 540 亿

1998年，拉夫纳尔·库里（Ravenel Curry）与贝丝·库里（Beth Curry）夫妇带着恐惧的心情登上了飞往俄勒冈州的飞机。当时，高新技术企业的兴旺使股票市场蓬勃发展。从表面上看，互联网改变了一切，华尔街的投资者以"非常高的倍数"交易着"网络公司"（在线时装商店、宠物用品供应商、体育新闻公司）的股票，但这些企业能否在竞争中存活下去还是未知数。"网络公司"股票的高昂价格极具感染力，在市场上热了一年，价格一直在飞涨。投机者们削尖了脑袋在市场中钻进钻出，科技股成了他们赚快钱的工具。

但库里一家并不是这场"股风"的受益者。相反，他们创办的投资公司濒临崩溃。他们的客户（包括富裕的家庭、养老基金和大学捐赠基金）正准备召开会议，把资金全部提出来。库里一家再也无法找到新的投资者。几年后，当我们在纽约市见面时，拉夫纳尔对我说："当时我可以肯定的是，不会再有人给我们投钱了。"

不过拉夫纳尔没有怪罪那些人。事实上，他经营的基金连续4年都未能达到投资者的预期。和标准普尔500指数相比，该基金的表现不佳，给客户的回报甚至比和市场挂钩的被动型基金还要少。大多数理智的人都不愿意为这样一只基金支付高额管理费。对库里一家来说，1998年是最难熬的一年。

10年前，他们创立了小型基金公司老鹰资本管理（Eagle Capital Management）。拉夫纳尔在南卡罗来纳州的一个小镇出生长大，早年曾为摩根大通（J.P.Morgan）、温赖特（H.C.Wainwright）和杜克大学捐赠基金（Duke Endowment）工作。他不太喜欢短周期的公司股票交易，随着对冲基金如雨后春笋般涌现，更多交易者进入股票市场，用于优化交易的算法也越来越复杂，拉夫纳尔意识到，自己出人头地的梦想也变得越来越艰难了。

"我们很难在预测季度利润方面获得竞争优势，因为有成千上万的人在做，而我们很难击败他们。"拉夫纳尔斜靠在曼哈顿中城办公室的扶手椅上说。"而且，这个过程还特别无聊。"

当今世界，几乎每个人都成了交易员，而拉夫纳尔则想成为一个无视市场共识的投资者。他想购买股票并长期持有，直到一家公司成功创造了新市场或发明出新产品。拉夫纳尔认为，在为别人工作时，他的想法无法轻易付诸实践。他不得不创办自己的公司。他的妻子贝丝在成为家庭主妇之前一直从事金融工作，现在也加入了丈夫的公司。

公司成立初期，虽然有客户不认同库里的经营理念，但他们并不担心会失去这些客户。一位客户之前是中西部一家连锁药店的拥有者，在将药店卖给一家知名公司后，他把大部分财富都交给了老鹰公司管理。拉夫纳尔告诉他，他们会根据公司在5到7年内的增长潜力预先进行谨慎的投资，避免在股票市场出现波动时做出不当的反应。

库里夫妇开始管理这位"药店大亨"的财富，仅仅两周后，他就打过电话来，问投资情况如何。拉夫纳尔回答，现在说还为时过早。

此后，"药店大亨"每两周都会打一次电话，询问投资情况如何。有时，他会查看当周股票的交易情况，然后打电话表达他的担忧。但他每次得到的答案都是相同的：现在说还为时过早。

拉夫纳尔意识到，这位投资者之前经营药店的经历，使他想要及时追踪两周内的进展情况。他经营药店的时候就精心设计货架上的药品陈列，目的是引导人们冲动消费。药店经理会测量货架空间，以了解两周内库存的变化情况。在那个行业中,每月计算两次的营业额是评估销售实力的指标,也是评估业务状况的指标。

谈到这里,拉夫纳尔耸耸肩,回忆说:"他无法从长远角度来衡量问题,所以我当即告诉他,他可以去找能以这种方式管理他的钱的公司,然后他就离开了。"

然而在20世纪90年代后期,整个市场风气摇身一变。客户的流失似乎成了投资公司的丧钟。网络经营方兴未艾,是否进军网络也是一个很难权衡的问题。对库里夫妇的公司来说,这是一段艰难的时期。拉夫纳尔曾经对自己的投资方式深信不疑,但看到朋友们不断从股市投机中获利、以天或周为周期交易价格高涨的公司股票时,他也坐不住了。客户不断把钱交给其他公司管理时,他们说市场上的一切都因为技术而发生了变化,而老鹰公司却迷失了方向。当这么多人赚了这么多钱时,其他人很难不蠢蠢欲动——这样做的不仅有老鹰公司的客户,甚至还有拉夫纳尔本人,他试图通过改变路线来取悦客户。

拉夫纳尔将在俄勒冈州与一位代表大学捐赠基金的客户会面,他担心自己会听到更多坏消息。在飞机上,他回忆起最初创办公司的原因。他不认为投资者应当以过高的价格购买股票,即便市场上的其他人都在这么做。他坚信要购买那些价值被低估,并有望随着时间不断增长的公司的股票。他认为,在那段时间购买大多数技术公司的股票都是在愚蠢地下注,市场上呈现的是一种虚假的繁荣。但是,像他的客户一样,他越来越厌倦看着其他人通过这种方式致富。

在当时,彼得·罗斯柴尔德(Peter Rothschild)领导着俄勒冈大学基金会,他主持的监委会监督着基金会的一举一动。20世纪90年代,该基金会已将数百万美元交给老鹰公司管理。罗斯柴尔德之所以喜欢老鹰公司，是因为这是一家小型投资公司，而作为客户的俄勒冈大学将会受到更多关注。他还分享了自己的投资理念，即相信公司的价值，而非跟风狂热的市场。20世纪90年代，随着老鹰公司不断赢利，罗斯柴尔德收益不菲，但如今出现了一些值得关注的问题。

在罗斯柴尔德的执意邀请下，拉夫纳尔亲自飞去俄勒冈州和他见面。会面时，罗斯柴尔德当即指出老鹰公司业绩严重下滑、表现不佳的问题。"难道你不打算为此做些什么吗？"他问道。

那一刻，拉夫纳尔以为自己又失去了一个大客户，对老鹰公司来说，这样的打击将是毁灭性的。然而，他决定挥散心中的恐惧，用一种更加笃定的语气回应客户。他说，他并不认为市场的泡沫会持续下去，有鉴于此，他们不准备对自己的资金管理方案做出任何变更。

令拉夫纳尔大吃一惊的是，罗斯柴尔德随后竟然宣布要将更多资金交给老鹰公司管理。他告诉拉夫纳尔，自己的目的并不是打击他，而是要考验他能否在狂热的市场中保持冷静。

此后的18个月内，市场崩溃了。一些注入了数亿美元的互联网公司凭空蒸发掉了，苟活下来的企业则眼睁睁地看着自家的股票不断暴跌。在1999年和2000年，老鹰公司的表现远胜于市场平均水平。它在这两年中获得的收益足以弥补前5年的损失。如今，老鹰公司已经发展为管理资产超过250亿美元的超级公司，1998年至2018年间的平均年回报率高达13%，这是同时期标准普尔500指数回报率的两倍以上。它确实做到了"展望未来，共创未来"。

一直以来，人们都在尝试着将"指标"纳入自己所在的组织。一个用数据目标推动成员行为的组织将不可避免地走上这条路，但这最终将损害组织的实际目标。1975年，经济学家查尔斯·古德哈特

（Charles Goodhart）发现了这一现象，它后来被命名为"古德哈特定律"，还成为批评英国货币政策的重要依据。

在实践中，这意味着当组织告诉人们完成某项指标就会得到奖励时，人们往往会为此牺牲其他有意义的行动，甚至会作弊。在19世纪，欧洲古生物学家雇佣农民挖掘恐龙化石，并为他们挖出来的每一块化石碎片支付高昂费用。不久后，农民便开始砸碎恐龙化石以获得更多金钱。历史总是出奇地相似。

2001年之后，美国各地的公立学校都采用学生标准化考试成绩作为评估学校发展和教师表现的关键指标。但是这一数据目标在许多情况下破坏了教育的真实目标：教导学生学习。哈佛大学教育研究生院的戴维·戴明（David Deming）在对一些"得克萨斯州奇迹"学校的研究中证明了这一点，这些学校的做法是美国2001年通过的"不让任何一个孩子落后"法案的蓝图。该法案要求各个州府为三年级至八年级和高中一年级的学生制定标准化的测试，以确定各学校是否在提高学生成绩方面取得了进步，学校和学区则使用考试成绩来评估教师的水平。

戴明比较了采用标准化测试学校的学生和其他学校学生的长期表现。他发现有些学校会开除差生，以提高学校的整体成绩。结果，前一组学生在大学毕业率和未来收入方面表现得比后一组学生差。而且这种情况往往会发生在那些超过平均水平并努力追求卓越的学校之中。而在水平较差的学校中，学生们的最终表现反而会更好。这两种学校就像对冲基金的投资者：虽然他们的所有举措都是为了避免损失，但给学生带来了截然相反的影响。其他一些研究也发现"指标评估"会减少学生的好奇心，甚至驱使一些老师和校长作弊。由此观之，"指标评估"只适用于表现欠佳的组织，而非表现卓越的组织。学者们通过长期的研究才弄清楚这一点，遗憾的是，测试得分指标早已成为一种主流的评价方式。

季度目标正在吞噬大公司的未来

美国公司对短视目标给予了过分的关注，远超其他国家的公司。

如今，大多数上市公司的高管都承认，他们通常会牺牲未来的目标，以实现他们设定的季度赢利目标。

20世纪90年代中期，美国国会通过了《私人证券诉讼改革法案》(*The Private Securities Litigation Reform Act*) 此后，一种为股东和华尔街分析师预测下个季度收益的企业惯例诞生了。在公司预测下个季度的收益时，该法案可以保护它们免于承担责任，公司高管可以通过预测高收益，提高公司的股票价格，这样不仅可以增加高管们的奖金，还能反映出他们的卓越领导才能。

然而，实际情况是，首席执行官们管理公司时，往往会优先确保公司实现赢利目标，以达到投资者的预期。他们可能会放弃有利于长期增长和发明创新的关键投资。压力不仅来自投资者，还来自领导者对实现目标的渴望。研究表明，公司首席执行官在特定季度中拥有的股权越多，他们就越倾向于削减投资以提振股价。也就是说，公司本季度唯一的任务就是实现首席执行官的预测。

布莱尔·埃夫隆（Blair Effron）是纽约的一位银行家，也是森特尔维尤合伙公司（Centerview Partners）的创始人，曾为通用电气、百事可乐、时代华纳有线电视公司等著名企业提供咨询服务。他告诉我，他通常会看到公司高管根据季度收益目标做出决定，削减成本，而他们也知道这会牺牲公司的未来。

调查显示，超过80%的首席执行官和首席财务官愿意牺牲研发支出，还有一半人会主动推迟启动新项目，尽管这些新项目将为其公司创造更大的长期价值，而他们这么做只是为了实现季度收益目标。麦肯锡公司在2016年的报告中指出，尽管几乎所有领导者都认为更长远的眼光对公司的收益和财务状况更有利，但仍有87%的董事会成员和高管人员选择承受巨大压力，放弃长期收益和创新，以实现短期的强劲表现。

在一连串最后期限面前疲于奔命的人，都能明白为什么会出现这种情况：在眼前需求的压迫下，一个人很容易牺牲饮食和睡眠，即忽略重要但不紧急的项目。通过发布季度目标，企业领导者可以永无止境、周而复始地应付一个个"最后期限"。他们自己追求的目标暗示他们将永远处于恐慌状态，就像在为火星轨道探测器编程时犯错的NASA工程师一样。或者用西里尔·康诺利（Cyril Connolly）的话来说，他们就像一个个蓄水池，却想装满整片大海。在这种情况下，预测破坏了远见。

实现季度目标后，公司将需要花大量时间做其他对自己有利的事情。它们通常会回购自己的股票以提高股价，并向股东派发股息，而不是将这些钱用于公司发展。2015年，标普500指数中的上市公司将其收益的99%用于这种策略，很少有人愿意为未来投资。也有几个值得注意的例外，但这些公司主要是享有准垄断地位，并将资金投入数据分析和人工智能领域研发的技术公司。它们往往由创始人直接领导。

我们可能在头条新闻中读到过有关公司欺诈的灾难性案件，比如安然（Enron）、大众汽车（Volkswagen）和世界通信公司（WorldCom）事件等。然而，高管们为了季度目标牺牲未来的常规做法虽然看上去并不那么严重，但会以一种更加真实的方式伤害到我们。这种行为的直接结果就是导致就业变得更加不稳定、发明创新停滞不前、公司未能为解决长期问题（例如气候变化和K-12教育）的政策提供支持。这些公司还牺牲了人们用退休金获取更高回报的可能。每当想到这一点，我就会想象出企业高管们在街上砸碎存钱罐、任由零钱落入下水道的情景来。

如今，已经有一小群人直言不讳地提出了这样一个问题：如何使美国的企业摆脱对短视目标的关注，特别是如何终结"季度收益"这个概念对企业长达数十年的统治。

2016年秋天，几位投资界大佬聚集在纽约市索菲特酒店的宴会厅，他们想要建立一个名为"长期聚焦资本"（Focusing Capital on the Long Term）的组织。主持会议的是莎拉·基欧娜·威廉姆森（Sarah Keohane Williamson），她曾在惠灵顿管理公司（Wellington Management Company）工作了20多年，十分关注公司的短期思维问题，她认为这种思维并不是出于利他主义，而只是出于金钱考虑。人们对季度收益的关注，不仅造成了股东的损失，也对经济产生了不良影响。

她在采访中对我说："一方面，像你我这样的储蓄者，出于对未来的考虑，会投资养老和退休基金。另一方面，有些人会产生创业的想法，需要资金。这些想法和目标都是长期的，但资本市场是短视的。这个矛盾会导致人们做出错误的决定。"

2016年，麦肯锡全球研究所和威廉姆森的团队回顾了14年来美国615家上市公司的业绩。这些公司并非金融领域的公司，而是市值超过50亿美元的实业公司。他们认为,这些公司中有164家是以长期经营为导向的,衡量标准包括它们达到或未达到季度收益目标的程度,以及他们的实际收益相比于季度报告的增长情况。这些数据为研究人员提供了一种实证方法,来判断企业是否为了实现短期目标而从未来需求中挪用资源。他们发现,从2001年到2015年,那些克服了对季度目标关注的公司,其收入比所在行业的其他公司高47%。

更重要的是,他们发现了企业关注未来增长的好处。与其他公司相比,长期型企业在研究和开发方面的平均支出要高出50%,并增加了近12 000个工作岗位。麦肯锡研究团队估计,如果所有美国公司都能做到以长期经营为导向,那么2001年到2015年期间,美国的国内生产总值将增加1万亿美元,这说明社会已经为企业对指标的过度关注付出了高昂代价。

遭受这种"短视陷阱"困扰的不仅是大型企业。硅谷企业家埃里克·里斯(Eric Ries)曾向公众呼吁,要警惕"虚荣指标"的危险,因为越来越多的企业使用了这些虚荣指标来衡量自己的业绩。他特别提到了依靠网页浏览量、下载量和网站服务用户数量来衡量业绩的技术公司。他认为,初创企业倾向于将这些数字的飙升归功于明智的商业决策,然而实际上,这可能只是季节性的或每周的业务波动,就像迪士尼乐园在周末和学校假期的游客量数据。相比之下,企业对这些数字的下降可能会更加重视,就像对冲基金投资者往往会对浮亏反应过度。组织自身的指标(而不仅仅是投资者的指标)常常会蒙蔽我们的双眼,让我们难以看清未来。

里斯说,那些经久不衰的企业所选择的指标,往往会随着时间的推移而变得更有意义。例如,他们计算的是客户每天回访网站的次数,而不是页面浏览的总次数，这更能表明客户对网站产品、服务的满意程度以及对网站的忠诚度，公司可以依据这些数据更好地预测未来。里斯指出，Facebook 就是这样一家企业，即使在早期也是如此。这种能够赢得忠诚度的策略使用户很难放弃它，即使他们也会担心数据隐私泄露和虚假新闻等问题。

那么，企业应该如何选择有效的指标呢？这取决于企业的经营目标。复购率和市场份额对零售公司更有意义，而访问频率和用户量是依赖广告收入的公司更需要关注的指标。对新闻机构而言，阅读时长和回访量可能比点击量更有意义，即使后者能拉来更多广告商。但是，没有任何一种指标可以代替精确的判断。

尽管在纽约和新泽西州生活了数十年，拉夫纳尔身上依然洋溢着温柔谦逊的气息，我依稀能从他的脸上看到那个在南卡罗来纳州农场长大的青年。他的知识和阅历比任何一个经历过第一次互联网泡沫期的人都要丰富和深厚，但他没有以此为傲。他说，他只是喜欢投资而已。

像所有投资者一样，拉夫纳尔和他的团队要以低价购买股票并以更高的价格出售。像所有投资者一样，他们要面对未来的不确定性。随着时间的推移，这种不确定性会增加，毕竟没人能够未卜先知。

为了跑赢大盘，投资者有时需要对共识发起挑战。老鹰公司的策略是寻找短期不利因素，但它们对股价的影响会在未来几年内（注意，不是几小时、数天或数周）消失殆尽。

因此，一些在别人看来相当糟糕的投资，往往能引起老鹰公司的兴趣。老鹰公司的策略是在大多数投资者低估某家上市公司股票的价值时购买它，这些股票可能是因为收益低、成本高或存在其他短期问题，如担心利率上升压力等。

一些投资者称老鹰公司的投资方式是"时间套利",这种方式也可以被视为从其他人的短视中获利。老鹰公司抓住了一个事实:华尔街交易员及卖方分析师经常对无关紧要的指标反应过度,无法对股票的未来增长潜力给予足够的关注。例如亚马逊公司,其成本飞涨且利润率缩水,多年来一直让股东和交易员避之不及。但与此同时,亚马逊通过收益再投资来开发新产品,扩大其作为零售巨头的市场份额,最终建立了一个庞大的商业帝国。

老鹰公司不是唯一一家通过对短视指标逆向操作而积累了财富的投资公司。亿万富翁沃伦·巴菲特就以神乎其神的长线投资而著称,他更关注的是最终的风险,而不是未来几年的表现。

2008年,巴菲特和门徒合伙公司(Protégé Partners)公开打赌,赌注为100万美元。巴菲特预测在未来10年中,标准普尔500指数以及与之挂钩的低成本被动型指数基金将跑赢门徒合伙公司收费高昂的对冲基金。门徒合伙公司则打赌自己的对冲基金会在未来10年表现得更为优越。最终巴菲特赢了,并将所得款项捐赠给了奥马哈一家慈善机构。巴菲特的行动证明了,完全屏蔽短视的"噪声"比接收"噪声"更有利可图。

像巴菲特一样,波士顿的包普斯特集团(Baupost Group)的金融策划人塞思·克拉曼(Seth Klarman)曾成功地押注他认为具有长期价值的公司,并因此放弃了在一周内以更高的价格进行交易。包普斯特管理着约300亿美元的资产,而克拉曼写的一本关于华尔街投资的绝版书也在亚马逊上卖出了超过1 000美元的天价。

2008年金融危机前夕,老鹰公司并没有持有任何大型银行的股票。拉夫纳尔和他的投资团队认为,大多数交易者都在关注短期收益的优势,因此银行的价值被高估了，它们要冒很高的季度收益风险。在大银行风险部门工作的职员会私下抱怨自己的工作没有受到关注。如果我们能像老鹰公司那样将目光放得长远一点，就能看到银行爆发危机的概率正在猛增。

我们都知道故事的结局：大型银行的股价暴跌。金融危机后续引发的问题引起了拉夫纳尔等人的兴趣：直到2009年，银行的股价持续低迷。也正是此时，老鹰公司着手开展市场调查。经过认真审议之后，于2011年开始大量购买高盛、摩根士丹利和美国银行等几家银行的股权。

老鹰公司提出的假设是，由于市场仍受到金融危机影响，无法适应未来的发展机会，所以目前是购买某些银行股票的最佳时机。在金融危机之后掌舵的银行高管会避免承担较大的风险，因为他们知道市场和监管机构正在对其进行更严格的审查。金融危机之后，新上任的银行首席执行官和首席财务官可以将所有错误的想法归咎于前任高管，而最稳妥的做法就是立即根除公司中的问题产品和高风险产品。

这就是拉夫纳尔与贝丝之子博伊金·库里（Boykin Curry）的观点，他在管理咨询和对冲基金投资领域积累了大量经验后，于2001年加入家族企业。如今，拉夫纳尔仍在公司工作，而贝丝已于2015年去世。

未来尚未确定，为了能更稳妥地下注，老鹰公司的投资团队使用了博伊金所说的"反向压力测试"。该测试的方案如下：当团队考虑投资某只特定股票时，博伊金将提出一个假设方案："想象一下5到10年之后，当我们回头审视时，会不会觉得购买这只股票是一个严重错误。有什么事情会让我们产生这种感觉？这种情况发生的概率有多大？"

这种反向压力测试可以帮助投资者考虑到更广泛的风险和机会。

这种做法类似于Google X所采用的策略。Google X是谷歌的分支机构，专门投资"登月计划"级的项目，以解决影响数百万人的重大社会问题。Google X负责谷歌雄心勃勃的无人驾驶汽车项目，以及谷歌气球项目，其目的是建立一个由平流层气球搭载的互联网，从而让全世界的偏远地区和落后地区也能连上网络。

不过Google X所追求的目标是不可预测的，还带有很高的风险。Google X要解决的是一个个艰巨的问题，可能需要数百万美元的投资。因此，投资者要尽快搞清楚这项投资的结果是成功还是失败。Google X的主管阿斯特罗·特勒（Astro Teller）高兴地说他的团队每天都在尝试着"杀死"一些项目。"我们可不想等到失败发生时再从中吸取教训。"

在任何一个项目启动之前，特勒的团队都会开展一项被特勒称为"活检"（这是一个类似于"尸检"的概念）的流程，目的就是预测该项目失败的原因。特勒会鼓励团队成员在项目启动前写下可能遭遇的风险，以及如此预测的原因，然后由全体成员对这个潜在风险进行投票，并根据现实情况对其存在的可能性进行评估。如果大多数人认为项目存在风险，那么就要在项目启动之前"杀死"它。而提出"杀死"计划的成员不会受到嘲笑，反而会得到奖励——通常就是击掌或拥抱。

20世纪80年代，宾夕法尼亚大学沃顿商学院的教授黛博拉·米切尔（Deborah Mitchell）研究出一种用于解释未来事件的方法，这种方法会假设某个事件已经在未来发生，她称之为"前瞻性事后观察"。举个例子，假设你成功地举办了一次聚会，之后你开始寻找这次聚会成功的原因，比如周到的餐食、活泼的客人、优美的音乐等。通常，我们会通过现状去描述未来可能会发生的事件，但"前瞻性事后观察"

需要我们在"未来的事件已经发生"的前提下，试图解释它发生的原因，这样我们就会将注意力从单纯地预测未来，转移到对于当前选择可能造成的后果的评估上。

米切尔认为，"前瞻性事后观察"可以帮助组织预测可能出现的谬误和成就，从而规避不确定性，做出更好的决策。她认为这种方法可以帮助组织避免某些重大错误，比如1986年切尔诺贝利核灾难等。通过对未来结果进行预测和对造成该结果的策略进行预判，我们可能会做出富有远见的决策。

华尔街上的大多数基金经理是通过公司电话与高管沟通的，他们和其手下的很多卖方分析师（不是股东，但可以从更多交易中受益）试图以此获取有关下一季度目标的信息。他们将这些数字放入模型中，用以指导定价和交易决策。而老鹰公司做出投资决策往往要花费更多的时间。举个例子，在投资摩根士丹利之前，老鹰的团队花了几天时间与对方的管理团队交谈，并查看他们的账簿。他们与银行的风险管理主管、交易主管和投资主管交谈。他们想知道银行的领导层是如何规避风险，以及如何获得越来越大的市场份额的。

老鹰公司的投资者承认，在购买一家公司的股票时，他们感到非常辛苦。但由于他们一旦买入股票，就会持有数年之久，因此他们认为花些时间搞清楚关键问题是值得的。他们提出的问题也不同于许多其他投资者。他们想了解对方公司高管的想法以及他们的价值观。

他们提出的假设是：对方公司的高管们究竟愿不愿意做出季度收益预测？他们对于创新的关注度有多大？他们将如何提高公司的市场份额？他们在做决定时会不会考虑未来？

惠灵顿管理公司的前经理威廉姆森告诉我，大多数基金经理都害怕连续几个季度的表现不佳，这会导致他们失去客户，因为客户都想竭尽全力避免直接损失。

当股票价格上涨时，像拉夫纳尔这种持有股票长达数年的投资经理必须远离泡沫市场；而股价在短期内下跌或收益下降时，他们则要保持高度的紧张。在过去几年的很多时候，他们看上去是在亏钱，或者也会产生加入泡沫市场的冲动。但投资公司和其他组织需要通过专门的技术来避免投资者沉迷于即时满足或轻率行事的冲动，他们需要在喧闹的市场中，代表客户行使集体的远见。

"北极星"战略怎样剔除垃圾信息？

那么，谁才能把信号和噪声区分开呢？谁能判断出某个市场信号究竟是预警、是好兆头，还是单纯的垃圾信息？

博伊金告诉我说，当老鹰公司的成员看到某项投资的股价暴跌时，他们往往会做好充分的准备。他们首先提醒自己，回顾一下当初购买该公司股票的原因。例如，他们在2006年购买了微软的股票，因为他们认为微软会成为云计算的领导者。3年后，微软的股价下跌了40%以上。老鹰的团队当即展开调查，他们与微软公司的管理层和公司外部专家交谈，试图找出股价下跌的原因。事实证明，价格下降的原因是个人计算机出货量和预装软件销售量下降。"但这与我们当初购买微软股票的原因没什么关系，"博伊金说。老鹰团队决定忽略市场上的噪声，甚至还买了更多微软股票。

"当然，如果我们发现微软正在出售他们的云业务，那我们也就失去了投资微软的理由。但万幸的是，假如微软真的准备出售云业务，这一决定将提高它们的近期收益，我们就能以高于买入价的价格出售股票。"他说。他们通过"探究当初购买某只股票的原因"这一基本原理，来打消垃圾信息的误导。你可以称之为"北极星"战略，它要求组织中的成员习惯性地对信息进行甄别，从而定位自己的最终目的地。

2016年，我参加了斯坦福董事学院（Stanford Directors' College）的活动，这是一个面向公开交易公司董事会成员的、为期5天的夏令营活动。有一天午餐时，我坐在硅谷银行董事长罗杰·邓巴（Roger Dunbar）旁边，他看上去根本不像企业高管，更像是个巡回摇滚乐队的经纪人。邓巴身上的衣服像是用20世纪60年代的布料裁剪而成的，看上去像个游学的学者。实际上，他曾为许多技术公司提供建议和帮助，还一度担任过安永的全球副主席。

邓巴告诉我，每当他看到公司高管或董事会成员对短期的市场噪声做出过激反应时，就喜欢假装健忘。他会在董事会的会议上问首席执行官："我们的长期战略是什么？"就好像他忘记了似的。他说，有时公司领导者会因为过于"聪明"（深挖每一条数据），反而忽视掉那些简单而关键的问题。在他看来，董事会成员适度地"幼稚"一下其实不是什么坏事，反而能提醒人们抬起头来看向前方。而这个偶尔"幼稚"一下的角色，董事会、团队主管和顾问都可以扮演。

在金融界，大多数投资经理都根据基金的年度表现获得酬劳，并根据股票表现以及为客户赚取的收益来获得奖励。安永的调查显示，74%的基金经理薪酬是按年支付的，而那些能让他们关注未来的激励措施（如股票、递延现金和股票期权），在他们的薪酬中所占比例不到四分之一。

威廉姆森说，这种薪酬结构通常会阻碍投资者考虑未来的风险。

就像老虎机的灯光和音乐一样，它们只奖励对即时满足的追求。不仅如此，它们还会激励人们"及时止损"。毕竟没有人想丢掉眼前的奖金。令人不安的是，这种酬劳制度，与大多数家庭投资基金的初衷根本不符，也不符合客户购买退休基金的长期目标。矛盾的是，这些长期受益的投资却由那些只顾年度酬劳的人来管理，他们势必会背叛投资者的购买初衷。

老鹰公司从来不按年向投资经理支付薪酬，投资经理也不需要接受年度绩效评估。他们的报酬和持有的股权随着公司的发展而增长。博伊金表示，这是因为他不希望经理们做出短视的投资决定，"（我不希望）他们做出投资决定的原因，仅仅是想在年底购买一辆法拉利"。在老鹰公司的理念中，一年太短了，根本无法看到投资决策的结果。老鹰的做法，就是通过消除短期奖励来抑制诱因，并彻底消除损失的可能性——如同拔掉老虎机的电源。为了获得更高的投资回报，老鹰公司会对投资经理进行培训，让他们明白：今年的表现不会成就他，也不会毁了他。

从本质上看，老鹰公司的组织文化的目标在于鼓励远见。这一切都得益于其小规模的投资团队，整个团队始终只有6到7人，这使得博伊金能够掌握团队的情况。他可以了解每个人的想法，评估他们做出投资决策的理由是否正确。老鹰公司始终只投资25至35家公司，这使得团队能够密切关注自己对每只股票的决策，并能及时了解对方团队的领导能力及其所在行业的趋势。

值得注意的是，老鹰的团队并没有完全摒弃指标。只是他们的眼光超越了一般的投资者，专注于能够代表未来的机会和风险的指标。在老鹰公司，短视指标被一个个"里程碑"取代，它们能够反映公司的增长理论是否正在发挥作用。

比如，当其他投资者试图弄清楚利率会在何时上升，进而影响大银行的股票价格时，老鹰公司则在研究摩根士丹利 10 年前的衍生合约的收盘价，不要小看这些尘封的数据，它们能够反映银行是否准确报告其资产价值，以及是否仍在承受不当风险。和那些反映直接前景的指标不同，这样的"里程碑"可以帮助投资者调整对未来的看法，从而实现长远的胜利。

美国小额信贷行业顾问罗萨斯成功预见了 2010 年印度小额信贷危机。当我问到，在他的研究领域中是否存在比贷款偿还率更能有效预测信贷危机的指标时，他说自己开发了一套系统，可以评估某个国家或地区是否存在信贷泡沫。这套系统能将潜在借款人的数量与贷款数量进行比较，以确定该国是否将过多的贷款"倾销"给借款人，系统还能得出贷款的增长率。他还研究了政府法规，以及它们是否可以抑制公司间的过度交易，确保市场的透明度。他进行了实地调查，并与借款人进行了访谈，以了解系统的指标是否符合当地的实际情况。他认为单一的指标不足为信。

约翰霍普金斯大学国际高级研究学院的政治学家丹·霍尼格（Dan Honig）是研究对外援助的专家，他认为，当组织的目标简单而具体时（例如修建道路），指标就很有用。霍尼格说："我曾经是一名公寓维修工人，如果我在墙上打了一个洞，那无论我的老板是否喜欢都没关系，因为我已经在墙上打了洞。"他接着对我说："因为这个结果是可验证的。无论是修路还是接种疫苗，这些工作都是同一个类型的，也是我们能直接看到结果的。对组织来说，一个月内铺设 5 英里的道路或给上百个人接种疫苗，都是直观的目标。"

对从事更复杂事业的组织而言，数据目标通常会与实际目标相去甚远，也更容易被动手脚。霍尼格说，在这种情况下，管理人员最好能够根据自己的判断来评估进度。将简单的数字指标强加到复杂的情况（例如教育儿童、改革司法系统或发展创新业务）之上，是一个组织经常会犯的错误。

如今，一些企业的首席执行官正在选择一些更符合长期目标的数字指标。保罗·波尔曼（Paul Polman）接管欧洲超级企业联合利华（Unilever）后，希望它在一个世纪后仍能蓬勃发展。为此，他开始认真管理企业的自然资源如棕榈油供应链。波尔曼 2009 年出任首席执行官后，联合利华停止了对季度收益的预测。波尔曼认为短期经营目标会弱化人们对企业长期发展的关注，比如联合利华这样的日化公司是否正在毁灭地球。其他一些企业（例如可口可乐和福特）也停止了对季度收益的预测，它们都在努力转变成更有耐心的投资者。

联合利华已将波尔曼和其他高管的年度薪酬与符合长期目标（如减少公司的碳排放量）的指标挂钩。2016 年，因实现了公司的可持续发展目标，波尔曼获得了高达 722 230 美元的奖金。荷兰的皇家帝斯曼（Royal DSM）公司进行了一项更具野心的改革：将企业短期奖金的一半用于激励 400 多名员工去实现可持续发展的目标。

亚马逊公司创始人贝佐斯也为自己设立了指标。近 20 年来，在建立零售和云计算帝国的过程中，亚马逊没有为股东带来任何利润。互联网泡沫最严重的时期（1997 年），各互联网公司开始疯狂交易，而贝佐斯给亚马逊的股东写了一封信，表明自己对亚马逊的长远期望。在这封以胆识著称、被投资者们反复引用的信中，贝佐斯解释了亚马逊未来的方向：成为市场领导者。他写道："我们相信，成功的根本标准，就是在长期为股东创造更大的价值。"但他从没说过这个"长期"究竟是多久。

贝佐斯在信中阐明了他用以替代季度利润和近期股价的新指标——客户增长率、市场占有率，以及复购次数，它们可以衡量客户忠诚度，进而衡量品牌的实力。贝佐斯根据自己的指标而非华尔街的指标来追踪公司发展进度，阐述了他原创的"北极星"战略及其解读方法。

贝佐斯还解释了他为未来做决定的哲学，描述了他将如何权衡具体的情况。亚马逊选择的增长方式并不符合当时通行的会计方法：它向员工支付的更多是股权，而不是现金，这样员工就会为了公司的未来而努力。这种做法还能保持较高的现金流，并将这些现金用于公司未来的增长。

在这封信问世后的近20年里，亚马逊财报中的利润甚至低至0，这并不意味着公司没有赚到钱。相反，贝佐斯选择将公司数十亿美元的收入投资于新业务和新技术，而不是将这笔钱记录为高收益，以此满足华尔街的需求。贝佐斯的策略非常有效，如今亚马逊已经成为地球上最有价值的公司之一。虽然并非每家新公司都能借此策略取得亚马逊般的成功，但只要能够取得一些重大的胜利，就足以抵消其带来的成本。最近，亚马逊的一项投资——亚马逊云服务（Amazon Web Services）不仅提高了公司收入，还成为收集和分析大型数据的互联网公司不可或缺的工具。

亚马逊在市场上的统治地位让不少人担忧。他们认为竞争越激烈、企业规模越小，消费者就越有利，这样也会从整体上造福经济。而其他人则对亚马逊改革传统购物体验的措施赞不绝口。对此我的心理比较矛盾：一方面，我同意对于亚马逊做法的一些批评；另一方面，我也对其提供的服务深深沉迷和认同。虽然担忧依然存在，但亚马逊对于未来的远见和判断，值得其他企业学习。

20世纪90年代末的经济泡沫让许多投资者的美梦破灭。人们不禁意识到，一些科技公司只是基于纯粹的投机目的进行高价交易，它们永远不会真正创造价值。泡沫经济破裂后，亚马逊不得不将自己与那些科技公司区分开来，并说服投资者相信即将发生的事情。用销售增长率替代季度收益的做法非常明智，亚马逊用事实帮助贝佐斯向投资者证明了这一点。

如今，大多数企业的首席执行官都将短期收入奉为圭臬，却对投资未来业务嗤之以鼻，贝佐斯恰恰相反。虽然在过去的很长一段时间，亚马逊的股价一直因其商业决策而下跌，导致某些季度的赢利数据不大好看。但反观现在，许多亚马逊的早期投资已开始显示出创造高利润的潜力。2018年9月，亚马逊成为历史上第二大上市公司，市值达到1万亿美元，仅次于苹果公司。当然，最具有讽刺意味的是，具备长远眼光的亚马逊，却是一家鼓励客户冲动消费的公司。由此观之，尽管长远的眼光是贝佐斯优秀决策的一部分，却不一定是他的道德准则。

波尔曼和贝佐斯在西方企业高管中仍属凤毛麟角，大多数公司高管都不相信自己能够顺利实施这样的策略，或者因为担心失败，根本不愿冒险。

就投资者而言，他们还可以选择替代指标来衡量季度利润，以评估公司的长期前景。他们也可以更改衡量自己成功与否的指标。伯克希尔·哈撒韦公司（Berkshire Hathaway）使用标准普尔指数连续5年（而不是1年）的表现作为决策基准，以此获得更为长远的视野。但大多数投资者尚未采取这种做法。

为什么 AI 无法代替人类做决策？

美国民间英雄约翰·亨利（John Henry）是一位喜欢用蛮力将钻头打入岩石的大力士。在过去，人们铺设铁路时，通常用人力在岩石上钻孔，然后在孔洞中布设炸药炸出豁口。后来有人准备用蒸汽锤替代人力钻头，亨利欣然接受了挑战。最终，蒸汽锤败给了亨利的意志力——蒸汽锤在反复使用后断裂了。

不过人们往往忽略了这个故事的结局：亨利在与机器比赛后力尽而亡。然而，这个故事仍被认为是说明人类能力足以移山填海的寓言。

"人类的双手和灵魂总能战胜机器"，这种观念有一个缺陷。实际上，如果我们坚持做那些机器可以更高效或以更小风险完成的工作，那么我们很可能会失业。舷外发动机比划桨的速度快，计算机比人类打字和计算的速度快，电动割草机比镰刀的效率高得多。我们最好还是将划船和写信当作休闲方式，而不是职业。

随着人类收集数据的能力不断增强，计算机进行数据学习、制定决策的能力也越来越高。在很多领域，机器正在和人类展开激烈的竞争，甚至具备了超越人类的能力。在历史上，机器替代了人类做最艰苦的劳动。如今，人工智能的技术飞跃把机器变成了人类最强的竞争对手。自动驾驶汽车有望取代卡车司机；在收集与案件有关的文件方面，计算机已经可以胜过律师；在核磁共振图像中检测肿瘤时，机器的表现也将放射科医生远远甩在了身后。

老鹰公司的优势之一，在于他们从事的工作还无法被机器替代，至少暂时不会。20 世纪 90 年代以来，许多投资者都习惯在计算机模型的指导下开展工作。计算机提供的复杂分析有助于投资者了解过去的交易，比对当前和过去的股票价格、商品价格以及未来可能的收益，从而计算出买入或卖出的最佳时间点。在库里看来，这种基于计算机模型的投资方法变得越来越有竞争力。

"老鹰的目标，就是找到一种只有人类才能解读的投资模式。"博伊金说到，"如果每个人都能掌握某种算法，那么我们就失去了竞争优势。"在这个机器不断取代人类的时代，我觉得博伊金的想法会大幅提升老鹰公司的存活概率。至少在接下来的几年里，我很难想象会出现一款能像投资者一样热衷于提出烦人问题，并习惯于通过反向压力测试审视数据的电子设备。

几年前，我在蒙大拿州的一家牛仔俱乐部里遇到了世界领先的人工智能研究人员德米斯·哈萨比斯（Demis Hassabis）。他是一位神经科学家，在英国攻读博士学位时就痴迷于研究人类记忆，随后创立了一家名为 DeepMind 的公司，该公司现在是谷歌的子公司。哈萨比斯雄心勃勃，他想打造出一款比人类更为优秀的学习机器。2016 年，DeepMind 登上了新闻头条，因为它研制的 AI 系统 AlphaGo 在具有千年历史的围棋游戏中击败了当世最杰出的人类棋手。在对弈过程中，机器通过其积累的海量数据探究出新的招式和走法，一鼓作气赢得了比赛。这一壮举表明，计算机不仅可以遵循人类给出的规则，而且可以通过学习做出创造性的决策。

哈萨比斯认为，我们从 AlphaGo 的胜利中不难看出，人工智能发展的速度已经超越了研究人员的想象。但他也认为，如果期待机器能够获得对未来价值进行预判的能力，可能还要有很长的一段路要走。

人工智能可以从数据中识别出某些固定的模式，它在这方面无疑强于人类。人类穷极一生也无法处理的海量数据，计算机只需瞬间便能处理完毕。哈萨比斯认为，当某项任务需要从大量的信息数据中提炼或解读知识信息时，计算机的表现要明显优于人类。比如机器可以更快、更准确地识别出患者的症状，因为它们所采用的是从上百万份病例和医师诊断中得出的经验。由计算机控制的无人驾驶巴士也可以从上百万条路程轨迹信息中提取出解决某个交通困境的方案。在投资领域，计算机目前已经拥有了从海量历史交易信息中提取经验、指导短期投资的能力。高盛已经将旗下的现金资产管理交易交给了全自动系统，而在过去，这项交易是由多达600人的交易团队负责的，此外还需要一个计算机工程师团队在后台提供必需的维护；而如今这项交易只需要两个人。

不过，人类还是拥有优势的。一方面，当某项分析需要解读潜藏在表象之下的因素，或探究更深层次的变化时，人类的能力就无法被机器取代了。橡树资本管理有限公司创始人霍华德·马克斯（Howard Marks）在投资界颇有名望，他表示，依赖计算机模型的量化投资基金可能会成为投资者们的"阿喀琉斯之踵"。计算机模型只能基于历史数据进行分析，"它们无法预测市场变化，无法预测异常期的出现，因此它们会高估历史数据的可靠性。"

举例来说，如果一家企业的历任首席执行官都是平庸之辈，那么仅仅基于历史和实时数据的计算机模型就无法预测新一任首席执行官上任后可能造成的股价飙升，因为这位新任首席执行官的理念可能恰好和企业未来的发展方向相契合。而人类则可以通过交谈和问话，探寻到隐藏在数据之外的信息，从而对新任首席执行官得出一种"超越数据分析"的判断。

另一方面，计算机模型程序最大的信息来源就是输入的数据，而这会加重它对数据指标的依赖性。即便计算机比人类更有效率，比如可以在1毫秒内完成股票交易，可一旦算法出现错误，高频的交易决策反而会造成灾难性结果，但人类却能避开这一点。

虽然人工智能如今风头正健，但哈萨比斯仍然认为人类在复杂的、需要动用感情的场景下会占据绝对优势。凭借对数据之外信息的解读能力优势，以及永不止步的精神，人类势必会不断扩展自身的能力边界，比如赢机器一盘棋。

不过，我们尚未适应这种新兴的趋势。目前，在医学领域，医生的重点工作是做出正确的诊断，这是他们最直观的目标。因此，他们会对照顾患者的长期工作或帮助患者理解治疗方案的利弊缺少关注。以此类推，在投资领域，企业的关注重点是对下个季度的指标和股价做出更好的预测，而不是衡量企业的长期价值。换句话说，我们仍未意识到，在和机器的博弈之中，对未来的远见卓识远比获取当下的信息更重要。

具有讽刺意味的是，尽管技术和经济的发展让人们变得更有远见性、更能共情、更具战略眼光、感受更细腻，可我们仍然紧盯着短视指标，以使自己更好地实现近期的目标。未来，人类的优势将来自我们所珍视的事物和判断力，而不是与机器比拼分析事实的能力。

让盗渔者变成秩序的维护者

老鹰公司、包普斯特和伯克希尔·哈撒韦等企业的成功经验表明，在所有人都追求立竿见影的成功时，耐心的等待更为可贵。

但在某些时候，组织也会发现，为了生存，它们不得不跟随短视的人群。这一规则已经在捕鱼业存在了几个世纪之久。即便渔民们有意为子孙后代考虑，想要避免过度捕捞仍旧很难。即便所有人的利益都会受损，渔民们仍会争先恐后地捕捞。

直到最近，巴迪·金登（Buddy Guindon）还是这些渔民中的一员。他在得克萨斯州加尔维斯顿的捕鱼公司工作，主要捕捞墨西哥湾沿岸的红鲷鱼。50多年来，渔民过度捕捞红鲷鱼，使之濒临灭绝。到21世纪初，鱼类数量已下降到历史水平的4%，渔民很快就会无鱼可捕。

历史上，美国政府试图通过设定年度捕捞限额、允许渔民在每个季度的特定日期捕鱼等方式，保护墨西哥湾沿岸的红鲷鱼。在渔猎期，墨西哥湾的渔民被允许每天最多捕捞2 000磅的红鲷鱼。在这些指定的"德比日"（derby days）里，渔民们会竞相捕捞尽可能多的鱼。金登说，在这样的安排之下，他和其他渔民们捕起鱼来就像海盗一样。在"德比日"，他们会拒绝参加亲友的婚礼、缺席孩子的棒球比赛，以便捕到更多的鱼，甚至还会在夜幕的掩护下偷偷出海。为了利用好每天2 000磅的限额，他们会把捕到的小鱼扔回大海，只留下能在市场上卖出高价的大鱼。然而，这些在海洋深处生活的小鱼被扔回浅海后会迅速死亡。在捕捞船经过的海域，成千上万条死鱼尸体挨在一起，形成一条长达数英里的死鱼带。

渔民们在一年中的同一段时间集中捕鱼。在这些日子里，他们杀死了大量鱼类，包括以合法或非法方式捕捞的鱼类，以及因被丢弃到浅海而死亡的鱼类。这不仅损害了红鲷鱼的繁殖，更使得其种群无法每年重建。随着渔业的衰退，商业渔船不得不花上更长的时间，行驶到更远的海域上寻找鱼类，即使在暴风雨中也是如此，这样才能确保他们在"德比日"获得尽可能多的收获。渔民们浪费了大量的燃料、时间和金钱。他们不顾一切地捕鱼。

在大海另一端的码头上，红鲷鱼的市场同样遭到了打击。在"德比日"期间，红鲷鱼供过于求，价格低廉；但在其他时段，红鲷鱼就消失得无影无踪了。厨师们从菜单上删掉了红鲷鱼，渔民越来越努力，获得的利润却越来越少，承担的风险则越来越大。

按照"德比日"政策的规定，即便金登这样的渔民想要适度捕捞，更多地着眼于渔业及其家庭的未来利益，这样的做法也不符合他们的利益。在所有人都疯狂捕鱼时，谨慎而有远见的渔民反而一无所获。金登向我抱怨道："这促使我亲手扼杀了自己的行业。您可以说我虚伪，但政策就是这样规定的。"

长期以来，渔业一直被视为"公地悲剧"的典型案例。当所有人都只顾自身利益去捕鱼或挖矿，一场争取更多资源的竞赛也随即开始，而人们最终会毁掉资源。没有人愿意保存资源，因为他们担心别人的疏忽会导致自己的付出徒劳无功。诺贝尔奖获得者、经济学家埃里诺·奥斯特罗姆（Elinor Ostrom）指出，这一想法在前人的著作中早有论述。亚里士多德在他的政治学专著中写道："人们会对大多数人共有的东西给予最少的关注。每个人都只会考虑自己，几乎没有什么共同利益可言。"

如果我们换一个视角，就会发现渔业将遭受更多苦难。随着时间的流逝，无论短期收益如何，过度捕捞都不符合大多数渔民的自身利益。他们的生计和生活与渔业的健康发展息息相关。捕鱼不仅是大多数渔民的经济活动，而且是定义着渔民及其社区的文化特征。许多渔民都希望将海洋资源留给下一代。过去的10年中，我在对世界各地的渔业组织的访问和研究中都能观察到这一点。

金登和像他一样的海湾渔民看到渔业正在遭受破坏，也看到了他们对自己和社区的未来的损害。但是他们没有采取任何拯救行动，因为"德比日"政策放大了他们的鲁莽。

我相信，许多"公地悲剧"的情况也可以从时间的角度来看待。如果海洋或空气被人类污染，最终受害的不是我们自己，就是我们的后代。在做出这些决定时，人们倾向于获得即时的回报，而不顾长期的巨大成本。如果更多的人将更多的精力放在未来的自身利益上（这恰好也是集体利益），则可以有效避免一些"公地悲剧"。奥斯特罗姆认为，我们可以通过多种方式做到这一点，悲剧并不是不可避免的。

2007年，墨西哥湾沿岸的渔民找到了这一困境的解决方案。当地的环境保护基金会提出了一种被称为"捕捞份额制度"的新型渔业管理方案，墨西哥湾区域渔业管理委员会批准了该方案，并将其作为重建渔业的一种途径。

捕捞份额制度规定，渔业企业每年都能获得一定的捕捞份额。墨西哥湾沿岸的份额，是根据过去14年的红鲷鱼捕获量进行分配的。渔民要么选择在一年中的任何时候捕鱼，以使用他们的份额；要么将其"租"给另一位渔民。渔民成为渔业的股东，但他们却不会像华尔街交易员那样迅速买卖股票。因为渔业的交易壁垒更高，只有具备从业技能、船只和昂贵设备（包括液压卷盘）的渔民才能做上红鲷鱼的生意。大多数拥有捕鱼权的渔民会将权利长期保留下来，他们更像是企业的创始人和所有者，而不是股票交易者。这和西方牧场主获得的引水灌溉权不同：牧场主在一年中没用完的水无法保留到第二年，渔民们的捕捞份额能够长期保留，因此，他们就失去了在当下过度捕捞的动机。

墨西哥湾沿岸红鲷鱼的捕捞份额制度取得了巨大成功，它使濒临崩溃的鱼类数量得到恢复，15年前濒临灭绝的红鲷鱼种群再度繁盛。

自2007年以来，红鲷鱼的产卵量增加了两倍。随着红鲷鱼数量的反弹，所有渔民的收入都在增加。法律允许渔民每年捕捞的红鲷鱼数量增加了一倍多，因此，包括金登在内的渔民的收入也增加了一倍。

现在，渔民可以选择在一年中的任意一段时间内捕鱼，这对鱼类种群造成的压力会更小，同时，这也降低了渔民在恶劣天气冒着生命危险出海的可能性。由于成本下降，渔民能收获更多的利润。在过去，一次出海的渔获量不得超过2 000磅，现在已经提升到了10 000磅。正因如此，被渔民丢弃的鱼获量减少了80%，这些鱼还能卖出更高的价格，毕竟每天参与交易的渔民没有那么多了。捕捞份额制度让金登和其他渔民成为长期投资者，而不是斤斤计较的竞争者。

2017年《自然》(Nature)杂志上发表的一项研究，将实行捕捞份额制度的39家渔业公司与美国、加拿大等地未采用该方案的公司进行了比较。数据充分表明，捕捞份额制度终结了渔民的过度竞争。"公地悲剧"的提出者可能无法想象过去20年来在美国各地发生的事情。过度捕捞的渔业公司数量已降至20世纪40年代以来的最低水平。如今，美国渔民捕捞的鱼获中，约有2/3是按照捕捞份额制度捕捞的。自2000年以来，美国已有40多个鱼类种群实现了数量反弹。

捕捞份额制度的成功表明，组织的协议和明智的政策可以鼓励集体的远见。用金登的话来说，这套让未来的利益与当前的利益相吻合的制度，可以让盗渔者变成秩序的维护者。

如今，许多首席执行官就像在"德比日"时代出海的渔民，他们正在进行永不停歇的短期竞赛，力图优化季度数据、获得高估值，以此提振股价、为股东赚取高回报，并取悦董事会。他们需要一种更强的动力，来推动公司文化向集体远见转变。许多高管表示，他们也希望在决策时更多地考虑未来，但投资者不会允许他们这样做。

2017年，我与罗恩·谢克（Ron Shaich）见了面。直到2018年初，谢克一直是帕尼罗面包（Panera Bread）的创始人和首席执行官，而该公司是过去20年中最成功的餐饮企业之一。几个月前，他将公司私有化，退出了资本市场。就像之前准确预测了市场对能够低价供应汤、沙拉和三明治的快餐店的需求那样，这一次，谢克看到了公司在餐饮行业未来发展趋势中的竞争优势。他的商业口号是，在未来5年内坚持公司目前的发展方向，并向下一阶段努力。但在领导帕尼罗上市的岁月之中，他发现华尔街的某些投资操作与自己的目标相悖。与他共事的是一群信奉激进主义的股东，由于过去几年中公司的收益一直持平，股东们希望他放弃对技术的投资，增加出货量和订单量。而其他股东则向他施加压力，要求他回购公司股票以提高股价。

谢克评价自己是"长期贪婪，而非短期贪婪"，因为他发现自己可以关注远超季度的指标，从而为企业创造更多价值。他也喜欢提前考虑风险，并告诉我"如果在去医院的路上才担心心脏病发作，那就已经迟了。"但是，公司上市后，他发现自己要花费20%的时间来报告公司的近期活动和下一季度的活动，而不是把时间集中用于公司后续几年的定位。

他还看到股东持股的时间越来越短，据他说，1991年帕尼罗首次公开募股（IPO）时，一半以上的股东持股一年或更久。26年后，近一半股东的持股时间还不到一个月。尽管一些长期投资者坚持投资，但股价是由进行快速交易的对冲基金决定的，它们感兴趣的是公司上季度相对于竞争对手的业绩，而不是谢克正在创建一家怎样的公司。

2017年，谢克开始吸引耐心的私人投资者购买帕尼罗的股票，并将公司退市。一个名为JAB的控股公司以75亿美元收购了谢克的公司，JAB一向标榜自己拥有数个世纪的历史，而且只对具有未来增长前景的公司感兴趣，会根据收购企业多年的表现而非季度表现来指导业务决策。然而，2019年，JAB被发现具有"纳粹"血统。

许多公司的创始人和领导者会选择放弃进入公开市场的机会，目的是保持公司的价值。摩根大通首席执行官杰米·戴蒙（Jamie Dimon）认为，对于那些不想受华尔街短视影响的公司而言，远离公开市场变得越来越有吸引力，这也是美国近年来首次公开募股呈下降趋势的原因。一些公司甚至成了所谓的"福利公司"，它们不仅要对股东的财务回报负法律责任，还要对满足特定的环境和社会标准负责。福利公司往往会吸引那些对品牌和公司投入了大量资金，并关心企业社会影响的投资者。其中大多数是私人控股公司，它们的增长可能会受到融资渠道的限制。

然而，无论是保持私有状态还是上市，都无法决定公司会选择长期增长还是短期利润。对大多数公司而言，领导者才能确定公司的发展方向。在20世纪，企业在早期和长期的研发方面的投资远超今天。IBM、通用电气、施乐帕洛阿尔托研究中心、RCA实验室、美国电话电报公司和贝尔实验室的基础研究投资，为人类带来了晶体管、太阳能光电、激光和红外成像技术。如今，多数公司的研发投资已转向能够更快地交付新产品的后期技术，美国私营部门研发在经济产出中所占的份额已经下降。美国曾经是全球研究投资方面无可争议的领导者，但如今已降至世界第10位。美国近年来总体研发支出的增长主要归功于亚马逊、英特尔、Alphabet、苹果和微软等少数技术公司，而其他领域的投资均有所下降。

康奈尔大学法学院已故教授林恩·斯托特（Lynn Stout），曾将美国公司长期投资的下降归因于短期股东对企业影响力的提高。这些股东的行为和长期股权所有者或公司董事会不同，他们更像投机者，一心琢磨着从公司提取尽可能多的现金。斯托特写道，20世纪90年代初，国会和证券交易委员会制定的规则助长了"股东至上"这一理念的推广。这些改革导致公司将首席执行官的薪酬与股价和季度每股收益挂钩。这使得激进的对冲基金这样的股东能够组织活动，迫使公司董事会满足他们的需求。

进入21世纪，美国企业界的信条是"股东价值最大化"，其初衷并不是鼓励短视，但它意味着每一分钟都不能虚度，都要进行价值的最大化。然而，在科技的推动下，股票交易变得容易，投资者也变得不耐烦，这意味着"股东至上"与短视的行为不谋而合。股东不会像公司股份的真正所有者那样耐心持股，安然度过短暂的股价下跌期。他们只会对短期目标做出反应，就像纽约出租车司机所做的那样。不过，不确定性和恐惧也随之而来。斯托特在2015年的文章《企业就像时光机》（*The Corporation as Time Machine*）中写道：

> 考虑一下，当股市低估一家企业的股价时，股东所面临的困境。股东可能认为市场最终将自我调整，股价会恢复合理水平，但这种事情何时才会发生呢？在他卖出股票之前，市场可能不会自我调整。

1960年，在纽约证券交易所交易的股票，平均持有期长达8年。而如今，由于成本低廉、交易方便，以及充斥市场的海量信息，股票的平均持有时间仅为几个月。美国股票交易中约有70%是由"超速"交易员完成的，其中许多人仅持有股票几秒钟。上市公司首席执行官对企业未来的规划常常与取悦新型股东的愿望相悖。这是信息损害远见的另一种方式。

企业、投资公司和政府机构都无法纠正个人股东的短视习惯，但这仍然存在改变的可能。英格兰银行的安德鲁·霍尔丹（Andrew Haldane）建议，投资者需要像奥德修斯那样，让自己被绑在"桅杆"上，而这"桅杆"可能以投资公司的形式存在。这些投资公司持有股票的周期可以长达数十年，它们也可以响应政府政策和税收计划的要求或鼓励，更长久地持有股票。

分属于民主党和共和党的美国商业领袖们曾共同提出一项政策建议：通过实行金融交易税来降低市场上的投机性和过高的频率交易，从而延长股票持有时间。他们将这项政策称为"美国繁荣计划"（American Prosperity Project），其成员包括荷兰皇家壳牌、李维斯和辉瑞等公司的首席执行官和董事长。英国、中国香港和新加坡也有类似的金融交易税。其他由董事会或政府进行的改革，也可以鼓励更多的股东和首席执行官投资于长期项目。有一种方案是让高管在7年以上的时间里都不得从股票中套现，这样他们就有动力关注企业的长期发展。

而我赞成向长期投资的股东发放更多投票权或所有权。美国公司的默认方法是每股一票，使那些拥有短期权益的人与长期投资者享有平等的地位。一些公司已经找到了改变这种态势的方法，谷歌在2004年进行首次公开募股后采用了双轨制，股东和创始人的股票的投票权是公众（包括短期交易者）持有的股票的 10 倍，这就限制了后者对公司商业决策的影响。2015 年，当谷歌改组为 Alphabet Inc. 时，它创建了一个三层结构，扩大了完全没有投票权的股东群体。而它恰好是一家在长期研究方面进行了大量投资的公司，而且一直是市场上最有价值的公司之一。作为替代方案，公司可以向长期股东授予认股权证，并允许他们随着时间的推移购买更多的公司股份。

如果企业不想亲自采取这些措施，也可以依靠政府介入。麦肯锡公司的多米尼克·巴顿（Dominic Barton）建议在美国进行一项改革，根据投资者持有股票的平均时间来分配投票权。这将使长期股东获得比投机者更大的权力。硅谷企业家里斯一直在努力建立一个长期的证券交易所，以实现一些新理念。在交易所交易的公司不得根据季度或短期的每股收益来对高管发放奖励，而应根据长期的经营情况。股东的投票权将取决于他们持有股份的时间，而公司将更详细地披露其在研发方面的长期投资。尽管一些技术公司的领导者支持这一想法，但该交易所能否吸引到大量的公司和投资者，以及能否在此过程中坚持其远见，还有待观察。但是，即便这样的交易所最终没有出现，上述的做法也可能会在某些企业中实行。

要实施这些改革，组织必须采取大胆的行动。而在我撰写本书时，我仍然对资本市场是否会在短期内出现根本性的变化持怀疑态度。但是，当企业应对危机时，或当合适的领导人掌权时，这些转变都可能会发生。目前，在没有发生彻底变革的情况下，各组织仍需要利用它们所掌握的工具来协调当前的需求和长远的利益。

第 6 章

点燃"闪光炸弹"
用奖励引导人们做出正确选择

询问地方的神明吧,是它掌管着河水的涨落。

亚历山大·蒲柏(Alexander Pope)
《致伯灵顿的信》(*Epistle to Burlington*)

太阳在堪萨斯州的天空中冉冉升起,像一个巨大的蛋黄,气温渐渐升高。在这片平原上土生土长的农民之子韦斯·杰克逊(Wes Jackson)凝视着卡车窗外那条饱经变迁的河流。

作为一个聪明的反传统主义者,杰克逊的童年是在堪萨斯州泥泞的土地上度过的。20世纪70年代,他逃脱了在加州的学术生涯,重返堪萨斯州。他想找到既能帮助农民增加收入、又不会破坏他们赖以生存的土地的方法。从那时起,他就致力于在农民眼下的需求和人类未来福祉之间谋求平衡。

烟山河(Smoky Hill River)在科罗拉多州东部的平原蜿蜒560英里,最终注入堪萨斯河。19世纪50年代后期,一条小路沿着烟山河,一路延伸到科罗拉多州田野上的淘金城市丹佛,这条路上曾经遍布着淘金工具和淘金者的骨骸,这里劫匪频出,专门对徒步旅行者下手。寒冷的冬天使旅途艰苦,有时甚至给旅行者带来致命的危险。

我去了杰克逊经营的非营利组织"土地研究所"(Land Institute)拜访他。研究所占地 700 英亩,有着金色的田野、高高的草丛和临时搭建办公室,这些办公室位于堪萨斯州萨利纳市的烟山河两岸。这片土地的历史可以追溯到冰川期,杰克逊熟知这片土地上所有古老的故事和传说。他出生于 20 世纪 30 年代沙尘暴肆虐的时期。当时天降大旱,农民不得不破坏草地以种植更多的小麦。风沙遮蔽了阳光,穿透了谷仓的天花板。黑色的沙土像暴风雪般堆积在房屋的门前。它还使空气中充满了静电,导致汽车引擎短路,纷纷停在路边。草原上的尘埃云甚至能从大平原飘到美国东海岸,形成驱之不散的棕雾,笼罩了自由女神像和国会大厦。

对快速获利的追求助长了沙尘暴和早期的淘金热。第一批淘金者通过击败别人来获得黄金。但沙尘暴使小麦产量降低,还破坏了土壤,最终造成了灾难。成千上万的人失去了农场、食物和稳定的生活。2016 年,杰克逊已经 80 岁了,但他仍然保留着可以追溯到 1934 年的、父亲农场的收成记录。"我出生的那天,尘土飞扬。"他说。

如今,土壤从堪萨斯州数以百万英亩计的小麦、玉米和高粱田中流失,它们并没有像灰尘一样飘向天空,而是流入了烟山河和其他水域。浑浊的烟山河卷走了中西部滂沱大雨冲刷而来的肥沃土壤。农民种植的一年生作物根系较浅,无法固持在表土上,因此会被水流连根拔起。这意味着农民每年需要更多的肥料、水和能源来再次播种。杰克逊认为这些问题不是孤立的,而是在很长一段时间内逐渐形成的。对他来说,这条浑浊的河流让他联想到了几千年前人类犯下的一个错误。

"荒野是我们的图书馆"

上百万年前，智人就已在地球上出现，但他们直到最近1万年才学会耕种。他们在今天中东地区的新月沃地（Fertile Crescent）耕种，每年都会种植谷物，并在当年收获之后再次耕种，就像我们在花园里培植万寿菊和香叶一样。随着不断迁徙，他们发现一年生作物（比如玉米）的种子更易于收集和种植。他们最终选择一年生作物还有其他原因，因为它们能在一个季节内快速生长，并且更易于繁殖。收获后可以将种子保存下来，以便来年在新的地方继续播种。而多年生作物培养起来更费时间，还要防止它们的种子像蒲公英一样破碎。破碎的种子不仅难以收集，更难以运送到下一个定居点，很难育种。

然而，我们以狩猎和采集为生的祖先平时吃的都是多年生植物，多年生的野生稻也曾经养育了古代中国文明。事实上，古代的大多数谷物和我们今天吃的谷物有很多不同之处。

如今，一年生的玉米、大豆、水稻和小麦遍布全球，人类需要耗费大量的劳动和资源以及好运气才能保证他们正常生长。作物多样性的匮乏使农场很容易受到疫病和虫害的影响，而且需要大量的杀虫剂和除草剂。肥沃的表层土壤被冲走，土壤每年都要被翻耕和再次种植，还需要使用人工肥料。每年的耕种和播种周期更像是适应某种文化的仪式，这种文化倾向于消耗资源、不断用新的取代旧的，而不是着眼于长期发展。随着地球气候变暖，干旱和洪水的风险不断增加，沙尘暴的幽灵像雷雨云一样向人们逼近。

大多数的农场都是根据年产量，即每年从一英亩土地上获取的粮食吨数，来衡量工作的成果。如果仅仅采用这样的年度指标，农民根本看不到旱灾的危险，除非沙尘已经铺天盖地。但是，年产量指标并不是一个简单的数字，它意味着市场需求，是决定农场生存的关键。

农民面临的两难抉择，和其他行业所面临的如出一辙：过度追求短期收益会损害长期利益。杰克逊希望让农场长存。而且，他想在满足农民们眼前利益的同时培养他们的远见。对他来说，最重要的是前后几辈的农民能从土地上获得多少粮食，而不仅仅是一个季度的收成。他追踪研究了全球范围内的土壤侵蚀情况，发现大量土地已经失去了养活不断增长的人口的能力。他决定以未来为己任。

20世纪70年代，在一次与学生前往孔扎草原（Konza Prairie）的旅行中，杰克逊获得了"顿悟"。这片古老的草原，自上一次冰河时期以来就一直存在。尽管这里每年干草丛生，土壤却没有任何受到侵蚀的痕迹，也从未被耕种过。草原上的多年生植物种类繁多，根系也很发达。它们抵御住了以往的旱灾、洪水，甚至沙尘暴。

"我们当时忽略了这个地方带来的启示，"杰克逊后知后觉地感慨道，并引用了亚历山大·蒲柏的话："荒野是我们的图书馆，是我们恢宏的亚历山大图书馆。"

杰克逊想知道草原对极端天气的适应能力、对肥沃土壤的保护能力，以及能否长期（连续几代人）用于农业。杰克逊带着一小群研究生，还有他的家庭成员，建立了土地研究所，希望能够将自己的想法付诸实践。

那些长期经受住时间考验的东西可能会为我们提供一些线索，让我们知道哪些东西能够在未来继续存在。工程师希利斯在建造他的万年钟时，也参考过前人的研究和探索。在这个推特大行其道、电子产品快速更新换代、一切都在拼命向前跑的时代，希利斯却选择回顾历史上的伟大工程。虽然数字时代的设计理念是用当下最快、最好的技术来创造产品,但希利斯认为,这一原则并不适用于创造一件能运行数千年的事物。

为此,希利斯来到英格兰的索尔兹伯里大教堂,对据说是世界上最古老的时钟开展了研究。历史学家估计这座时钟建造于14世纪。如今,时钟的运行依靠的并非其最初的零件,而是多年来人们不断为其更换的零件。当伽利略发现钟摆是计时器和节拍器之后,人们在17世纪后期对这座时钟进行了改良。希利斯认为,这座时钟之所以长寿,是因为它的透明性和模块化:人们无须任何特殊的知识或训练就能看懂它的工作原理,而且它的结构也很简单,人们可以将它的部件拆开、固定更新。

希利斯将这些原理应用到了万年钟的建造中。例如,他和他的工程师曾考虑使用镍钛诺(镍和钛的合金)作为每年夏至日校准时钟的装置的一部分。镍钛诺看起来像钢,是一种具有特殊性质的材料,即使受热变形,过后仍会恢复原状。但希利斯认为,镍钛诺的性质对未来的人们来说不够"透明",他们可能不再掌握关于镍钛诺的知识,还可能会用钢来代替它。最终,希利斯和设计师一起建造了一个双层玻璃腔室,内部腔室中装有一块钛箔,可以用作镜子,在夏至日前后反射进入钟表的阳光,直至内部腔室升温并膨胀。他认为,这种机制更为明显。

希利斯本来打算使用半导体技术制造时钟部件,在其职业生涯的大部分时间里,他都在使用这种技术。但是,即使他能使这些部件经久耐用,在9 500年后,对那些想要修理时钟的人来说,它们也可能不太容易理解了。相反,时钟的部件和齿轮最终都将是机械的。与使用计算机编程的现代汽车程序不同,机械的部件和齿轮能清楚地告诉修理时钟的人该如何下手。钟鸣部件能以作曲家伊诺设计的独特模式响起,可以拆开并固定,且不会影响钟摆的运行,反之亦然。

许多古代文物,例如死海古卷和埃及金字塔,由于处于干燥地带而得以长久保存。出于这个原因,希利斯和贝佐斯选择将他们的万年钟放置在得克萨斯州沙漠中的一个地方。他们还观察到,在人类历史上,故事往往比实物留存得更久。项目的合作者布兰德因此提出了创建钟表组织的想法,这样一来,就会有一群人不断地讲述万年钟的故事。在我看来,今日永存基金会(Long Now Foundation)就类似于这种世代相传的社团。

如果一个组织想要创造出能够存续千年的事物,就不得不参考一下其他有着千年历史的组织的做法,其中有些组织的历史甚至能追溯到人类文明的起点。

世界上最古老生物的智慧

艺术家蕾切尔·萨斯曼(Rachel Sussman)记录了地球上最古老的动植物。她拍摄了有4 800多年寿命的加利福尼亚狐尾松、位于南极洲有着15 000年历史的火山海绵,以及50万年前的西贝尔利亚放线菌的照片。

萨斯曼喜欢与研究长寿动植物的科学家对话,为她的惊人著作《世界上最古老的生物》(*The Oldest Living Things in the World*)收集素材。例如,犹他州的潘多白杨群落已有8万多年的历史,并通过自我繁殖(克隆自身)以及缓慢的迁徙来满足从土壤中获取水和养分的需求,从而存活至今。它甚至在 75 000 年前苏门答腊岛大规模火山爆发所引发的"火山冬天"中幸存下来。它不断地复制自己的策略得到了数字档案保管员大卫·罗森塔尔（David Rosenthal）的称赞。

罗森塔尔之前是斯坦福大学数字图书馆的管理员，是保存数字文物和记录时代的专家。罗森塔尔告诉我，将数量众多的副本散布到不同的环境和组织中，是数字时代唯一可行的生存之道。就像被烧毁的亚历山大图书馆那样，单一的存储库可能会在某次灾难性事件后消失。罗森塔尔认为，甚至连用于备份大部分万维网站点的非营利项目"互联网档案库"也面临风险，因为它的两个副本存储地都位于圣安地列斯断层（San Andreas Fault）附近。11 个加拿大组织正在分别对政府的信息进行归档，这就是"分布式克隆网络"的一个例子。

地球上最古老的生物的另一个秘密是生长缓慢。萨斯曼记录了格陵兰岛上的"地图地衣"，它们至少有 3 000 多年的历史，每 100 年才增长 1 厘米，是大陆漂移速度的 1%。而最古老的刚毛松树将所有资源用于单个的枝干或一簇松针上，其余的枝干可能看起来已经枯死。这也是一种长寿的思路：**只保留重要的部分，而非试图维持一个繁盛的整体。**

了解了这一点后，我想起自己之前与一位精研中国和日本古代盆景的艺术大师的交流。大师为幼树做旧的技术已经登峰造极，他还擅长培育那些能伴随人一生的微型树木。他说，寿命能够持续几世纪的树木不会浪费一丝一毫的能量。换句话说，它们不会试图在所有方面都做到最好。对那些既可以将资源用于快速增长，又可以用于维持自身长期发展的组织来说，大师的话富有启发意义。

杰克逊挖掘了过去的资源，然后对其进行了改造，以满足农民现在和将来的需求。通过驯化野生多年生植物，并让其与现有的一年生作物杂交，杰克逊和他的同事发明了一种多年生谷物。在过去的10年中，美国中西部、中国和非洲的科学家和农民一直在努力完善这种作物的特性。

与一年生植物不同，多年生谷物有着能深入地下10至20英尺处的粗壮根系，这样的植物不需要大量灌溉，还可以更好地抵抗干旱。多年生谷物的根部像爪子一样紧紧抓住肥沃的表土，能防止其被雨水冲走。这使得丰富的土壤微生物得以蓬勃生长，从而帮助农作物更有效地利用养分。因此，种植多年生谷物的耕地，土壤中往往会保留住更多的碳元素，而不是任其飘散到大气中，导致地球变暖。

杰克逊认为，多年生谷物可以为农业树立长远的思路——每年使用更少的水和资源，同时保留住更多的土壤和自然景观，农民可以在更长的时间内种植更多的粮食。但是，考虑到农业企业的迫切需求，我们不能指望农民们像杰克逊那样等待来自草原的"天启"。多年生谷物必须从一年生作物身上借鉴经验，换句话说，它们每年必须产出更多粮食。为了赢得农民的青睐，杰克逊不得不培育高产的多年生谷物。

杰克逊开始这项工作时，听到了一边倒的质疑声：植物在根部投入的能量与在种子中投入的能量之间存在不可避免的竞争关系。他的同事们指出，谷物种植者希望最大限度地提高收成指数，即作物每年的经济产量与生物产量之比。如果某种作物能像多年生植物那样扎根，就将失去一年生植物的短期优势；如果作物更像一年生植物，能保证在当下获得更高的产量，就将失去多年生植物带来的长期利益。

杰克逊不会轻易放弃。他坚信科学将帮助他的团队找到一条可行的路。杰克逊喜欢说"我的疯狂中有卫理公会教徒的成分"。他对自然的热爱，对农民、生态学家和诗人文章的引用，让他看起来更像是一位世俗的智者。他对传统智慧的蔑视让我想起了另一位来自不同行业的反传统领袖。

NBA顶级球队夺取总冠军的制胜策略

圣安东尼奥马刺队的主教练格雷格·波波维奇（Gregg Popovich），为人好斗却广受赞誉，也是一位具有远见卓识的战略家。他的同行对运动员的健康状况嗤之以鼻。众所周知，波普（Pop，波波维奇的昵称）是美国历史上最成功的体育行业从业者之一，是职业篮球运动员和球迷们熟知的领导者。自1999年以来，他的球队5次赢得NBA总冠军；截至2018年，马刺队已连续21年杀入季后赛。

在业内，波普也开创了在比赛中让明星运动员暂时下场的先河，这一做法是为了让运动员及时休息，防止受伤。2012年，马刺队与迈阿密热火队进行的比赛，在黄金时段被全国电视台转播。比赛中，波普为4位明星球员叫停比赛。因为在他看来，他们进行了太多次背靠背对抗。NBA联盟为此向马刺队处以100万美元的罚款，而波普则受到了公开批评，因为他剥夺了球迷们观看明星运动员赛场风采的权利。从芝加哥到洛杉矶再到克利夫兰，球队都尽可能地在黄金时段比赛中"压榨"自己的球星，而不考虑后果。

2017年，选举专家奈特·西尔维（Nate Silver）创建了新数据驱动的新闻机构"538"。托德·怀特海德（Todd Whitehead）就任该机构的体育节目撰稿人。据计算，马刺队在一场比赛中申请下场的健康球员数量是其他球队的两倍。然而近年来，这种做法开始流行，因为其他球队已经意识到在主赛季让关键球员获得充分休息的好处，即使这意味着球队的战绩会不那么亮眼。这样做会让球员更有可能在季后赛中保持最佳状态。如今，始终保持健康状态的球员人数正在上升。怀特海德指出，最近明星球员在常规赛中至少能获得两次休息，这种策略往往会影响球队是否能拿到当年的 NBA 总冠军。

从某种意义上说，波普向行业中的短期投机者们竖起了一根虚拟的中指。他之所以成功，是因为球队获胜的记录、球员的忠诚以及其他球队管理者和教练对他的钦佩。没有哪个理智的球迷、球队所有者或总经理会解雇一位能像波波维奇这样带领球队取得胜利的教练。我们需要领导者足够大胆、在更多领域发挥远见，想做到这一点，他们需要受到足够的尊重。

杰克逊的科学家团队在运用来自草原的古老智慧的同时，也借鉴了过去 10 年中不断完善的计算和遗传技术。DNA 测序技术使研究人员能够从数千种植物中迅速甄别出 20 种具有特定遗传特征的植物。研究人员将之记录在案并归档，这是他们后续培育每一代谷物的种子库。这样一来，这些植物的优秀品质就能永远保留下来。他们还利用了多年生谷物生长季节更长的优势，每年增加它的种植数量，收获了大量粮食。

为了使多年生谷物能够被广泛种植，杰克逊还必须帮助农民克服对不知名作物的厌恶，以及对日后找不到买家的担忧。土地研究所和明尼苏达大学的研究人员达成协议，对 20 名农民进行游说，最终农民们答应种植多年生谷物。杰克逊等人还找来了愿意高价收购谷物的买家，其中包括巴塔哥尼亚（Patagonia）服装公司的分支机构，该公司使用多年生谷物酿造啤酒，在西海岸的商店出售。通用磨坊公司

（General Mills）计划用这种新谷物生产新型麦片。

越来越多的科学家正在将杰克逊的愿景变成现实。2016年，杰克逊从土地研究所退休，随后开设了一门大学课程，他相信这门课程将鼓励人们对地球进行更加科学的管理。多年生作物实验也在不断地推进。杰克逊的助手现在正在研究更多的多年生作物，包括对提升硅藻（可用作向日葵的替代品）耐热性和耐寒性的研究等。他们希望能为农民提供更多能适合温暖气候的作物。

我跟随杰克逊在田野里待了两天。采访结束后，我们回到了他的办公室。这间办公室是在一场大火过后，用回收的电线杆重建的。墙上挂着一张他的亲戚在南达科他州的牧场的黑白照片——杰克逊16岁那年的一个夏天，他与一个苏族印第安少年在牧场上一起追雄鹰，照片旁边是地图和书架，上面堆满了文件和书籍。

这项对多年生作物的研究，让我们认识到了可能性的艺术，尽管我们还不确定多年生作物能在农业化的道路上走多远。如今，鲁莽的决定仍旧能为众多的农场带来不菲的回报。无论多年生作物能否成为未来的主流，我都认为它的基本策略是正确的。杰克逊权衡了短期利益和长期利益，并提出了中庸的解决之道。

杰克逊的方法，是利用短期内的收益"诱使"企业走上一条对未来更有利的道路。他们通过提高作物的年产量来确保购买者愿意支付溢价；建立研究案例库，以探索多年生谷物如何在当前威胁下更好地成长。这些方法都可以使农民更容易接受多年生谷物，并长期坚持。这使我想起了第3章中信用合作社通过发行彩票来诱使人们为自己的未来储蓄的案例。

该策略甚至可以大规模使用。尽管出现了严重的森林砍伐和剧烈的气候变化，太平洋上的新几内亚岛的耕种文明仍然持续了 7 000 年之久，部分原因是人们愿意种植能够快速生长的木麻黄树。这种树能帮助土壤保持氮碳含量，使其更肥沃，并缩短其恢复肥力所需的时间。地理学家戴蒙德指出，新几内亚岛民和如今种植多年生谷物的农民一样，可以从种植木麻黄树中获得短期收益，木麻黄树可以为人们提供木材和燃料，也可以种植在花园中提供阴凉、美化环境。这些树木既有立竿见影的吸引力，也能让一个文明延续几千年。

150 亿美元的巨型基金打赢抗癌战争

2017 年，我在日本遇到了一位丰田汽车公司（Toyota Motor Corporation）的前高管。丰田是世界上最成功的汽车制造商之一。该公司成立于 1933 年，由织布机匠人的儿子丰田章一郎创立。这位前高管曾经在丰田公司工作了 28 年，谈话时特别喜欢引用科幻小说中的词语。他很喜欢将丰田普锐斯（Toyota Prius）称为"第一辆以罪行为燃料的汽车"。我问他，在第一代投入市场的汽车往往无法收回投资的情况下，丰田为什么还要投资混合动力汽车或氢能汽车？比如丰田普锐斯就是这种情况。使用新技术生产出的汽车通常需要经过几次迭代才能获得成功。很多人说日本人是"有远见的思想家"，而我想知道这种说法是否有道理。

这位前高管告诉我，公司投资这些长期项目时，也考虑到了更实际的短期利益。在此过程中，公司借鉴了来自长期研发项目、新材料或新工艺方面的洞见，比如如何使汽车外壳更坚固，并将其应用于目前最畅销的车型，以提高性能或降低制造成本。换句话说，他们找到了一种立即得到回报的方法，从而让公司领导者和投资者认为，这种为了将来的产品而做出的短期牺牲是值得的。他们利用已有的知识来迅速取得成果，同时更缓慢地努力生产风险较高的产品，这些产品可能会像普锐斯那样，最终成为市场上的流行产品。丰田是日本工业皇冠上的一颗宝石，该公司现在销售的汽车中约有一半是混合动力汽车。

就像婚礼储蓄、买彩票或种植年产量高的多年生作物一样，这种策略是创造短期收益，吸引公司走上未来有回报的道路。印度拉贾斯坦邦的非营利组织 Seva Mandir 也采用了类似的方法，成功地在缺乏为儿童接种疫苗意识的地区推广了儿童疫苗。麻省理工学院的阿卜杜勒·拉蒂夫·贾米尔贫困行动实验室（Abdul Latif Jameel Poverty Action Lab）的研究人员发现，当组织向父母们免费分发小袋扁豆时，有的家庭会接受，有的则会拒绝。接受扁豆的家庭的儿童疫苗接种率要远高于未接受的家庭。这种做法也帮组织省了不少钱，因为愿意接受扁豆的家庭的孩子会直接在营地接受免费的疫苗接种，因此营地的工作人员节省了大量的时间，不必在各个营地间奔波。

那么，"闪光炸弹"的方法能否引导投资者把目光投向眼前的利润之外呢？这仍然是一个悬而未决的问题。

麻省理工学院斯隆管理学院的教授安德鲁·卢（Andrew Lo）曾创立一家对冲基金，他认为这种策略可能也适用于生物医学研究，因为它要求投资者既要有耐心，又要有高度的风险承受能力。卢的母亲在 2000 年被诊断出患有肺癌。他去见了一家生物技术公司的负责人，因为他认为该公司的一款实验药物能治疗母亲的疾病。但这种药物最终没有奏效，卢失去了母亲，并在 5 年之内失去了另外 5 个身患癌症的朋友和家人。

理查德·尼克松（Richard Nixon）宣布打响抗癌战争至今已有40多年了。40多年来，尽管某些癌症已被证实是可治疗的，但更多癌症仍无法被治疗或治愈。虽然在某些情况下，化学疗法和放射疗法也会起作用，但患者会感受到巨大的痛苦。很少有癌症患者能找到副作用最小的治疗方法。

卢在访问了那家生物技术公司之后，曾向该公司首席科学官发问：公司寻求癌症治疗方案的科学进程是否受到了融资的影响。卢对我说，那名男子的回应是资金（而不是患者的问题或需求）正在推动公司的进程。这个回答对卢来说不尽如人意。作为一名金融工程专家，卢决定放下自己的愤怒和悲伤，他要找到一种更好的方法，来推动生物医学研究和药物开发。

经过观察，卢很快便发现了医学研究专家们的共识：找到一种用于治疗癌症或其他疾病的新疗法需要大量的投资，即使新疗法能用于临床，仍需要经过很长时间才能获得回报。尤其是可以针对特定癌症的研究，投入和风险都很高，失败的案例比比皆是，成功的却凤毛麟角。从开始研究到研究成果上市并作为治疗药物销售，可能需要10到20年的时间，花费超过20亿美元，而且最终只有大约7%的抗癌药物能被摆上货架。

当然，如果一项癌症疗法或任何治愈顽固性疾病的疗法取得成功，那么它所带来的收益以及对患者及其家人生活的影响都将是巨大的。但是更多的药物研发会失败，白白浪费掉数年的时间和数亿美元的投资。这就像足球比赛一样，运动员需要成千上万次地苦练射门，才能在比赛中射进一两个球。大多数投资者更愿意将钱投到长期低风险、有把握的项目上，或投到有更高的回报潜力的项目上，比如科技类初创企业。结果就是，我们缺少足够的研究经费来攻克我们这个时代的主要疾病。

卢经过深思熟虑，提出了一个他认为可行的解决方法。他主张生物医学专家和金融专家共同创立一个大型基金，将寻求治愈癌症的长期项目的融资与能够产生短期利润的投资相结合，例如购买即将上市的药品的特许权。后一类资金往往来源于只愿意选择确定的事情的投资者，他们可以从专利药物中获得源源不断的收益。而前一类资金往往来源于一个小得多的风险资本池，由敢于冒险的专家运营，这些专家对生物技术公司的科学细节有着详尽的了解，敢于对长期项目下注。

大多数投资者缺乏专业知识和耐心，这限制了投资长期项目的资金量。近年来，科学研究变得愈发复杂，风险剧增。但对于风险投资家来说，能够迅速得到验证并创造爆炸式回报的科技类初创企业已成为更有吸引力的选择。

卢的想法是将这两种类型的投资结合起来，创建一个多样化的投资组合，其中既有高风险的长期投资，又有低风险的短期回报。长期的投资将用于治疗癌症的项目，例如阻止肿瘤的血管生成、干细胞治疗和免疫治疗等，而不会在某种特定的方案上押注。通过将高风险和低风险投资组合在一起，卢可以帮资助生物技术研究的企业消除很多风险，还可以使后者将更多的资本用于治疗疾病。他的模型表明，如果一个50亿—150亿美元的巨型基金能够谨慎地投资各种彼此独立的项目，那么它将为股票和债券持有人带来可观的回报。

虽然巨型基金的计划还没能真正启动，但卢的想法已经引起了一些机构的注意。瑞银（UBS）是一家总部位于瑞士的全球性银行，它已启动了一个4.7亿美元的肿瘤影响基金。此外，卢还参与了私人控股公司的成立，这些公司通过投资治疗罕见基因疾病、阿尔茨海默病和乳腺癌的早期药物开发，将卢的投资方法付诸实践。在接下来的几年中，事实将检验这种方法的可行性。

想要创建一个有效的巨型基金，有一个巨大的障碍：一方面，管理者既需要在生物技术方面具有广泛而深入的专业知识，还需要对金融工程学有深刻的理解。另一方面，卢提出的"创造证券"概念（发行债券并将其作为投资资金池的一部分）可能会掩盖投资者眼中的风险。它们至少在结构上与在2008年金融危机中发挥关键作用的抵押贷款支持证券有相似之处。卢也欣然承认，他的研究表明，他们需要根据实际风险对这类债券进行可信的评级。此外，这种投资方式需要长期谨慎的管理，从而避免重复现有制药公司和投资者的错误：他们只寻求低风险产品，而不是难治性疾病的突破性疗法。

用有奖竞赛激发想象力，催生崭新的技术领域

人们无法为组织需要做的每件事都创造出短期的奖励，或在漫长的道路上放置一个个振奋人心的"闪光炸弹"。但是他们可以在某些情况下创造出诱人的未来幻想，激发组织的积极性。实际上，弗拉克就是这样做的：虽然不是所有参与储蓄计划的人都能中奖，但是大多数人还是做出了对自己的未来有利的决定。

一种"没准我也能行"的幻想，将人们吸引到拉斯维加斯赌钱。在麦卡伦国际机场的停机坪上，你可以看到远方的赌场就像在向你招手。这些帝国大厦和克莱斯勒大厦的复制品似乎在嘲笑着远在千里之外的本尊，又好像是在向它们躬身致敬。曼德勒海湾度假酒店在沙漠

的阳光下闪闪发光，像一条镶满亮片的裙子。即便只是远远地瞥一眼这座城市，你也可能产生一夜暴富的幻想。

就像职业扑克让我们懂得如何抵制即时满足一样，我们也可以从拉斯维加斯赌场的设计中，从那些像从帽子里变出兔子一样的幻觉中学习到一些东西。

历史上，在人类的聪明才智创造的壮举中，也包含着某种类似的策略。1919年，一位名叫雷蒙德·奥尔特（Raymond Orteig）的法裔美国旅馆老板设立了一个奖项，鼓励世人完成从纽约直飞巴黎、横跨大西洋的壮举，而此前从未有人飞越大西洋。在之后的8年时间里，挑战者们为了获得奖金高达25 000美元的奥尔特奖，做过很多次失败的尝试，甚至包括致命的坠机事故。奥尔特奖提出了一个等待克服的挑战，就像是树立起一座山，等待着探险者来征服。没有人知道自己是否会成功，但他们还是做出了尝试，自己承担风险和费用。

1927年，查尔斯·林德伯格（Charles Lindbergh）驾驶"圣路易斯精神号"（Spirit of St. Louis）成功飞越大西洋，赢得了奥尔特奖，成为举世瞩目的英雄。此后不久，跨大西洋的航空旅行开始蓬勃发展。

其实，人类通过设立有奖竞赛来激发集体想象力的历史要古老得多。1714年，牛顿和英国王室设立了经度奖（Longitude Prize），这是一个为改善海军航海技术而设立的奖项，奖金为20 000英镑。在过去，船长们往往通过太阳或北极星的位置来计算纬度，但缺少在海上准确计算经度的可靠方法。船舶离港后，船长很难确定当前所处的位置是在出发点的东方还是西方。船只经常会因此搁浅或卡在礁石之间，导致船员弃船。

让当时的科学机构感到惊讶的是，一个叫约翰·哈里森（John

Harrison)的钟表匠发明了如今被称作航海天文钟(marine chronometer)的仪器,一举解决了这个问题,这台航海天文钟的雏形机精确地计算出了船只航行的距离。哈里森花了40年设计各种原型钟,他花费的资金远远超出了"合理"的范围,英国皇室最终给他的奖金数额不大,性质有点像马拉松比赛中的"闪光炸弹"。

18世纪末,拿破仑政府开出了12 000法郎的奖金,鼓励人们发明一些方法,帮助穿越贫瘠土地的军队保存食物,这笔奖金最终催生了现代食品罐装技术。赢得奖金的是糖果商尼古拉斯·阿佩特(Nicolas Appert),他花了14年的时间,想出了将食物煮沸后装在密封的香槟瓶里的方法。

在过去的几十年中,作为鼓励慈善机构、企业和政府机构将注意力和创造力集中到艰巨任务上的一种工具,有奖竞赛这种形式重新流行了起来。就像从飞机跑道上瞥见拉斯维加斯一样,奖品激励着人们把自己想象成赢家。

巨额现金奖励和在公共庆祝活动上露面的机会是人们参与竞争的动力。例如,1 000万美元的安萨里X奖(Ansari X Prize)要求参赛团体在私人(而非政府)的资助下,成功将载人飞船送入近地轨道。长期以来,该奖项的赞助商所设想的私人太空旅行被认为是过于冒险和危险的。但巨额奖金令人们趋之若鹜,并帮他们想象自己获胜后的感觉。最终,美国团队莫哈维航空(Mojave Aerospace Ventures)经过8年的努力,在2004年发射了宇航一号(SpaceShipOne)。在此期间,来自7个国家的26个团队参加了比赛,并催生了价值数十亿美元的私人航天产业。该奖项激发了发明家的想象力,将不可能变为可能。

同年,美国国防部高级研究计划局(DARPA)在莫哈韦沙漠上举行了一场自动驾驶汽车竞赛,获胜者可获得100万美元奖金。DARPA是五角大楼的实验研究部门,它要求参赛方开发可用于地面战斗的自动驾驶汽车新技术。比赛激励发明家们召集了多样化的技术团队。领导谷歌团队成功开发出自动驾驶汽车的塞巴斯蒂安·特伦(Sebastian Thrun)表示:"如果没有最初那场比赛,自动驾驶技术不会有任何进展。它创造了一个崭新的领域。"

奖励还可以被应用在更广泛的领域,以吸引企业、政府和慈善机构加大在研究和发明方面的投资,即便目前尚无市场需求,但它们可以为社会带来长期的收益。组织可以在内部用奖励激发员工解决问题,或者在外部使用奖励来吸引能够解决老问题的新思路。例如,一些国家试图利用奖励将太阳能引入农村地区,或创造新工具来诊断困扰全球穷人的疾病。

但对于太过复杂的问题,或从长期来看也不大可能带来高额经济回报的问题,奖励能发挥的作用就比较有限了。它们无法将我们引向想象之外的事物。为此,我们必须保持对未知事物的好奇心。

决策，快与慢

3

社会如何引导
人们避开短视

第 三 部 分

THE OPTIMIST'S TELESCOPE

THINKING AHEAD
IN A RECKLESS AGE

第 7 章

警惕身边的"洪泛区"
不要违背既定的规则

> 没有无例外的规则。
>
> 卡尔·冯·克劳塞维茨
>
> (Carl Philipp Gottfried von Clausewitz)

即便是巨人,也会有倒下的一天。

从中美洲的玛雅文明到复活节岛的文明,再到古罗马文明,人类历史上的众多伟大文明都已从崇高的神坛上坠落下来。这与人类在生活中和组织中的自我破坏行为遥相呼应,当我们意识到要对死亡的警告信号采取行动时,往往为时已晚。

但这并非不可避免。戴蒙德称,过去的社会能在艰苦的条件下幸存下来,有赖于共同的价值观、明智的社会实践以及深思熟虑的政府决策。戴蒙德研究了几千年间的各种文明,从格陵兰的因纽特人社区到日本的德川社会,再到太平洋的新几内亚岛上的居民群落,他发现每一个文明都采用了文化习俗和强大的机构来确保自身的存续,许多文明甚至还创造了能够跨越时代的传递资源和知识的方式。

在现代社会，虽然有很多行为会让我们对警示信号视若无睹，但我们仍然可以做出明智而非鲁莽的选择。

绿色钻石项目：县议会主席 vs 房地产开发公司

"他们没有拿枪抵在你的脑袋上，对吗？"在对证人进行盘问时，原告的律师带着讽刺的表情问道。

基特·史密斯（Kit Smith）回答："倒没有真拿着一把枪，不过也差不多。"实际上，在她被要求出庭作证之前的13年中，她每天都感觉有一把枪抵在自己的太阳穴上。她当时正在担任南卡罗来纳州首府哥伦比亚市的里奇兰县议会的主席，由11名民选官员组成的机构负责监督该县的土地使用决定。1999年，一群有影响力的投资者要求她和县议会迅速为一个房地产开发项目开绿灯。这些投资者将他们的公司命名为哥伦比亚风险投资公司（Columbia Venture），他们提议在首府以南的广袤土地上建设一个价值十亿美元的"城中之城"。这片区域坐落在康加里河（Congaree River）两岸洪泛区的堤坝后面。在完成这笔交易之前的几天，投资者要求里奇兰县提供一份保证：如果堤坝倒塌，里奇兰县需承担责任。

哥伦比亚市位于布罗德河（Broad River）与萨鲁达河（Saluda River）的交汇处。两条河汇聚在一起，形成了康加里河。康加里河从东南方向流入城市，一直延伸到康加里国家公园，周围是一片布满秃柏、水紫树、橡树和灰烬的沼泽。在历史上，逃脱的奴隶曾经藏在河水泛滥的地区，在森林的掩盖下苟活。在禁酒令期间，"满月狂欢者"将蒸馏物和酒类藏匿在康加里河沿岸。河岸遍布大片平坦的土地：以前是奴隶种植园，后来变成了私人狩猎俱乐部和庄园。

哥伦比亚风险投资公司准备在哥伦比亚市和康加里国家公园之间占地440英亩的土地上建造一个名为"绿色钻石"（Green Diamond）的项目。几代人以来，这片土地一直属于一个富农家庭。在开发提议被提出时，部分土地已经被耕种过了，其他土地则保持原状，除了偶尔有拎着霰弹枪或威士忌的猎人路过。人工农业大堤阻挡了河水，但农田仍像一个巨大的水盆一样，常常充满了水。在这片土地附近有一座城市污水处理厂和一所私立的圣公会小学，为了防潮，学校的体育馆和食堂都用几英尺高的水泥块进行过加高处理。在"绿色钻石"项目计划使用的地块上，下水道的井盖并不是与地面齐平的，而是被安置在高出潮湿地面10英尺的塔架上。

起初，"绿色钻石"项目的开发似乎是板上钉钉的。1998年夏天，在项目的构思阶段，哥伦比亚和里奇兰县的官员都渴望本地有新的发展，以增加就业机会和税收。许多人希望，紧邻高速公路的"绿色钻石"能为本县偏远的农村社区带来更多的生意、更好的住房和基础设施，因为那里是贫困黑人居民的主要住所。

史密斯提出的有关"绿色钻石"的早期提议，对当地来说简直就是福音。开发商承诺提供2万个工作机会，并建立广阔的商业、住宅社区，包括技术园区、高尔夫球场、奥特莱斯购物中心、退休村、医疗设施、餐厅和酒店，以及数百个单户和多户住宅。当时，次贷危机还在遥远的10年之后，卡特里娜飓风远未到来。不过堤坝一旦倒塌，整个城市都会遭到灭顶之灾，成千上万的人会溺死在洪流之中。

哥伦比亚风险投资公司召集了一些政治要人，跨党派地为"绿色钻石"项目游说。它雇用了民主党全国委员会的前主席。为了影

第 7 章 警惕身边的"洪泛区"

响洪泛区的地图绘制，它将与美国联邦紧急事务管理署（Federal Emergency Management Agency，FEMA）的总法律顾问及其未来的负责人迈克·布朗（Mike Brown）会面，而布朗当初是由乔治·W. 布什（George W.Bush）总统任命的。

1999 年初，项目开发商向史密斯和县议会成员施压，要求他们加速对项目的审批，史密斯开始有了疑虑。而直到最近，她才知道开发商要求里奇兰县承担保护堤坝的责任，并需要提供 8 000 万美元的税收保证金。哥伦比亚不是一个习惯于在洪灾区建造或固定堤坝的城市，史密斯感到压力很大，但迫于形势，只能点头称是。资金雄厚的开发商、县议会成员和公众的支持产生了越来越大的社会压力，所有人都要求"绿色钻石"项目尽快落实。

"绿色钻石"对社区的安全构成了严重威胁。其实在哥伦比亚风险投资公司购买康加里河沿岸的土地之前，负责全国洪泛区保险和规划调查的政府机构已经发布了该地区的新地图。地图显示，有 70% 的洪泛区土地将成为"绿色钻石"的财产，但这里也是洪泛区中最危险的部分，水层最深，一旦发生洪灾，此处的水流速度将是最快的。在猛烈的暴风雨中，休斯敦和新奥尔良等沿海社区的人们将被洪水淹没，他们的房屋和汽车会被淹没，他们的亲戚和邻居也会被淹没。

联邦应急管理局每 5 年就会修订一次国家地图，并发布有关洪水风险的最新信息。近年来，由于城市的扩张，洪水发生的概率和造成的损失在持续增加。越来越多的房屋、道路和开发项目，阻断了河流向洪泛区的天然扩散。因此，在暴雨期间，大量河流泛滥。

社区在制定有关当地发展的决策时，参考国家发布的洪泛区地图是一种自愿的行为；但是，如果社区要参加为房主提供保险和补贴保险的国家洪水保险计划，并欲享有在需要时获得联邦救灾计划的资格，上述行为就会成为一种硬性要求。截至2016年，国家洪水保险计划对美国财政部的欠款超过200亿美元，因为它向包括墨西哥湾沿岸的卡特里娜飓风和东北部的桑迪飓风在内的受害者支付了比保费收入更高的金额。到2017年，飓风哈维（Harvey）、厄玛（Irma）和玛利亚（Maria）袭击时，该计划支付的索赔已达到其借贷上限。

据记者玛丽·威廉姆斯·沃尔什（Mary Williams Walsh）的记录，得克萨斯州斯普林镇的一所房子已经在洪水保险计划的支持下修缮了19次，共计花费912 732美元，而这些钱都来自美国纳税人，尽管它在2017年的价值仅为42 024美元。这只是成千上万所具有"严重的重复损失特性"的房屋中的一所。2012年，国会试图提高洪水保险费率，以应对不断增长的救灾费用，许多沿海居民表示强烈反对。因此，随着全国各地的人们继续在高风险的洪泛区建造更多的房屋和企业，洪水保险计划的债务不断增加。想象一下，如果政府劝阻人们在高速公路上开车时不要系安全带，会出现什么样的后果。

但是，并非每项政策都制定得如此鲁莽。联邦应急管理局禁止社区在洪泛区建造任何会导致洪水水位上升的建筑物。全国有1 300多个社区制订了更为谨慎的自愿计划。在过去的30年中，俄克拉何马州塔尔萨市经过努力，在20世纪80年代的破坏性洪水过后购回房屋和企业，已经清理了近1 000座建筑物。华盛顿州金县拥有超过10万英亩的漫滩，用作自然开放空间。联邦应急管理局为这些社区的居民提供较低的洪水保险费率，以鼓励更多的社区为洪水做好准备。

一个社区通常需要经历过灾难，才会下定决心采取这样的行动。例如，1997年夏天，科罗拉多州的柯林斯堡市发生了致命的山洪灾害，该市自此禁止在洪泛区域内进行任何开发。1994年，南卡罗来纳州里奇兰县在灾害发生前就采取了预防措施，通过了地方性的暴风雨防范条例，禁止在最危险的地区即指定的泄洪道修建建筑。这一措施后来降低了该县居民的洪水保险费。当地官员告诉我说，此举不仅保护了居民，也让救援人员免受在暴风雨中的奔波之苦。

"绿色钻石"背后的强大开发商想要解决那70%的洪泛区土地问题，因为当地法规不允许人们开发洪泛区的地产。哥伦比亚风险投资公司要求里奇兰县削弱或废止该法规。虽然里奇兰县也曾准许过个别要求在洪泛区建造船坞和码头的请求，但数以千计的人要求在洪泛区建造价值数百万美元的商业地产，这种事还是头一回。开发商的另一项策略，是游说联邦应急管理局更改地图，将公司开发的大部分区域划离洪泛区中风险最高的部分。

史密斯在被要求批准开发工作的那几天感觉很不好。她打电话给南卡罗来纳州的洪泛区协调员丽莎·霍兰德（Lisa Holland）。霍兰德现在已经随了夫姓夏拉德（Sharrard），她告诉史密斯，在那块土地上建造房屋和老年居民社区可能导致成千上万的人处于危险之中，如果防洪堤倒塌，里奇兰县将遭受灾难性的损失。

政府洪水地图是根据历史上的洪泛记录绘制的，在绘制过程中还会考虑到城市基础设施的迭代以及时间的变化。联邦应急管理局关注的重点是百年洪泛区，这样的地区在任何一年都有1%的概率会发生洪水。1929年10月，就在股市崩盘引发大萧条之前，南卡罗来纳州遭遇了两次热带风暴。记录显示，康加里河暴发的洪水在哥伦比亚市达到152英尺，冲毁了支流上的桥梁，并导致公路、工厂和水力发电厂关闭数日。

夏拉德告诉史密斯，建造"绿色钻石"后，康加里河洪泛区发生灾难性洪水的风险将大幅增加。专家预计气候变暖将给美国东南部带来更多的降雨和更强的洪水，然而洪水地图却没有反映这一点，因为它是基于历史上的而不是未来的洪水风险绘制的。夏拉德认为，所有人都低估了在那片区域建造房屋的危险。

"想象力的失败"将导致行动失败

对那些面临高风险自然灾害的社区来说，保持谨慎是有必要的。例如，沃顿商学院的经济学家霍华德·昆罗伊特（Howard Kunreuther）在 2009 年计算出，如果佛罗里达州、纽约州、南卡罗来纳州和得克萨斯州能够采用现行标准更新旧住宅的建筑规范，就可以节省数百亿美元的飓风保险支出。美国政府 2017 年委托发布的一份报告显示，居民、社区和政府在地震、洪水和飓风等自然灾害的准备工作上每花费 1 美元，都可为应对灾害和灾后重建节省 6 美元。许多灾难专家认为，气候变暖造成的灾害导致的死亡人数在不断增加，而社区和社会如果能采取预防措、合理建造房屋、保护居民财产，就可以节省更多的钱——每花费 1 美元就可以节省 11 美元。

不幸的是，指导大多数社区决策的并不是基于当前和未来成本的清晰计算，而是短期的回报，这就会诱使政治领导人甚至整个社会忽视未来的风险。通常来说，社区和社会衡量进步的方式，就是评估短视决策的效果，以及掩饰灾难造成的破坏。

自 20 世纪中叶以来，国内生产总值（GDP）一直是衡量一个国家福利水平的主要方式。然而，用 GDP 衡量一个国家真正的福利状况简直就是谬论。一个特别糟糕的表现是，一个国家破坏着自然资源，并快速地陷入一场内乱之中，同时它的经济还在暂时增长。这样一来，GDP 增长指标实际上成了掩盖国家鲁莽政策的遮羞布。诺贝尔经济学奖得主约瑟夫·斯蒂格利茨（Joseph Stiglitz）和阿马蒂亚·森（Amartya Sen）举了一个例子：

> 假设一个穷国将采矿租约授予一家公司，却没有获得足够的特许权使用费，也没有制定法律防止空气和水污染对国民健康造成损害。该国的 GDP 可能会上升，但国家和人民的福利却会下降。由于更多地使用汽油，交通堵塞可能会使 GDP 增长，但同时也会提高人们的压力水平，危及他们的健康，降低他们的生活质量。破坏性的地震或飓风可以在灾后立即"推动"一个国家的 GDP 增长，因为灾后重建开支巨大，但它们会造成永久性的人道主义损害和经济损失。如果我们翻阅历史记录，世界各国在经历自然灾害后，都会迎来这种暂时的 GDP 上升。

森和斯蒂格利茨指出，人均 GDP（衡量一个国家内人民生活水平的标准）也会掩盖不平等现象。例如，从 1999 年到 2008 年，美国的人均 GDP 一直在增长，尽管大多数人在此期间的收入有所下降。事后看来，我们才知道，即使总体收入在增长，但不平等现象在金融危机前夕就已经在逐步加剧。

戴蒙德写道，"当一个文明达到规模的顶峰后，社会便会迅速崩溃。为什么崩溃文明中的人们要蒙受这灭顶之灾？一个关键原因是资源水平的短时波动掩盖了文明即将衰落的迹象，例如关键资源被耗尽。"这类似于近几十年来超级细菌的出现被某些临时的医疗解决方案（如新型抗生素的发明）所掩盖。这是一个老生常谈的问题。戴蒙德继续写道，"复活节岛的居民从未注意到砍伐森林的长期趋势，这种趋势在18世纪摧毁了他们的文明。"他认为，每年的森林覆盖率变化几乎无法察觉，但大趋势是树苗在裸露的土地上发芽，生长缓慢。而整个社区和社会都可能被一些单一指标分散注意力。

乔治·梅森大学的经济学家泰勒·科文（Tyler Cowen）指出，GDP无法体现国家福利的关键方面，如国民健康、环境设施和资源、休闲时间以及无法衡量的家庭内部工作，如照顾老人和孩子。它仅覆盖了每年购买和出售的商品和服务。

科文提倡用一种"财富增加"指标来取代GDP，它能反映出所有有助于人类福利和社会福利的因素。然而，要对家庭护理、公平获取财富、节约资源或休闲时间等因素进行衡量，并不像计算销售的制成品数量那样简单。在很大程度上，确定这些数字的难度阻碍了更理性的指标取代GDP。从森和斯蒂格利茨的角度来看，任何单一指标都不太可能覆盖社会中应被衡量的方方面面。而我的意见是，我们需要使用多个度量标准，甚至是某种完全超越数据目标的衡量方法，来解答关于社会发展方向的更深层次的问题。

社区和社会未能预见未来的灾难，另一个原因则是未来的回报通常不会为今天的政治表现加分。候选人和民选官员会因对危机做出正确的反应而获得赞誉，但未雨绸缪的规划就会显得多余。2001年9月11日，世贸中心遭到袭击，纽约市市长鲁迪·朱利安尼（Rudy Giuliani）在袭击发生后的出色表现使他被《时代》评为年度人物，并成为全世界的焦点。假如他事先能够以某种方式提前阻止袭击，他受到的关注就会大大减少。

当然，部分原因是，直到"9·11"事件发生时，大多数人都无法想象美国会遭受性质如此恶劣的恐怖袭击。大多数社区和社会的领导人及选民在想象力方面和我们没什么差别，恐怕连自己的退休生活或下一次野餐的情景都想象不出。尽管我们无法预料所有事情，但是某些风险是显而易见的，应该引起我们的注意。

"想象力的失败"在本书中像噩梦一样反复出现。2014年底，埃博拉疫情期间，我和一群医生、科学家和政策专家在波士顿开会。当时，美国公众对这种致命病毒的恐惧达到了顶峰。这种病毒正在西非以外的地区蔓延，得克萨斯州和新泽西州刚刚出现病例。这一流行病最终在世界范围内导致10 000多人死亡，其中大多数生活在利比里亚、塞拉利昂和几内亚等国家。

我们这群人的职责是提出应对危机的方法，然后传递给白宫。但我们一开始就陷入了困境，令我感到沮丧。直到西非疫情暴发8个月后，世界卫生组织才将其视为全球性紧急事件，随后世界各国积极采取行动，遏制这一流行病。如果世界卫生组织能在最初的几个月中对埃博拉造成的影响做出预警，或采取更有效的遏制措施，可能最终死于埃博拉病毒的患者只会有1 000人。

美联社随后公布的电子邮件显示，官员们早在几个月前就已经获悉这种流行病的潜在危险和影响范围，还收到了"无国界医生"（Doctors Without Borders）组织的警告。该组织是为世界偏远地区遭受战争和伤害的人提供医疗服务的非营利组织。但是，世界卫生组织的领导人不愿宣布进入紧急状态，因为这可能会对疫情中心国家的经济造成损害。2015年，明尼苏达大学的传染病流行病学家迈克尔·奥斯特霍尔姆（Michael Osterholm）将这个借口比作明明看到房屋着火却不给消防部门打电话，"因为担心消防车会在附近造成混乱"。

事实证明，疫情对西非国家造成的人员伤亡和经济破坏，比任何其他干预都要严重得多。人道主义援助承诺增加到数十亿美元，利比里亚经济几乎崩溃，疫情暴发的那一年，航空公司损失了数百万美元。成千上万的人丢掉了性命，但是这个结果并非不可预见。坐拥流行病学研究工具和历史疫病记录的专家、政府领导人可能预想过疫情蔓延的结果，只不过这结果远超他们的想象。国家之间的角力产生的直接担忧，无论多么微小，都会干扰他们的思想，蒙蔽他们的双眼。

历史学家芭芭拉·塔奇曼（Barbara Tuchman）将"社会未能依据领导人当时掌握的知识采取行动"定义为愚蠢。即便当时有可行的替代方案，且没有暴君掌权。这种愚蠢的行为是导致国家战败、走向崩溃的罪魁祸首。特洛伊人接受了木马、蒙特祖玛向科蒂斯赠送礼物、美国入侵越南，都是塔奇曼所说的"愚蠢的游行"。每个时代的社会和领导人都掌握着更多的信息，但他们的举止却近乎无知。在我看来，对埃博拉疫情的反应也是一场"愚蠢的游行"。

说服人们远离危险，比阻止危险发生更难

哥伦比亚风险投资公司的主要投资者和执行合伙人是南卡罗来纳州一家传奇公司巴洛斯 & 查宾（Burroughs & Chapin）。这家公司发迹于沿海的霍里县，建造了现代化的默特尔海滩（Myrtle Beach），那里遍布高尔夫球场、海滩度假村、大型购物中心和游乐园。

默特尔海滩从穷乡僻壤变成了度假胜地，它是19世纪的巴洛斯家

族族长富兰克林·G.巴洛斯（Franklin G. Burroughs）的心血结晶。巴洛斯出生于康威河镇，那里距海滩仅15英里。巴洛斯通过采集松树的汁液来提炼焦油、沥青和松节油，发了大财。在发展业务的同时，他意识到与租赁林地相比，购买沿海地区的土地更为划算，因为这些土地含盐量太高，无法用作耕地，所以价格低廉。1897年，他已拥有默特尔海滩的大部分土地。在去世之前，他与儿子们分享了他未实现的愿景，即将那片土地发展成一块美丽的沿海飞地。

巴洛斯的儿子们在20世纪初创立了一家土地控股公司，并开始将海滨土地出租给酒店和度假村开发商。他们把土地卖给了未来的居民，每块土地的售价高达25美元。随着时间流逝，他们坚持了父亲选择的道路，没有将土地出售给故步自封的住宅所有者，而是修建了通往海滩的公路。尽管如此，默特尔海滩的发展势头还是远远超出了巴洛斯曾经的构想。如今的默特尔海滩是集卡丁车赛道、超大型电子香烟商店、酒店塔楼、摩托车酒吧和豪华私人俱乐部于一身的休闲胜地。夏天，这里的交通令人窒息，沿海湿地被铺上了水泥路面，以容纳激增的汽车。

时间流逝，巴洛斯家族成立了巴洛斯&查宾的公司，赢得了霍里县居民的好感。当教区居民想要建造一座新的圣公会教堂，以及默特尔海滩所在城市决定建一座美术馆时，公司都慷慨地捐赠了土地。巴洛斯家族的名望在南卡罗来纳州沿海地区不断提高。为了了解巴洛斯家族的历史，20年前我曾在康威市拜访了一名密友，她恰好认识一位巴洛斯家族的成员。

苏珊·霍弗·麦克米伦（Susan Hoffer McMillan）是霍里县当地的历史学家，和巴洛斯家族渊源甚深。麦克米伦做过新闻记者，写了

6本书。还嫁给了巴洛斯的曾孙（她的丈夫在提出"绿色钻石"计划后，于2000年退休，曾担任公司的副总裁兼首席财务官）。

19世纪的族长巴洛斯和他妻子的肖像挂在康威宽敞祖宅的墙上，街道上满是玉兰树和攀附着西班牙苔藓的橡树。麦克米伦现居的房子是由巴洛斯的遗孀和女儿在20世纪初建造的，一直留存至今。祖宅内单是宽敞且装饰华丽的客厅就有许多间，我们坐在其中一间里，这里摆放着色彩斑斓的沙发、蒂芙尼灯，以及在午后的阳光中闪闪发光的钴蓝色渔具。

麦克米伦认为巴洛斯家族公司最初的发展哲学是"缓慢增长"，这一哲学持续了两代人之久。在她看来，直到20世纪90年代，在新任首席执行官的领导下，公司才开始蓬勃发展。公司野心勃勃，眼光也从霍里县转移到州首府和纳什维尔。但公司以前从未尝试开发过带有堤坝的物业，也从未接手过霍里县之外的建设项目，因此业绩表现不佳，也没有赢得当地社区的信任。在巴洛斯＆查宾领导哥伦比亚风险投资公司提出"绿色钻石"计划的同一时期，公司开始腾飞，其债务也随之飙升。

在南卡罗来纳州的许多城镇中，人们差不多都互相认识，或者至少认识每个家庭中的某个人。它是一个"小"得让人难以置信的地方，访问途中，我有时会觉得这个州的500万人的关系，似乎比我长大的中西部城镇的2万人更亲密。作为访问者，你会发现人们经常知道你当天早些时候遇到了谁、明天又会遇到谁。这些小城镇更像是一个个大家庭，拥有各种各样的成员——性格爽朗的、阴沉的、沉默寡言的。

南卡罗来纳州地方官员在加速"绿色钻石"开发方面感受到的社会压力，怎么说都不为过。财大气粗的开发商不仅拥有高水准的政治联系，甚至还有为当地候选人的竞选活动提供资金的能力。时机似乎已经变得成熟，长期风险被不断忽略，开发商索取着即时回报，因为无论房地产发生什么，开发商都不太可能长期留在这里。这个社区变成了一个赌场。史密斯在职业和社交圈子中，感到了大家对于即时利益的极度渴望。"当钱和影响力像沙尘暴一样涌入时，几乎没人能够抗拒。"洪水专家夏拉德告诉我："开发人员吹嘘着美好的前景，所有人都着了道。"

鲁莽的土地开发决定常常被当作贪婪或无知的副产品而被否决。当然，某些贪财的政客可能会放低标准，私下染指俱乐部的生意。其实，法律也曾在土地使用的短视决策中扮演过关键角色，只不过大部分人没有意识到而已。在美国，这种对法律远见的误解可以追溯到建国之初。当联邦宪法在美国各州均获得批准后，托马斯·杰斐逊（Thomas Jefferson）担心联邦政府的权力会不断地增长。杰斐逊与其他反联邦主义者一起推动了后来被称为《权利法案》(The Bill of Rights)的宪法修正案。第五修正案，即《征收条款》(The Takings Clause)指出："私有财产不得在没有任何补偿的情况下用于公共用途。"立法者写道，"征收"是指中央政府从公民手中夺取私人土地以建造军事要塞或铺设道路。美国政府在内战后对宪法进行了新的修订，使《权利法案》的效力扩展到各州政府和地方政府。

20世纪初期，土地所有者开始援引《征收条款》要求政府对他们赔偿：他们宣称政府曾抢占了他们的土地，用来修建公路或军事哨所，但他们没有得到符合土地经济利益的全部赔偿。随之而来的是诉讼，开发商和土地所有者要求大量赔偿，即便政府是在为公共利益考量，划出相关区域以保障公共健康，或考虑到风暴侵袭禁止在湿地修路。

那么，如何才能让"征收"的概念演变为保护公众的法律呢？1922年美国最高法院审理的一桩案件中，对《征收条款》的扩大性解释起到了关键作用。当时，一家名为宾夕法尼亚州煤炭（Pennsylvania Coal）的公司拥有宾州东北部许多地方的地下矿产权。州议会为了防止煤矿勘探干扰居民生活，通过了一项法律，以防止该企业在房屋、城市街道和城镇广场等公共区域进行开采。煤炭公司认为这是对其地下财产价值的剥夺，并辩称宾夕法尼亚州的法律是一种"征收"。美国最高法院裁定该公司胜诉，该州法律无效，公司才得以继续在附近区域地下开采煤炭。

煤矿开采案发生近一个世纪以来，美国各地想要通过法律阻止鲁莽开发的城市和州不得不考虑，他们是否会被土地所有者或开发商起诉。开发商会运用宾夕法尼亚州煤炭公司的判例来对抗限制其发展的国家政策，某些情况下，还会威胁到当地的规划者。禁止在危险区域内建房的社区担心，诉讼可能会让他们花掉一大笔钱，还可能会使他们陷入沉重的债务。同时，地方官员还受到来自房屋建筑商协会的政治压力，当选的前景变得岌岌可危。这就在无形中鼓励地方领导人忽略未来的风险，迅速批准项目，增加近期税收、提高就业水平和住房指数，提高开发商和企业的利润，并让他们帮助自己在竞选中保持优势地位。如此一来，即便整个社区拥有行使远见的良好意愿，也无法与这些力量相抗衡。

20世纪下半叶到21世纪，类似的鲁莽事件在美国各地大量涌现，越来越多的人以"舍远求近"的方式生活，这大大增加了洪水、龙卷风和野火等极端气候和自然事件造成的损失。自20世纪80年代以来，233起极端天气事件造成了超过1.5万亿美元的经济损失，并导致数千人丧生。2016年的数据更是打破了历史纪录,在这人类历史上气温最高的一年中,美国出现了15次极端天气和气候事件,每次事件造成的损失均超过10亿美元。2017年,相关数据再创历史新高。在全球范围内,极端天气和气候灾害每年造成的损失超过2 500亿美元;在几十年的时间里,这些灾难导致数百万人死亡,数十亿人受伤。

说服人们远离危险,要比阻止危险发生更难。随着时间推移,人们在社区中扎根,巩固了自己的位置,强化了归属感。无论是休斯敦的工人阶级家庭还是密西西比州墨西哥湾沿岸的富人家庭,尽管知道海水会上涨,他们还是选择待在自己的家中。即使风暴、火灾或地震来了,我们也很难说服他们搬到安全的地方。救济资金表面上是一种说服手段,但在灾难时期动用它却有政治风险。想象一下这样的场景,一位州长或市长告诉那些刚刚丢失了所有家庭照片和家具的人不能搬回自己的社区。要求人们做一些微不足道的改进要比要求他们搬到安全的地方容易得多,比如提高房屋的高度,或者在车库里增加排水管。

预防措施能为社区描绘出灾难发生时的严峻局面,从而促使人们做出明智的决定。从这个角度来说,我们还是有希望的。最后,里奇兰县向人们展示了一个社区应该如何运用集体的力量进行预先计划。

史密斯是那种你希望能在鸡尾酒会上偶遇的女子。她来自南卡罗来纳州一个显赫的家庭,拥有迷人的魅力和广阔的人脉,从小就受到人们的青睐。史密斯在加夫尼长大。那是一座拥有12 000人口的小镇,也是著名地标"大桃子"(Peachoid)的所在地。当你在85号州际公路上行驶时,可以看到这座高135英尺、有着桃子外形的水塔。

史密斯从小就学会了克服自己的内向倾向。七年级时,她在啦啦队队长的竞选中输掉了人生中的第一场竞选活动,之后就一直保持沉默,几乎不与任何人交谈。第二年,她脸上开始有了笑容,主动去了解其他同学,并在啦啦队里赢得了一席之地。

学会融入人群之后,史密斯便经常放弃她曾经追求的原则。随着时间流逝,她甚至养成了偶像崇拜的爱好。她和校园霸凌作斗争,和在比赛中作弊的排球运动员大动拳脚之后,赢得了"野猫基特"的外号。大四那年,她扇了身高1.95米的篮球运动员一巴掌,因为后者说了些侮辱她父亲的话。1978年,29岁的她在风俗保守的南部地区,成为当地计划生育分会的主席。无论走到哪里,她都能感到背后有人指指点点,诋毁地说:"就是她,她讨厌孩子。"

认识史密斯的人无论是否喜欢她,都愿意尊重她。他们认为她性格开朗、机灵,在政治上精明、好斗。史密斯喜欢被人欣赏,但她宁愿为了信仰牺牲自己的风评。"其实我喜欢被人夸奖,"化着浓妆的她向我坦承。"但即使没人夸我,我也能活。"

她首次进入政府机构,是担任南卡罗来纳州参议院医疗事务委员会的研究主任。几年后,她跳槽到私营企业从事公共关系工作。20世纪80年代后期,她产生了一种想要重返政府的渴望。她在里奇兰县议会的竞选中获胜。在第一场竞选活动中,她得到了开发商和房屋建筑商协会的支持。他们知道她的丈夫是一位银行家,并且是商会成员;他们认为史密斯能够帮助他们,在她身上下注很安全。在提出"绿色钻石"提案时,史密斯因为她的独立性而不再赢得竞选捐助者的青睐,但她还是赢得了连任。她拥有的名声和财富使她能够开展竞选活动。

随着对"绿色钻石"的研究越来越深入,她发现了计划的风险,她与同事之间的隔阂也越来越深。房地产提案开始演变成一场激烈的争夺社区命运的战斗。史密斯在媒体上表达了自己的质疑,却遭受到两边的同时攻击。"绿色钻石"的支持者们说史密斯是个背后捅刀子的阴险小人，这位富婆只想穿上自己花哨的远足靴，在河边散散步，根本没有考虑社区的福祉。"绿色钻石"的反对者则公开指责她只是想游说亲朋好友卖光社区的房子，好让他们赚到钱去买第二套房子。

史密斯对"绿色钻石"的厌恶达到了极点。她在教堂和读书俱乐部的聚会中莫名其妙地遭人白眼。曾经的盟友转过头来抨击她在当选之后过河拆桥，忽视黑人社区的需求，剥夺了"绿色钻石"带给社区的发展机会。史密斯开始整夜无眠。有一天甚至写了一份宣言，将"绿色钻石"称作"贪婪锆石"（Ziron of Greed）。但她仍然不清楚自己是否能阻止"绿色钻石"计划。

如何纠正国家领导者的政治短视？

现代民主制度为短视的存在提供了生根发芽的土壤，这种状况在美国尤为突出。政客们面临着为赢得政治选举筹集资金的迫切需要，正如企业领导人面临着季度收入压力一般。在选举期间，政客需要通过快速决胜向选民证明进展情况，而改革的未来成果和当前的选举无关。不幸的是，拥有资源的人只会利用它来谋取自身的利益，而不是所有人的最终利益。如果领导者能独立于竞选资金的提供者，就能行使更大的自由，对未来进行管理。但现实往往不是这样。

塔奇曼写道，在各种足以影响政治的愚蠢力量中，"对权力的欲望"影响力最大。即便知晓背后的猫腻，领导者仍会选择那匹漂亮的特洛伊木马，他们的国家终会引狼入室，陷入失败。

尽管在做出决定的时刻就能预见可能产生的最终后果，但每种类型的社会和政权仍会遭到这种"愚蠢力量"的折磨。塔奇曼在《愚蠢的游行》(*March of Folly*)中叙述道,"共产主义者和资本家、暴君和民主人士都会根据他们最迫切的愿望,做出最终适得其反的决定"。她在关于文艺复兴时期教皇行为的分析中写道,"面对类似的情况时,即便是宗教领袖也难免会做出错误的决定。教皇在文艺复兴时期做出的灾难性选择激发了宗教改革"。当贪婪者混迹于精英阶层、蒙蔽人们的远见时,无论是石油公司影响环境污染法规的制定,还是政客在在职期间为家人牟利,我们根本就无法期待更美好的未来。民众需要领导者更多地关注决策的后果,但如果民众放弃对于远见的追求,他们就无法轻易纠正领导者的短视思想。

一项在非洲进行的旨在打击政治腐败的激进实验为研究这个问题提供了一个很好的切入点。莫·易卜拉欣(Mo Ibrahim)是一位靠在非洲销售手机发家的亿万富翁,他大大提升了非洲大陆大部分地区的电话普及率。他还是莫·易卜拉欣奖的创立者和捐助者,该奖项奖励的是卸任的非洲国家政治领导人,获奖者在离任后的10年内将获得500万美元,此后还将每年获得20万美元,直至去世。在决定获奖者时,委员会会评估候选人是否曾与腐败做斗争,并支持民主改革。该奖项旨在通过向亲民主领导人提供足够的资金,以换取其当政时能行使远见,借此对抗政客们的短视动机。几年过去了,因为没有符合条件的候选人,该奖项始终没能颁发过一次,似乎有资格获奖的政治家还没出生。

在我看来,这个奖项设计的一个重要缺陷是,它期望政客们能够对自己将在遥远未来得到的钱进行估价,而不是考虑眼前的担忧。如果该奖项能够提供短期回报,以制衡政客们为了连任或取悦特殊利益集团而做出短视的决定，那么它可能会发挥更好的作用。当然，这样做的问题在于，奖金实际上会成为一种贿赂。建立一个有足够信誉度和正直性的计划，现在就为政客们未来要做的事提供奖金，不仅困难重重，甚至可能会触犯法律。我们确实看到，现在有些要求政客捍卫公共卫生或自然保护等长期利益的人，正在努力为政客们提供竞选捐款。但和追求短期目标的公司和行业能够提供的巨额资金相比，这些捐赠微不足道。

更好的情况是，如果世界各国政府能够真正地推行竞选融资改革，如限制捐赠额度上限并加强反腐败法律等，将有助于使政客们着眼于未来的代价，并一定程度上忽视眼前的利益。任何特定的出资者都可以通过牺牲集体的未来利益来寻求短期的收益，所以政治选举的前景不应取决于领导者能否从私人赞助者那里筹集到资金。

十多年来，国家层面的竞选融资改革在美国日渐式微，鉴于最高法院在2010年做出的公民联合裁决，它还将面临新的挑战。在联合裁决中，法院裁定公司和工会为政治候选人做广告的行为是受到保护的，不会受到政府法规的限制。这一裁决释放了大量的公司资金和特殊利益资金，足以左右选举的结果。公民联合裁决让美国进入了一个在领导和决策方面都更为鲁莽的时代。

但是在州府和城市层面，政客筹集资金的方式正在悄然变革，来自纳税人的资金逐渐在竞选活动中替代了私人捐助的资金。纽约市和俄勒冈州的波特兰市已经通过了相关规定，试图减少特殊利益团体在选举竞标中的影响，南达科他州和密苏里州也是如此。这些改革将帮助政治家在面对近期决策时，能够主动与长期的集体利益保持一致。同时,像史密斯这样的有志之士则需要一些领导技巧,以提前进行规划。

在荷马史诗《奥德赛》(*The Odyssey*)中，伊萨卡国王、英雄奥德修斯被召集参加特洛伊战争。为了返回家园并夺回王位，他在归途中饱受艰辛，经历了一系列的磨难，包括刺瞎独眼巨人、抵御塞壬致命歌声的诱惑，以及从多情的仙女卡吕普索手中逃出生天。在奥德修斯离家的20年中，他的妻子佩涅洛佩承受了压倒性的社会压力。人们传言她的丈夫客死他乡，有100多个男人先后想要娶她为妻。随着时间流逝，佩涅洛佩发现自己很难拒绝他们的盛情追求。

当奥德修斯需要克服塞壬致命歌声的诱惑时，他要求水手们将自己捆绑在桅杆上。这一策略被今天的人们广泛采用，比如用来抑制对巧克力蛋糕的强烈冲动。即通过预先让自己承担满足及时需求的痛苦后果来遏制即时的迫切冲动，比如不得不向自己讨厌的事业捐款。

但在荷马的故事中，佩涅洛佩的处境要难得多。她面临的问题并不是由自身的冲动引起的，尽管对爱人长达20年的等待，听上去非常难挨。佩涅洛佩面临的最大挑战是来自他人的压力。为了等待心爱的奥德修斯，平息社会上的传言，佩涅洛佩精心设计了一个诡计，以拒绝没耐心的求婚者。她声明，自己直到为公公拉尔特斯编织好裹尸布后，才会考虑婚事。她白天织，晚上再拆掉，如此拖延时日。不幸的是，一个女仆发现了她的秘密，暴露了她的计划，这让她蒙受了更大的"再婚"压力。

佩涅洛佩的故事告诉我们，在借助外力的前提下，我们不仅可以"拖延时日"，还能减轻来自周围的压力。梭伦在公元前6世纪末当选为雅典首席执政官，他也有可以借助的"外力"。他说服雅典议会提前承诺来继续他的改革——释放奴隶、改革币制，确保公民私有财产权利等。之后，梭伦并没有借机积聚更多的权力，而是以自我流放的方式离开雅典长达 10 年之久,并在此期间拜见了"不幸福"的克罗伊斯国王。梭伦希望雅典人能一直推行他改革的法律;未经梭伦的批准,他们便不能废除这些法律。他不想听到塞壬的歌声。

用来防止鲁莽决策的"外力"不必是戏剧性的,它们甚至可以是隐喻意义上的力量。曾担任克林顿总统助理国防部长的哈佛大学教授格雷厄姆·艾里森(Graham Allison),在谈到冷战期间美国外交官如何避免美国与苏联发生核冲突时说,美国领导人将与苏联的对峙设想为"冷而不热",这是一种感官上的描述。随后美国也采用了克制而非轻率的战略面对苏联,通过正式的军备控制措施和耐心的长期投资,最终赢得了胜利。

具有讽刺意味的是,今天的气候危机给社区和社会带来了采取行动的巨大紧迫性,而我们也需要对这些行动运用远见。布朗大学的学者阿曼达·林奇(Amanda Lynch)和西里·维兰德(Siri Veland)批评了将我们的时代称为"人类世"(Anthropocene)的说法,地质学家定义的这个时代,是人类正在戏剧性地重塑地球,并将其生命维持系统推向灾难边缘的时代。林奇和维兰德认为,这个现在很流行的名字,以及人类重塑地球的方式,将鼓励一些国家和社区做出短视的决定,比如向平流层注入硫酸盐,或向海洋倾倒铁以降低地球温度。他们主张人类应做出审慎和包容的决策,将不同的社区和文化聚集在一起,而不是孤立地做出反应。无论是为了牟利,还是为了拯救地球,集体决策面临的决策压力越来越大。就像医生不得不在身心疲劳、时间紧迫的情况下开抗生素一样,政治领导人和管理机构也做好了鲁莽行事的准备,他们需要释放压力的方法。

让我们回到"绿色钻石"的案例上。史密斯的顾虑与日俱增,而投资者仍旧步步紧逼。他们的理由也很充分，毕竟在他们的生意模式中，时间就是金钱。开发许可和政治支持一旦滞后，共同投资者很可能会流失。与此同时，里奇兰县议会的其他成员对这个项目充满了热情：他们不想吓走开发商，从而将这个项目白白送给另一个社区。

然而史密斯决定要为自己和里奇兰县争取更多的时间，以获取更多信息。她起草了一项决议，为项目提供初步的支持，但需要开发商提供更多关于堤防、财务和公共安全风险的信息。在史密斯的领导下，里奇兰县议会一致通过了这项决议。投资者购买下了那处地产，并将之视为里奇兰县对他们开了绿灯。事后证明，史密斯争取时间的举措至关重要，尽管它是急中生智的产物。经过这段时间，里奇兰县最终放弃了沿康加里河开发土地的鲁莽决定。

随着史密斯和里奇兰县工作人员的进一步研究，一些隐埋在历史中的真相开始重见天日。康加里河沿岸收取的堤防费用并非事出无因。1976年，洪水冲垮了哥伦比亚市附近的堤坝后，一个农场家庭就起诉了市政府。哥伦比亚市此前曾明文表示同意维持堤防。农场所有者伯威尔·曼宁（Burwell Manning）赢得了诉讼，使得哥伦比亚市的纳税人损失了400万美元。

别让公共利益成为投机者的"钻石"

韦斯顿·亚当斯（Weston Adams）刚听说"绿色钻石"项目，就知道这并不是个好主意。这位现年30岁的共和党人的家族居住在康加里河沿岸已有9个世代，亚当斯和他的兄弟从小就在沼泽地中狩猎野鸭、鸽子和火鸡。直到现在，康加里河上游的部分种植园仍是亚当斯家族的私人领地，亚当斯和妻子的婚礼就是在那里举行的。

亚当斯是一位完美的南方绅士，步伐宽阔，目光炯炯，就像高中毕业舞会上最善良的焦点人物。"绿钻之争"发生几年后，我与他在帕美托俱乐部（Palmetto Club）的地下餐厅见了面。这里是哥伦比亚保守派精英的聚集地，白头发、白皮肤的绅士们互相热情握手，一位穿着皮草的单身女子还询问了亚当斯在狩猎季的战绩。身穿黑衣的侍者在人群中穿梭，通常用姓氏称呼着俱乐部的成员。但在介绍韦斯顿·亚当斯时，却用了他的全名。

亚当斯是一名律师，主业是为房地产开发商做代理。但对他和他的兄弟罗伯特（著名的共和党竞选经理和筹款人）来说，"绿色钻石"项目是对南卡罗来纳州自然遗产的冒犯。当亚当斯回忆起青年时代在康加里河沿岸沼泽地中的冒险时，露出了梦幻般的眼神。在他看来，自己的童年经历可以与哈克贝利·费恩（Huckleberry Finn）的冒险相媲美。他认为，沿河的土地就应保留为农田或林地，而不是被开发成有着高尔夫球场和购物中心的商业园区，当然也不应该像默特尔海滩那样。正因为对过去充满怀念，他才对未来充满担忧。

在史密斯和里奇兰县官员收集更多数据时，亚当斯兄弟则争取到了哈里奥特·汉普顿·福塞特（Harriott Hampton Faucette）的资金支持。福塞特是一位报社编辑的女儿，热衷慈善。她曾在 20 世纪 50 年代领导了一场运动，最终促成了康加里国家公园的建立。兄弟俩与另一位共和党公共关系专家一起参加了反对"绿色钻石"项目的斗争。他们每隔几周举行一次新闻发布会，向开发者抗议，并向居民发送邮件，以此对抗哥伦比亚风险投资公司发送的小册子。"这里是洪泛区，你们这群傻瓜"和"你的绿色，将变成他们的钻石"等口号引起了人们的强烈反响。环保主义者、靠狩猎为生的人、富裕的土地所有者齐聚哥伦比亚大学城,越来越多的人开始反对"绿色钻石"项目。

民主党人史密斯已经做好了孤军奋战的准备,但"亚当斯兄弟联盟"的支持就像奇兵天降,她终于得到了盟友的支持。随后的公共关系突发事件使她在县议会中得到了更多的支持,最终,里奇兰县依据1994年的暴风雨防范条例,严禁对洪泛区进行任何地产开发,"绿色钻石"项目也不能例外。随后,哥伦比亚风险投资公司向联邦应急管理局提出上诉,要求更改里奇兰县的洪水地图。这场拉锯战持续了数年之久。

经过长达5年的努力,哥伦比亚风险投资公司既没能得到自己想要的洪水地图,也没有获得开发豁免权,无法按照预期计划构建宏伟的"绿色钻石"了。因此,在2004年,哥伦比亚风险投资公司起诉了里奇兰县,索赔4 200万美元的巨款。公司的律师称,里奇兰县剥夺了公司土地的经济价值,该行为违反了《第五修正案》。

20世纪60年代后期,纽约市中央车站的所有者也有过类似的宏伟梦想。这座具有法国艺术风格的8层高车站于1913年开放,在当时堪称奇迹。中央车站沿着纽约第42街优雅地延伸,车站主要由花岗岩建成,正面是一个13英尺高的蒂芙尼玻璃钟,两侧则矗立着密涅瓦和海格力斯的雕塑。车站内部,大厅的天花板被夜晚的星空所覆盖。田纳西大理石地板和宽阔的石拱门总能让人联想到古代的宫殿。中央车站是一座水平的大厦,它的高度令人敬畏,但不会让人望而生畏。如今,在曼哈顿的摩天大楼丛林中,中央车站依旧独树一帜,令人惊叹。

对于在20世纪60年代便拥有中央车站的企业而言,车站上方空荡荡的区域充满了商机。1968年,公司与建筑商签订契约,准备在候车楼上建造一座50层以上的办公楼。在计划蓝图中,车站面向公园大道的南立面将被拆除，车站本身也会被拆除一部分。

彼时，纽约市刚刚失去一座建筑瑰宝：位于第七大道的宾夕法尼亚车站。它的所有者也曾有机会出售车站上方空间的使用权，车站的拆除工作从 1963 年开始。宾夕法尼亚车站原本也是一座具有美术风格的建筑，有着粉红色的花岗岩墙壁、引人注目的外部柱廊和仿照卡拉卡拉罗马浴场建造的主厅，它们如今被麦迪逊广场花园和时尚的办公大楼取代。现在的车站成了一个由铁路线和售票柜台组成的地下迷宫，布满了令人眼花缭乱的低矮走廊。耶鲁大学前教授文森特·斯卡利（Vincent Scully）写道："过去，一个人会像神一样进入这里……如今却只能像老鼠一样爬进来。"

宾夕法尼亚车站被拆除后，纽约市的活动人士倡导并通过了该市第一部保护历史地标的法律条文，市长罗伯特·瓦格纳（Robert Wagner）成立了地标保护委员会。因此，希望改建中央车站的公司面临着一个巨大的障碍。在公司构想改建计划之前，地标保护委员会已将中央车站指定为历史地标。根据相关法律，业主必须获得许可，才能对历史地标进行改建。

地标委员会举行了为期 4 天的听证会，有 80 多名证人参与，讨论在中央车站上方建造摩天大楼的提议。最终，委员会认定该计划会损毁地标建筑，考虑再三后决定驳回。随后，公司起诉纽约市政府，要求赔偿经济损失——它预计在建筑期间每年的租金收入为 100 万美元，此后的办公空间租金收入为每年 300 万美元。也就是说，市政府赔偿公司的费用将是惊人的。

美国最高法院最终开庭审理了该案，该公司的律师援引了"征用条款"，辩称政府应向业主赔偿。1978 年，法院以 6 票对 3 票做出判决，支持纽约市政府的处理,并提出了一项新的标准,以判定当地法规是否适用。法院认为,在审理此类案件时,应充分考虑财产所有人是否具有合理预期,财产是否还有其他潜在的商业用途,以及政府的政策是否在保护公共利益。威廉·布伦南(William Brennan)法官在给法院的意见中写道,社区在保障公民现在和将来的公共利益方面具有无可替代的重要性:

> 这些建筑和它们的工艺不仅代表了过去的经验教训,体现了宝贵的传统,它们更为当今的质量标准提供了典范。历史保护只是广义上的环境保护的一个方面——它们可以提高人们的生活质量。

在"绿色钻石"项目索赔金额高达数百万美元的诉讼案中,里奇兰县的辩护律师认为,该县的暴风雨防范条例能够防止公众受到伤害,为社区带来更大的利益。他们认为,这并未剥夺哥伦比亚风险投资公司通过其他方式从土地中获利的权利,比如开发农业或生态旅游等。律师们在审判中想要着力表明的是,该企业在开发"绿色钻石"的规划中并没有设立合理的期望。在公司购买这块土地之前,联邦地图就已清晰地表明这块土地有70%位于洪泛区,且暴风雨防范条例已经存在了许多年。他们还引用了最高法院对于中央车站的判例来进行佐证。

在审判期间披露的巴洛斯&查宾公司董事会内部文件显示,公司高管曾试图弄清他们在"绿色钻石"项目中究竟遇到了什么问题。他们得到的教训包括:不要在霍里县以外的地方进行有环境问题的大型项目,不要进行纯粹投机性质的项目。

最后，主持审理"绿色钻石"案的法官判决里奇兰县胜诉。开发商哥伦比亚风险投资公司再次向州立最高法院提起上诉，后者受理了此案。2015年8月，州立最高院宣布维持下级法院的裁决：里奇兰县无须向开发商提供任何赔偿。法官们认为这些行为是在保护公众的未来利益。

史密斯坐在证人席上时，哥伦比亚风险投资公司的律师暗示她在玩政治游戏，试图阻碍社区的发展。史密斯表示反对。在她看来，她只是赢得了深思熟虑的时间，并了解了洪泛区未来可能发生的风险。随着时间的推移，她找到了说服议会中其他成员的方法，并从其他党派的盟友那里获得了政治支持。

共和党派人亚当斯和他的朋友们与自由环保主义者结盟，组成了一支抵抗"绿色钻石"的强大力量。当人们愿意与政见不同者结盟时，就能将目光放得更远。在一个规模较小的社区内，尽管存在分歧，人们仍可以坦诚相见、彼此信任，这比国家层面的政治运作容易得多。在南卡罗来纳州的政治圈子里，不同党派人士间的亲密关系能带来两个优势：对领导者造成更大的社会压力，以及更多建立政治联盟的机会。

克服社区的短视倾向还需要足够强大的领导能力和财务上的独立性，这样才能抵御短期投资者带来的影响，争取到做出反省性决策的时间。尽管如此，想要拥有远见，就要忍得住寂寞，耐得住批评。里奇兰县的胜诉表明，法院的判决可以阻止鲁莽的决定。但法院同时也可以直接或间接地助长鲁莽的行为，1922年宾夕法尼亚州煤炭案的裁定就是很好的例子。

所有社会和社区都会面临这样的选择。在各级政府中，法律和制度既可能阻止短视的倾向，也可能助长它。

想要珍视未来，我们必须遵守既定的规则并维护制度的完整性。

这些集体达成的协议，能将我们的视线重新引导向远方。

里奇兰县胜诉几个月后，暴雨来了。2015年10月，南卡罗来纳州中部地区迎来了长达一周的倾盆大雨，打破了历史降雨纪录。洪水冲垮了哥伦比亚运河的堤坝，污染了市区的饮用水。连墓地中的棺材都浮上水面，随波逐流。与康加里河平行的布拉夫路沿线的企业均被淹没。康加里河的支流吉尔斯河上有5个水坝，横跨在"绿色钻石"项目曾经规划的区域上，该片土地被洪水淹没了数天之久。

洪灾期间，成千上万的人得不到清洁的饮用水，大量家庭失去了房屋，人们失去工作，还有几人溺水而亡。该州的财产损失高达120亿美元，得到了联邦的救灾援助。

尽管经济遭到了破坏，但在康加里河洪水泛滥、冲毁堤坝时，却没有波及其他可能发生洪灾的区域——在这个逐渐变暖的星球上，这样的风险每年都在递增。

南卡罗来纳州前洪泛区协调员夏拉德说："当我想到原本可能会发生的灾难时，脖子后面的头发根根直立，一股寒意穿过了我的脊椎。如果'绿色钻石'项目开建，这场洪水将造成更大的灾难。成百上千人可能在一夜之间失去家园和工作。"夏拉德向我展示了一张拍摄于2015年10月的照片，拍摄的是原"绿色钻石"项目用地附近被洪水淹没的公路。我们坐上她的车去了那里，立交桥下方的河水水位已经达到半个卡车的高度，它像一条奔流的大河，淹没了整条道路。

第 8 章

玩一场"战争游戏"

推演过去,预测未来

> 时间是一位了不起的老师,
> 但不幸的是,它会杀死所有的学生。
>
> 赫克托耳·柏辽兹(Hector Berlioz)

1972 年夏天,格奥尔格·西贝尔(Georg Sieber)在慕尼黑醒来。电话在清晨 5 点 11 分响起时,他立刻意识到出事了。接起电话后,他的恐惧得到了印证。他迅速穿好衣服,踩着脚踏车飞速穿过小镇。官员和警察们聚集在奥运村外面,那里住着来自世界各地的 12 000 名运动员。西贝尔得知,一群极端分子越过奥运村的围墙,劫持了 11 名以色列运动员和教练作为人质。但对他来说,这个消息算不上耸人听闻。

26 种风险情景应对慕尼黑奥运会

这名慕尼黑警方的心理学顾问现年 39 岁,有着明亮的眼睛、透露出好奇心的眉毛和粗犷的下巴,喜欢用优雅的姿势抽烟。他是一名双重特工，工作是渗透进慕尼黑的学生抗议团体中，并向警方透露他们计划的示威活动。在20世纪60年代，他一面假意与激进派学生开展争取改善居住条件的运动，一面将"同志"的行踪秘密告知警察，但其内心没有泛起一丝波澜。实际上，他认为自己的工作只是将事态推进到一个可预见的局面之中，还能防止警察和抗议者发生暴力对抗。西贝尔认为，如果执法人员可以提前得知示威者的去向，就不用做出使用催泪弹和鸣枪这样的轻率反应。

在慕尼黑举办1972年奥运会之前的几个月，西贝尔就已经预见到这次任务的前景。他了解这座城市，预料到可能发生的风险情景，因此成为奥运会安全团队的顾问。他预想到了26种风险情景，从一个观众将另一个观众推进游泳池，到瑞典恐怖组织空袭奥林匹克体育场，不一而足。他还考虑了西班牙巴斯克分离组织埃塔和爱尔兰共和军可能会实施的种种阴谋。

自1936年希特勒主持开办柏林奥运会以来，慕尼黑奥运会是德国首次举办的夏季奥运会。组织者寄希望于通过这场体育盛事一扫德国人低落的情绪和军国主义阴霾，为德国重塑一种无忧无虑的地中海风情。德国人将这场奥运会称为"Die Heiteren Spiele"，即"欢快的游戏"，吉祥物是一只名为瓦尔第（Waldi）的彩色腊肠犬。

西贝尔所设想的"风险情景21号"也并非空穴来风。他不仅读到过有关巴勒斯坦极端主义的新闻报道：恐怖组织"黑色九月"去年曾在欧洲开展过几次行动；他还考虑了奥运会自身的特征：只有被世界承认的国家才能派出运动员参会。此前，巴勒斯坦曾申请派一支奥运代表队前往慕尼黑，但遭到了忽略和拒绝。

西贝尔以超出常人的先见之明，预测到以色列人会成为极端分子的人质。在递交给奥运会组织者的报告中，他设想恐怖分子会在天亮之前越过奥运村的围墙，将人质绑在大楼内，随后提出要求。他还预测，恐怖分子不仅不会投降，还愿意为了发表政治声明而死。西贝尔在"黑色九月"还未做出袭击计划之前就预料到了这种情况。

西贝尔也为"风险情景21号"做出了预案。但不幸的是，奥运会组织者甚至没有采取最基本也最廉价的安全措施，比如在奥运村围墙上安装铁丝网、派遣武装警察或部队守卫，也没有像西贝尔建议的那样，将运动员住所根据参赛项目而非国籍进行划分，这样会使以色列运动员更加安全。

反之，慕尼黑奥运会的组织者要求西贝尔收回他所预想的风险情景，让大家不必惊慌，只需享受这届无忧无虑的奥运会。奥运会组织者之所以不理会西贝尔预想风险情景，一个重要的原因是德国的历史。大屠杀的恐怖和希特勒主持开办1936年奥运会的集体记忆仍然存在，并深深影响着世界各地的人们，尤其是德国人。许多在第三帝国统治下幸存的德国人都感到非常羞愧，因为他们是人类历史上最具破坏性、最臭名昭著的政权的参与者。他们迫切地想为历史做出补偿，让奥运会的气氛变得轻松愉快，改变全世界对德国的看法。

创伤记忆始终影响着我们的时代，"9·11"事件之前，尽管有1993年世界贸易中心爆炸案在先，精于计算未来风险的保险公司也没有考虑过将"恐怖袭击造成的特殊财务风险"纳入纽约市建筑物的保险政策中。沃顿商学院的经济学家鲍勃·迈耶（Bob Meyer）的研究表明，"9·11"之后，许多公司开始支付高昂的保费以防恐怖袭击的发生，其数额远超必要的限度。"那一天"带来的恐怖体验不仅深深地印在人们的记忆中，更深深烙在了他们对未来的预测中。

集体失忆症：福岛核事故本可以避免？

正如记忆会扭曲我们对未来的看法一样，记忆的缺失或集体失忆也会导致鲁莽的决定。

日本福岛毁灭性的核灾难发生6年后，我随着一个由美国领导人组成的小型代表团造访福岛。我们会见了东京电力公司（TEPCO）的高管，该公司运营着福岛第一核电站。核反应堆爆炸后，该公司需要努力清理核电站，这项任务可能会持续数十年。我惊讶地得知，这家公司被其对过去的看法困住了，而且不止在一个方面。

2011年3月11日，日本海岸附近发生9.0级地震，地震引发的海啸冲毁了福岛第一核电站的防波堤，淹没了备用发电机和向反应堆注入冷却海水的水泵。3个反应堆持续升温，最终引发爆炸。这是人类历史上最具破坏性的核灾难之一。数十万人流离失所。灾难发生几个月后，福岛地区的学龄儿童还需佩戴测量放射线强度的仪器。医生们检查了成千上万的儿童，查看他们是否患有甲状腺癌。

我们于2017年3月访问福岛时，还有10多万人未能返回他们位于福岛的家。一些人住在核废料储存点附近的拖车中。政府在操场上设立了监测站，来测量放射性物质的危害程度。以前，福岛地区的经济长期依赖于耕种稻米和水果，该地区以美味的苹果、清酒等特产而闻名。然而到了现在，即便作物是在高海拔山区耕种的，人们仍忧心辐射影响，最终使该地区的经济陷入瘫痪。为了安全起见，日本当局关闭了全国数十个核反应堆。新建造的核能源站寥寥无几，日本全国都变得更加依赖天然气和其他化石燃料。

可以肯定的是，2011年3月的地震是日本有记录以来最严重的地震，但并非无法预见。破坏福岛第一核电站防波堤的海啸是千年一遇的事件，并未被纳入东京电力公司在建造核电站时使用的模型中。然而，新的信息出现后，人们也没有更新模型。早在2002年，东京电力公司进行的一项分析就显示，福岛地区发生海啸的风险被低估了，用于冷却反应堆的海水泵也有危险，但该公司没有为此做出任何改变。

东京电力公司对分析结果不置可否，政府也就没有勒令企业做出改变。日本核工业及政府监督机构的官员都只将注意力集中在地震的风险上，忽略了海啸的风险。对15世纪的海啸记录研究表明，巨大的海浪可能会破坏发电厂的防波堤。记录于公元869年的历史性地震和海啸也证明，福岛地区确实具有发生大规模海啸的风险。而且，根据卡内基国际和平基金会的分析，即便2011年3月袭击福岛核电站的海啸强度减半，也足以摧毁核电站的隔离墙。

然而，福岛第一核电站邻近地区建造的另一座核电站，却成功地抵御住了海啸。日本东北电力公司的一位土木工程师知道公元869年发生的乔安（Jogan）海啸，因为海啸淹没了他家乡的神道教神社。在20世纪60年代，工程师平井弥之助（Yanosuke Hirai）坚持要求将女川（Onagawa）核电厂建造在离海更远的地方，并且应高于最初的设计高度——高出海平面约50英尺。他还主张建造一个更长的防波堤，远远超出最初计划的39英尺。平井没能活到2011年，但当40英尺高的巨浪摧毁了福岛以北70英里处的女川镇大部分地区时，全日本最靠近地震震中的女川核电厂却完好无损，许多流离失所的民众甚至还躲到了核电厂的健身房里。

直到我们2017年访问福岛时，东京电力公司的官员依然对海啸引发的灾难表示震惊。他们向代表团表示，他们现在准备重启位于日本西海与福岛县接壤的岸柏崎县的刘羽（Karuwa）核电站，并将其打造为世界上"最安全"的核电站。在他们的计划中，预防未来灾难的保障措施包括建设一座 49 英尺高的海堤，可容纳 2 万吨水的用于冷却反应堆的水库，配置 40 辆消防车和 23 辆发电车，确保可以在紧急情况下迅速冷却反应堆，并且每个月都举行演习。很明显，他们在为升级后的核电站做准备，以应对类似于福岛第一核电站的核泄漏灾难（目前仍在清理之中）。

代表团中的前五角大楼高级官员、能源安全专家询问东京电力公司的高管们，是否正在为海啸以外的风险做准备，高管们回以茫然的目光，说他们目前暂未考虑，也没有评估海平面上升的情况（这些情况可能会在未来导致飓风或热浪造成的风暴潮）。后来，一名日本政府官员听说了这次谈话，他也表达了与美国官员类似的担忧。

不断加深的记忆会指导我们为未来做好准备，相比之下，那些从记忆中消失的东西，也会从我们对未来的想象中消失。

公元 62 年，庞贝地震发生后，塞内卡立即写下了《自然问题》，他描述了生活在恐惧中的居民，许多人已经逃离或正在决定是否逃离该地区。但根据老普林尼的说法，仅仅 17 年后，人们便不再记得那个地动山摇、地狱般的世界，成千上万的人似乎都忘掉了那场地震。

无独有偶，在特异性疾病鲜有暴发的历史时期，疫苗接种率也会大幅下降。19 世纪 50 年代，伦敦的天花流行率较低，拒绝接种天花疫苗的运动得到发展。类似的情况也发生在 19 世纪 30 年代的美国。流行病学家萨德·奥摩尔（Saad Omer）和戴安娜·圣维克多（Diane Saint-Victor）回顾了 19 世纪始于英国的拒绝接种疫苗运动的历史，他们认为这是由于疾病造成的破坏在人们的记忆中消失了，因为当时人们已经普遍接种了疫苗。奥摩尔和圣维克多认为,这是疫苗接种的"最后 1 英里"——在疫苗接种拒绝率不断上升和疾病率不断下降的情况下,让疫苗接种覆盖全体人群,是最困难的挑战。

灾难发生之后,人们往往会立即抢购灾害险。比如,1994 年加利福尼亚州北岭市发生地震,第二年,附近的居民中已有三分之二的人购买了保险。此后,截至本书完成时,加利福尼亚州再也没有发生过严重的地震。沃顿商学院的经济学家迈耶和昆罗伊特表示,近期加利福尼亚州地震高危地区只有不到 10% 的房主拥有保险。一旦大规模地震来袭,居民很可能得不到保护,地震造成的损失可能高达数千亿美元。

可悲的是,我们会将"集体失忆症"传递给那些帮助我们计算未来风险的预测模型中。连风险专家也会犯这样的错误,将计算机模拟限制在他们认为数据可靠的时间段内,而这只是因为他们对历史的挖掘还不够深入。东京电力公司在建造福岛第一核电站之前使用的海啸模拟数据并没有覆盖全部的历史范围,只考虑了人们记忆中最近发生的地震和海啸。

2008 年金融危机和全球经济萧条之前,穆迪(Moody's)是为抵押贷款有价证券最高 AAA 评级以确保其作为投资品的安全性的三大权威机构之一,但当它通过美国住房指数来估算违约风险时,只能追溯到 20 年前的数据。内特·西尔弗(Nate Silver)指出,在这 20 年内,美国房价呈上涨趋势,且总体抵押贷款拖欠率较低,这些数据没有传递出真正的风险,因为它没有显示抵押贷款违约是如何引起连锁反应的。穆迪忽略了包括大萧条在内的几十年前的信息,而这些信息中包含着随着房价暴跌,人们拖欠抵押贷款的重大风险。

2007 年,各种违约行为像野火一般蔓延到整个房地产市场,高风险证券暴跌，严重打击了经济。但穆迪和标准普尔这两个评级机构却将这些证券的违约风险等级定为实际风险的 1/200。经济学家和政策制定者几乎完全没有看到经济衰退的风险。（当然，这些机构有着不正当的"财务激励措施"，投资银行向它们支付费用，以便让它们给自己的金融工具更高的评级。）

"历史虽不会重演，但总会押着同样的韵脚"

在关于未来的问题上，历史往往会欺骗我们，但它是否也能够警示我们关注未来的威胁呢？雅典将军修昔底德（Thucydides）在《伯罗奔尼撒战争史》（*History of the Peloponnesian War*）中写道："现在虽然从不会重复过去，但会不可避免地与过去相似。因此，未来也将如此。"据传马克·吐温（Mark Twain）也曾说过："历史虽不会重演，但总会押着同样的韵脚。"马达加斯加也有一句谚语，认为人类的行为和变色龙类似，总是"一只眼睛向后看历史，另一只眼睛向前看未来"。摆脱集体失忆症，在不同的时代和不同的文化环境中都有广泛的吸引力，而且，记住过去实际上可能对我们有好处。

不过，过去与未来究竟有什么相似之处？我们又该如何利用历史来避免灾难？在 20 世纪 30 年代，历史并没有教会法国要为第二次世界大战做好准备。法国人猜想德国会像一战期间那样，在西线的战壕中作战。他们强化了马奇诺防线，却没有在北部的阿登森林布防。最终，法国仅仅支撑了 2 个月便沦陷了。

2016 年秋天，已退休的四星海军陆战队上将吉姆·马蒂斯（Jim Mattis）同意了我的采访请求，当时他尚未成为美国国防部长。马蒂斯因拥有远见而享有盛名，这也是我想要采访他的原因。他认为，想要获得远见的领导人都应该读读历史。马蒂斯的私人藏书馆有6 000多册书籍，内容囊括了整个人类战争史。在交谈过程中，马蒂斯对自己在海军陆战队时缺乏读书时间颇为不满。他还提到某些军团会规定从上尉晋升到少校甚至将军的人们读更多的历史书籍，并对这种做法大加赞赏。他将自己的成功归因于对历史的钻研，"为什么我会成为四星将领？因为我的竞争者都是从不读书的文盲，脑袋还不如石头灵光。"他在北加州古老的红木林中开车时随口打趣道。

我发现，虽然马蒂斯的政治观点和战斗倾向令我不敢苟同，但他的话却令人信服。人们称他为"武僧"，因为他兼具智慧和残酷两种特质。我们交谈时，他的这两种特质显而易见。

马蒂斯承认，战争是不可预见的。"那么，战士们为什么还应该阅读历史呢？"我问道。马蒂斯回答，人类使用的武器在几十个世纪以来不断演变，战争的细节是混乱的，这一点是我们所不能预见的。但是自从特洛伊战争以来，战争的驱动因素却从未改变。他说："国家为恐惧、荣誉和利益而战。"他认为，如果能将历史保存在集体记忆中，各国就能更为明智地捍卫自身的利益。

回顾历史，马蒂斯认为，美国用2003年入侵伊拉克作为对"9·11"恐怖袭击事件的回应是大大不妥的。他认为，美国的政治领导人需要对入侵伊拉克之后的局势有一个理性的预期，才能取得战争的胜利。在对伊拉克的历史进行了详尽研究后，他认为，伊拉克国内交战的各个势力根本无法形成一个包容性的民主联盟。美国还幻想入侵伊拉克后，这些势力会团结起来，这真是不懂历史的人才会有的想法。

马蒂斯认为，考虑美国在越战和朝鲜战争中的经验，伊拉克战争迟迟不结束是一个危险信号。在那两场战争中，美国的军事和政治领导人也对未来的愿景缺乏共识。马蒂斯还将伊拉克战争与 1991 年乔治·H.W. 布什（George H.W.Bush）总统对海湾地区的入侵进行了对比。老布什首先定义了战争的最终目的，即将伊拉克人赶出科威特，只要目的达成，战争就会结束。至于伊拉克战争，马蒂斯说："恐惧驱使着我们。我们走投无路，没有做情报计划，甚至不能确保伤员能够撤离。"

入侵伊拉克之时，马蒂斯曾向小布什政府提起海湾战争的历史经验，最终无果。但他是军人，必须遵守命令。入侵期间，他要求战地军官必须阅读《库特阿马拉之围》（The Siege of Kut-al-Amara）一书。这是一本介绍一战中奥斯曼帝国如何击败巴格达以南的英国驻军的纪实作品。库特阿马拉之围持续了 5 个月，虽然这场漫长的战斗无法预示美军即将在伊拉克面对的境况，但马蒂斯认为，这有助于他们理解中东战争史上敌盟之间的模糊界限。

前哈佛大学教授、政府顾问欧内斯特·梅（Ernest May）和理查德·诺伊施塔特（Richard Neustadt）试图让以史为鉴的理念变得更加严谨。他们认为，人们做决定时，最好将眼前的情况与多个历史时期进行类比，而不要依赖单一的先例。他们指出，哈里·杜鲁门（Harry Truman）总统及其国务卿迪安·艾奇逊（Dean Acheson）做决策时，曾广泛借鉴了多个国家的历史，如埃塞俄比亚、希腊、德国和奥地利，并进行了仔细的比较。而美国决定发动越南战争时，林登·约翰逊总统（Lyndon Johnson）仅参考了 1954 年法国入侵越南的历史。两者相比，高下立判。

1962 年古巴导弹危机期间，诺伊施塔特和梅在他们的开创性著作《及时思考》（Thinking in Time）中赞扬了约翰·F. 肯尼迪（John

F.Kennedy）总统的决策过程，称之为政治领导人正确运用历史经验的典范。在为期13天的紧张讨论中，重点始终集中在美国应如何应对苏联向古巴运送核导弹举动，而古巴距离美国只有90英里。

国家安全执行委员会（Executive Committee of the National Security Council，ExComm）作为肯尼迪亲选的顾问小组而闻名于世。第一天的讨论结束时，国家安全执行委员会就开始积极地从历史的角度评估当前的决定。梅和诺伊施塔特告诉我们，这在政治决策中是非常罕见的做法，我在政府部门的工作经验也能证明这一点。一些官员主张对苏联发动空袭，如果这样做，美国可能会引发第三次世界大战，甚至引发一场终结人类文明的核灾难。

国家安全执行委员会成员将美国的处境与特定历史时期比如珍珠港事件爆发时进行类比，以确定该方案是否能适用。国家安全执行委员会由具有不同立场的鹰派和鸽派专家组成，他们对古巴和苏联的历史具有深刻的认识，并能依据当前的文化和政治动态提出建议。肯尼迪总统还从1961年猪湾事件的失败中汲取了教训：国家安全执行委员会成员讨论时，肯尼迪没有插话，以便他们更充分地讨论。

我们能从中得到的教训是，历史事件可能会成为未来事件的先例。社区和社会领导人可以采取行动，公开召集意见不同的人参与讨论，努力防止任何一段历史主导人们对未来的看法。

一千年前的海啸预警："不要逃到这座山上"

公元869年乔安海啸袭击日本时，宫古岛（Miyako-jima）的居民逃到了岛上的一座小山顶上，但仍然没有脱离危险。一股巨浪从一个方向冲上山顶，另一股巨浪从另一个方向灌入稻田。两股巨浪在山顶相撞，将避难者冲进了大海，也摧毁了附近的渔村。

但这桩悲剧并没有被世人遗忘，它造成的阴影在人们心中徘徊了1 000多年。那座小山上的神社旁有一块石头，上面镌刻着当年的历史，并警告后人不要在山顶寻求庇护。这个警告还融入了当地的民间传说，被编进了当地小学的课本中。2011年3月日本发生大地震时，几乎所有的宫古岛居民都想起了1 142年前发生的事情。他们听从警告，逃到了更远的内陆地区，然后亲眼见到两股海浪再次冲上山顶。

在日本的另一个村庄，人们能看到一块古老的石碑立在岗哨上，警告未来的居民："不要在此以下建造房屋！"2011年地震发生时，这里没有任何房屋被建造在石碑以下。而最近发生的一次海啸达到的最高点，正好位于石碑以下。

但这两个例子并不具有普遍性，日本各地还散布着数百座纪念海啸的石碑，其中许多是在1896年和1933年的毁灭性海啸之后竖立起来的。根据经济合作与发展组织（OECD）核能机构的一项研究，没有任何一个拥有这种石碑的社区像前两个例子中那样重视它们。那么，究竟是什么让前两个村庄能够听从历史的告诫？

在日本，石碑之类的历史标记更容易在小村庄里起作用，因为这里的文化更有连续性，小学生可以借此了解海啸的历史，保持必要的警惕。与日本其他数百个地区相比，前两个村庄的石碑更独特：它们提供的不是模糊的历史记忆，而是明确的行动——"不要在此以下建造房屋"，以及一千年前的海啸预警："不要逃到这座山上"。

如果深刻的历史经验能够为未来的情景提供先例，那么历史就是在为现在服务。 人们可以利用历史事件唤起同伴的记忆，突出威胁的严重性，就像上文提到的那位日本工程师所做的那样。2016 年，我在美国的一个社区住过一段时间。这个社区试图以相同的方法，将过去的威胁保留在公众的记忆中，但它的做法并不是建造纪念碑。

马特波伊西特位于马萨诸塞州东南部，紧邻新贝德福德，是一个有 6 000 人口的沿海小镇，它的同名河流流入秃鹰湾（Buzzards Bay）。小镇的主要街道与海滨平行，有许多历史悠久的住宅和一个有看台的公园。因为拥有深水海港和丰富的木材资源，加上邻近捕鲸业中心新贝德福德，小镇从 18 世纪 50 年代开始，吸引了大量来自波士顿南岸的造船商来此定居。这里的市政厅距离大海不到 500 英尺。

在 20 世纪，两次历史性的飓风袭击了马特波伊西特。第一次发生在 1938 年，当时美国还没有开始为热带气旋命名，但它依旧名声大噪。海水席卷了房屋，淹没了街道，将船只冲上了岸。有着百年树龄的榆树像火柴棒一样横在马路上。洪水冲上了市政厅的台阶，涌入二楼，在城镇保险箱上留下了不可磨灭的印迹。一段 30 英尺长的货车棚被风吹到了田里，鸡舍被吹散。一艘 60 英尺长的游艇被冲上了岸，海滩上的一栋豪宅被夷为平地。奄奄一息的人们被压在倒塌的屋顶和墙壁下。事后，当地的一家报纸表示，飓风将新月海滩和皮科海滩的夏季度假场所变成了荒地。救援人员在其中一间破烂的小屋中发现了一张名为"微笑"的留声机唱片。数以百计的房屋被摧毁，数百人受伤，数人溺死。

1991 年，二级风暴"鲍勃"席卷了马特波伊西特。超过 12 英尺高的海浪捶打着海岸。风暴摧毁了码头，掀翻了沙滩小屋，吹断了电线杆，将树木连根拔起。小镇的高尔夫球场汪洋一片，街道上积水上涨，形成湍流。未能按时撤离的人们在洪水中跋涉，身体被流水中破碎的窗户玻璃割伤。那时镇上还没有下水道系统，街道因污水和被家用化学品污染的饮用水而变得有毒。在一条穿过半岛、延伸入海湾的窄街上，有二三十座房屋被摧毁。

然而，即便是在这样一个拥有悠久历史的小镇上，人们对于飓风的记忆也正在消失。2016 年，镇长迈克·加涅（Mike Gagne）在采访中告诉我："我所担心的是，飓风已经是很久之前的事了，现在很多人完全无法理解它的危险。"最近几年来，面对风暴警告和疏散指令，很多人根本没有采取任何预防措施。加涅认为，下一场风暴袭击马特波伊西特只是时间问题。他担心居民没能做好准备——无论是提前加高房屋，还是及时撤离并保护好贵重物品。

在我访问时，美国环境保护署的官员们也正在为沿海社区缺乏准备伤透脑筋，尤其是近年来海平面持续上升，灾难性潮汐暴发的风险越来越高。目前马特波伊西特已成为新英格兰地区最需要关注的区域，因为风暴可能会切断小镇的饮用水供应。从卡罗来纳州到新英格兰的沿大西洋一线，海平面上升的速度是全球平均速度的 3 到 4 倍。一旦有三级甚至四级飓风袭击马特波伊西特，其造成的破坏要比"鲍勃"严重得多。

乔迪·鲍尔（Jodi Bauer）是一位当地居民，她的曾祖父母于 1908 年定居在马特波伊西特。对于如何恢复小镇居民的历史记忆，她有一个想法。鲍尔是镇上的理发师，她的家族理发店于 1928 年开业，她是第三代继承人，也是第一位女性继承人。她的母亲在 1938 年的飓风中出生，在镇公务员的岗位上工作了 33 年，她的父亲是一名警察。乔迪的童年基本是在市政厅里度过的，当时听了不少关于飓风的故事，她在成年后经历了"鲍勃"。

第 8 章 玩一场"战争游戏"

一个阳光明媚的 10 月的早晨,空气闻起来像潮湿的沙滩毛巾,花园郁郁葱葱。我们一起开车到城里兜风时,她告诉我:"当时就像是在看《绿野仙踪》(The Wizard of Oz),有些房子被砸垮了,有些房子被吹到了空中。"

鲍尔的想法是,在城镇周围显眼的位置标记出两次历史性飓风引发的洪水的水位高度。鲍尔是两个童子军的母亲,她把这个想法分享给了当地一位 17 岁的高中生杰瑞德·沃森(Jared Watson),而后者决定将这个计划作为自己"鹰级童子军"生涯的主要项目。

沃森高大、好学,是个科学迷,也是完成这项工作的完美人选。他与镇政府合作,打造了一批金属条和蓝色标牌,以便安装在城镇的主要交叉路口和地标上。金属条标志着洪水在 1938 年和 1991 年风暴中达到的高度。标牌上附有条形码,人们可以通过扫码了解海平面上升导致沿海洪水泛滥所带来的风险。美国环境保护署的科学院帮助该镇计算出历史上洪水的高度,并对未来的洪灾情况做出了预测。

采访当天,沃森告诉我:"这些标志物能以更明显的方式来传达风暴的历史。"他还招募了童子军成员和社区志愿者来安装这些标志物。我清晰地感受到,这些标志物将风暴的历史代入了现实,让人们去想象洪水泛滥的情景——不是在某个遥远的地方,就是在这里,在他们每天生活的熟悉的小镇上。加涅说,标志物似乎比地方官员的演讲和公告更有影响力,因为人们在镇上开车时抬头就能看到它们,这样的提醒更频繁,也更有力。

鲍尔还从镇长那里收集了关于 1938 年飓风事件的口述历史。镇上有不少人在童年时期经历了这场风暴并记忆犹新,根据他们的故事录制的视频被存放在图书馆和线上的共享区。在社区活动中,镇长将这些故事带给了更多居民。虽然在这次试验之后，马特波伊西特的居民会为下一场风暴做出怎样的准备还有待观察，但当我和工作人员一起在城镇周围安装标志物时，我注意到它们已经引起了开车或步行路过的居民的注意。居民们对话的内容已经涉及历史性飓风期间水位的上升，在某些情况下他们甚至还开始了辩论。

日本的村庄能够严格遵循着历史上的海啸警告，而马特波伊西特镇具有类似的规模，居民之间也很亲密，似乎在预防未来风暴及其造成灾害的准备方面具备着天然的优势。这个小镇还有一种将不同世代的人团结起来的方式——年轻的童子军关注未来，年老的风暴幸存者则保存了历史记忆。

当我们需要借助想象力来构建一个从未经历过的未来时，究竟该怎么办？风险专家纳西姆·塔勒布（Nassim Taleb）认为，这是"黑天鹅"事件（史无前例且不可预测的事件）所带来的最具破坏性的变化。他写道："如今，生活在地球上的我们需要拥有更多的想象力。"或者，正如斯坦福大学的科学家凯瑟琳·马赫（Katharine Mach）和美雪希野（Miyuki Hino）在2017年夏天飓风哈维（Hurricane Harvey）用持续一整天的暴雨摧毁了休斯敦之后所说的，"前所未有的怪事越来越多"。

1972年9月5日，巴勒斯坦恐怖组织"黑色九月"在慕尼黑奥运村杀害了2名以色列运动员，并绑架了另外9名以色列运动员。"黑色九月"要求以色列监狱释放234名巴勒斯坦囚犯。到了第二天，9名人质均遭到杀害。尽管欧洲其他地方发生过恐怖袭击，但对奥运会的组织者和慕尼黑官员而言，这次的事件是史无前例的。

西贝尔当天早上到达现场时，遭遇了异常混乱的局面。当局人员齐聚一堂，但因权限不清，来自各个执法团体的人员发生冲突。西贝尔对于事前的危机建议没有得到采纳感到无比沮丧，几个小时后就辞职了。又过了几个小时，恐怖分子杀害了以色列运动员。"欢快的比赛"以机场停机坪上的枪战结束，并通过电视转播到了全世界。

在古希腊剧作家埃斯库罗斯的作品中，卡桑德拉成功地预见了特洛伊的毁灭，但她的预言被所有人忽略。西贝尔没有卡桑德拉那种精确预测未来的本事，他只是大致推测出了未来。

悲剧发生的几个月前，德国的组织者们翻阅西贝尔预测的风险情景时，显然没有体会过犹太运动员在奥运会上被德国人绑架并杀害的恐惧。如果他们体会过，就会意识到一些安全措施还是非常必要的。

我们无法为将来的每种可能性都做好计划，尤其是在成本很高的情况下。未来的大多数风险并不像飓风那样，可以被相对准确地预测，因为它们本质上就是不可预测的——科学家称之为"动态系统"。没有人能确定未来究竟会怎样。

从表面上看，1972年西德奥运会的组织者们确实认识到了未来的风险，并为此做出过努力。他们聘请了专家来激发自己对风险情景的想象力。以我们对"想象力"的了解来看，这似乎是一种有效避免鲁莽决策的好方法。但他们的努力还是失败了。西贝尔向组织者们展示了他设想的风险情景，还用各种细节加以描绘，但还是被奥运会安全官员和组织者否定了。

为什么西贝尔的风险情景无法说动组织者采取预防措施？为什么大量拥有先见之明的人无法说服别人看到我们描绘的未来画面？

咨询企业全球商业网络（Global Business Network）的创始人彼得·施瓦茨（Peter Schwartz）说，情景会触发人们的心理免疫系统，该系统会屏蔽他们不愿经历或不相信自己会经历的未来。施瓦茨在长达数十年的情景规划工作中发现,人类倾向于选择他们喜欢的或最有可能发生的情景,并在此基础上进行简单的计划,然而这就违背了情景规划的目的。

研究道德认知和前景等课题的哲学家彼得·雷顿（Peter Railton）告诉我,思考未来是非常困难的,因为未来存在着太多的可能性。考虑短期事项（比如今天午餐吃什么）时,我们的认知可能大多出于自发,不受意识的控制。相比之下,考量未来事项则需大量的精神控制;考虑的事情越长远,精神控制的难度就越高。我们看到的未来的可能性越多,我们对某一特定结果的信心就越低,也就会愈发质疑该结果的合理性。雷顿说:"人类善于从一堆可能的结果中思考未来的具体事件。"那么,当我们考虑某个单一的情况时,就可能会忽略其他的可能性。

我们现在可以肯定,慕尼黑奥运会的组织者没能真正感受到西贝尔设想的情景。他们没有体验到诸如"在虚拟现实的珊瑚礁旁游泳"的足以乱真的感觉。因此,这些风险情景仍然是抽象的,因此很容易被人忽略。

西贝尔还描述了几种世界末日般的可怕情景。当人们面临极端异常的未来,反而会更加关注眼前的问题,而忽视自身行为的后果。澳大利亚进化心理学家托马斯·苏登多夫（Thomas Suddendorf）说,当我们感到自己无法控制即将来临的厄运时,我们很可能会放弃抵抗,及时行乐。他告诉我:"当人们认为未来注定会极度糟糕时,很多人的想法都是'好吧,反正一切都得完蛋,不管我做什么都改变不了这个结果'。"

人们对世界末日情景的反应,也许可以解释西贝尔工作受挫的原因。当然，也有可能是奥运会组织官员们的不作为引发了后续的惨案。1998年，泰国首席气象学家史密斯·达玛萨罗哈（Smith Dharmasaroja）博士预测印度洋即将发生海啸，因此建议政府建立一个警报网络，但达玛萨罗哈反而因此被政府解雇。他的上级辩称，沿海预警系统可能会吓阻游客，让他们认为泰国不安全。6年后，印度洋果然发生海啸，造成20多万人丧生，泰国沿海地区有数千人丧生，其中很多是游客。

情景规划在政府和企业中都非常受欢迎，它能让社区和社会感觉自己对未来拥有远见。但是当一群拥有共同文化和事业的人聚在一起时，他们对于未来风险或机遇的远见往往会消失。这和前文中提到的"喀麦隆育儿法"和职业扑克案例中的观点，即文化规范会鼓励远见的产生相反，某些文化并不鼓励人们去预见未来的威胁。出于政治利益和个人喜好等原因，有些领导人反而会鼓励短视。

但是，施瓦茨观察到，当人们被迫在假想的未来情景中扮演实际的角色时，反而有可能打破成见。施瓦茨在荷兰皇家壳牌石油公司工作时，曾负责帮助公司高管和运营经理提供方案，以帮助他们应对油价震荡和苏联的"开放政策"（指20世纪80年代苏联总统戈尔巴乔夫领导下的苏联开放）。

为说服公司高管们认真对待行业中的极端情况，如OPEC崩溃等，施瓦茨向高管们提供了各种计算机模拟的未来场景，并让他们扮演各种场景下的关键角色，如OPEC成员国伊朗和沙特阿拉伯的石油部长，以及竞争企业的高管等。这种方法帮助壳牌公司取得了突破，排练结束后，高管们一致认为公司正在面临着极大的风险。而在此之前，即便是在伊拉克入侵科威特时，他们也从未对公司的前景有过任何怀疑。

最终，预想中的极端事件在1990年发生了。施瓦茨将这种模拟方案称作"排练"。令我感到惊讶的是，与西贝尔的风险情景描述不同，施瓦茨的做法并不像现实中的未来计划，更像是排了一场戏剧，或玩了一场游戏。

怎样用游戏模拟帮助人们做出明智的决策？

我第一次见到帕勃罗·苏亚雷斯（Pablo Suarez）时，他穿着一件超大号的西装外套，风风火火地从特勤局人员之间穿过，外套下依稀有着飞盘和巨大骰子的轮廓。2014年我邀请他来到白宫，当时我正担任气候变化创新项目的高级顾问，帮助社区提前为应对气候灾害做好准备。苏亚雷斯有着和全球红十字会团队合作的经验，帮助世界各地的社区为即将到来的干旱、洪水和热带风暴等灾害做好准备（而不是在灾害来临时慌忙应对）。他的目标是将人道主义援助的工作重点从灾难救援转移到灾害预防之上。苏亚雷斯是个瘦弱而直率的人，有着浓重的阿根廷口音，一副灰白的胡须，眼中闪耀着顽皮的光芒。在白宫的大厅中，他一眼就看到了他的同类——也就是我。在我看来，他更像是个在乡村公路上伸手搭便车的游荡者。他能给我什么有用的建议吗？说实话，我有点怀疑。

关于未来的威胁，苏亚雷斯告诉我，人们听到的是一回事，感受到的则是另一回事。他在工作可能会遇到以下情景：援助者与农民们分享预防旱灾的心得，科学家游说开发银行在洪水泛滥的河流上游投资植树等。对某些人来说，如果能以某种方式亲身体验当前决策带来的后果，他们就会更深刻地认识到决策的重要性。

苏亚雷斯认为，可以通过简单的游戏来模拟上述体验。苏亚雷斯是波士顿大学帕迪中心的研究员，也是红十字会与红新月会气候中心的副主任。在全球范围内，他设计的数十款游戏已经有超过 10 000 人体验过，其中有撒哈拉南部非洲的农民、气象服务官员、国际人道主义捐助者、政客和保险行业的高管。游戏的目的是帮助人们亲身体验未来的风险发生时需要采取的行动。

例如，在塞内加尔，苏亚雷斯和他的团队与一个岛上的居民玩了一场游戏。岛民们常常会在风暴事故中丧生，但岛上的风暴其实是完全可以预测的。他们玩的是一款卡牌游戏，玩家抽到的牌会显示出即将到来的暴风雨的情况，然后玩家需要选择相应的卡牌，比如把孩子送到祖父母家，或者寻找更好的庇护所。随后，他们就能看到预测的结果是什么，以及各种决定对后续事件的影响。重复玩这个游戏，玩家就可以清楚地认识到，风暴并非每次都会造成浩劫，它造成的破坏虽然严重，但往往是可以预防的。

在与救灾工作者玩的一场游戏中，苏亚雷斯试图证明，如果能抢先向受灾地区分发帐篷等救灾物资，后果会有什么不同。游戏开始时，每个玩家手中都有一把豆子。游戏中，豆子可以用来支付天气预报费用，或者支付极端天气事件之前或之后的供应分配费用。玩家需要先决定自己的行动，然后投掷骰子来查看在各种情况下，洪水是否会暴发。人们发现，用于采取预防措施的豆子数量，远低于用于事后救灾的豆子数量。这模拟了现实世界中的情况：应对灾难的成本（比如重修被洪水冲走的桥梁和无法通行的道路）会远远超过提前预防的成本。

在人道主义援助组织中工作时，苏亚雷斯发现各个组织都担心自己的准备会徒劳无功，也就是说，虽然组织会根据科学的预测投入时间和金钱采取预防措施,但实际上可能并没有发生严重的洪灾或饥荒。然而遗憾的是,灾难也可能会在人们没有做好准备的情况下来袭。在游戏中,我们可以评估出选择的最终结果,但普通人很难深入理解可能的结果。苏亚雷斯设计的游戏旨在帮助人们通过观察和感受可能发生的事情,以此应对各种不确定性。

苏亚雷斯认为,游戏可以帮助社区理解和感受到灾难可能造成的损失,而这些灾难大多数都是他们一生中从未经历过的。在游戏中,玩家可以做出一些小小的决定,比如放弃对未来的预测,不购买保险,或者不种植可以保护分水岭免受洪灾的树木。他们也会看到这样的选择是如何导致人道主义危机的。有时,游戏可以帮助人们为未来做出明智的选择。

彼得·佩拉(Peter Perla)是一名数学家和研究分析师,其职业生涯的大部分时间都在海军分析中心度过,被认为是战争游戏方面的专家。战争游戏的历史可以追溯到几千年前,一直都被用来模拟真实战争中出现的困境,比如中国古代军事家孙子设计的石棋游戏,以及印度古代的棋盘游戏恰图兰卡(Chaturanga,印度象棋的前身)。这些古老的游戏也启发小说家H.G.威尔斯(H.G.Wells)设计出了玩具士兵游戏,后者主要模拟了士兵在战场上的位置。之后,现代战争游戏逐渐发展,不仅纳入了战略制定等要素,并使军事领导者能够应对与对手和盟友之间可能出现的各种情景,可谓包罗万象。

佩拉告诉我,因为游戏会要求人们做出决定,所以它们会给人们带来情绪和心理压力。但旨在预见未来的智力锻炼游戏(如情景规划)往往不会让参与者产生这种感觉。这使游戏能够帮助人们对未来的威胁和机遇产生更深远、更持久的思考。也就是说,玩游戏时,我们更多的是在感受，而不仅仅是思考。

佩拉认为，游戏处于虚拟和现实之间，能帮助人们暂时搁置对某些未来情景的怀疑。游戏的参与者会进入某一个情景，就像在电影或文学作品中扮演角色一样。由于该情景不是真实存在的，玩家便不会立即去质疑它。不同于看电影和读小说，玩家并不是故事的被动观察者。玩家需要在游戏中做出决策，应对决策的后果——其中就包括其他玩家的反对以及决策引起的灾难。

克林顿总统在阅读理查德·普雷斯顿（Richard Preston）的小说《眼镜蛇事件》（*The Cobra Event*）后，于1998年参与了一场战争游戏，游戏重点研究了向美国公众释放生物武器的潜在风险。这场战争游戏回应了总统对生物恐怖主义风险的好奇心。在1个月内，总统召集了一次关于生物恐怖主义的特别内阁会议，这促使他要求国会增加2.94亿美元的反恐预算。

游戏在塑造军事战略以及指导国家备战方面有着悠久历史。例如，美国海军军官在20世纪20年代和30年代进行的一系列战争游戏，帮助他们预见了在第二次世界大战中与日本人作战时出现的多种情况。海军战争学院在两次世界大战之间举办了300多场游戏比赛，其中有100多场聚焦于与对日战争有关的战略问题。正如史蒂文·斯洛曼（Steven Sloman）和菲利普·费尔巴赫（Philip Fernbach）指出的那样，尽管日本偷袭珍珠港的时机出人意料，但实际上仍是可以预料的，当时，美国公众都曾预言美国将与日本发生战争。

1941年，富兰克林·德拉诺·罗斯福（Franklin Delano Roosevelt）总统将太平洋海军舰队从圣地亚哥基地迁至夏威夷，作为对日本侵略的直接反应（但似乎没有一个游戏预测到神风敢死队会加入战局）。海军战争游戏中出现的风险使美国海军能更有效地想象战争的情景，并完善了太平洋进攻行动的作战计划。一位海军中尉指挥官称，战争游戏有助于海军掌握未来战争的战斗方式。

2017年一个炎热的夏日，我去五角大楼与美国政府专家亚当·弗罗斯特（Adam Frost）和玛格丽特·麦考恩（Margaret McCown）会面。国防部的战争游戏小组是第二次世界大战后成立的，现在直接向美国参谋长联席会议主席，同时也是美国最高军事长官汇报。弗罗斯特和麦考恩向我介绍了他们设计的游戏，白宫、联邦机构的军事指挥官和高级官员以及外国盟友都将参与这些游戏。其中很多游戏是保密的，我们只能在此描述部分内容。

麦考恩和弗罗斯特说，"关于游戏，最重要的一点是它们可以帮助人们思考以前难以想象的事情。"例如，一场游戏展示了沙特国王去世后，美国在中东地区的立场问题。所有人都必须扮演各自的角色，并对这种情况做出决策。这样的游戏中总是有一支红队即对手，有时还包括盟友或中立政党。游戏进行期间可能会出现一些转折，以帮助人们探索发生意外时应如何决策，以及该决策的潜在弊端或不利后果。

弗罗斯特向我介绍了为美国国际开发署（USAID）设计的游戏《口袋世纪》（Pocket Century）。这款游戏是奥巴马当政期间高级政府官员参与过的。当时，美国政府正在通过国防部和其他机构，采取各种措施防止伊拉克的摩苏尔大坝（Mosul Dam）倒塌。苏摩尔大坝位于底格里斯河（Tigris River）流域，是中东地区最大的大坝。底格里斯河从伊拉克北部边界向南延伸至巴格达，最终汇入波斯湾。在美国与伊拉克和伊斯兰国（ISIS）的战争中，对苏摩尔大坝的控制至关重要。

但大多数美国官员都没有考虑过苏摩尔大坝倒塌的后果，以及美国的应对策略。在某种程度上，大坝倒塌的后果将是灾难性的——超过 100 万伊拉克人民将处于被洪水淹没的危险中，这场人道主义灾难可能会为 ISIS 创造一个扩大影响力的机会。

《口袋世纪》模拟了苏摩尔大坝的倒塌。在游戏中，如果大坝倒塌，美国此前在伊拉克境内努力创造的一切都会化为泡影。美国国际开发署的代表表示，他们希望美国在危机发生时能向该地区提供援助。但五角大楼的官员表示，他们根本无法在混乱中提供援助，最佳的方法就是撤离。他们认为自己的任务不是预防人道主义灾难，而是在可行的情况下击败敌人。官员们最终在游戏中意识到，苏摩尔大坝的倒塌可能会彻底破坏美国的战略，而关于后续问题应如何处理，他们似乎都没有头绪。

游戏结束后，国务卿约翰·克里（John Kerry）决定划拨资金，用于应对大坝倒塌后的各种管理事宜，包括为该地区的伊拉克人建设洪灾预警系统提供专门资金。奥巴马总统将其列为与伊拉克领导人会晤的首要议程。也就是说，通过游戏，美国政府采取了行动，以防止危机提前发生。

无论是出于和平目的还是战争目的，在人们对未来事件不屑一顾或怀疑其发生的可能性时，角色扮演游戏似乎都能起到较好的预警效果。但是，情景似乎也会限制游戏的效果。

佩拉说，战争游戏的设计者可能会清除游戏中罕见的、令人不快的事件（比如尽力避免大坝的倒塌），从而尽量保证玩家在参与游戏时获得与过去经历相贴近的体验。他说，战争游戏设计者"不应该让狗参与战斗"，这样他们才能创造出可信的情景，以及一些超出玩家既有视野的情景。

也就是说，没有一个情景设计者能够预测所有可能发生的后果，因为有些极端事件是无法预测的。正如诺贝尔经济学奖获得者托马斯·谢林（Thomas Schelling）说的："不管一个人的分析多么缜密，想象力多么丰富，也无法把他永远不会想到的事情列成清单。"一位战争游戏专家对我说，玩家在游戏中将"红队"作为对手，就可以自由下达合适的决定，从而更有效地运用远见。如果玩家是不愿固守单一立场或屈服于权威的年轻人，他们有时会在游戏中触发一些随机的情景。就像马特波伊西特的防洪项目中所展现的那样，不同代际间的合作往往更能催生远见。

当然，游戏也可能会失败。如果游戏描绘的未来情景过于绝望，就可能会令玩家失去代入感。一款名为《黑暗冬季》（*Dark Winter*）的生物恐怖袭击游戏，让2001年参与其中的美国官员（也包括后来撰写相关报告的官员）产生了偏执倾向和无助感。根据记者简·梅耶（Jane Mayer）的记录，迪克·切尼（Dick Cheney）副总统在观看《黑暗冬季》游戏视频后，开始认真讨论如何在全国范围内推广天花疫苗的问题，还希望能在"9·11"恐怖袭击之后将自己掩埋在地下掩体之中。《黑暗冬季》中的天花病毒传染率远远超过了真实的限度，死亡数据也过于夸张。整个游戏就像是一场噩梦，反而没有什么现实意义。

我迫切地想知道，将战争游戏应用在社区气候变化应对方面是否可行。拉里·萨斯金德（Larry Susskind）对此做出了回应。拉里是哈佛法大学学院谈判计划的负责人，也是麻省理工学院的城市规划教授。他还创立了共识建设研究所，为数千人设计了角色扮演类的谈判游戏，并帮助加利福尼亚州的农村和城市达成了用水权协议，还帮助以色列政府改善了与阿拉伯贝都因人的关系。几年前，我与萨斯金德在他办

第 8 章 玩一场"战争游戏"

公室的一张小桌边坐下——他喜欢在这里与学生和同事闲谈。桌上放着一组用世界各地的彩色土壤制成的瓷砖,萨斯金德说这些瓷砖可以平息学生的焦虑,看来它们对我也很适用。

萨斯金德和他的两名博士生共同设计了一系列有关沿海社区气候变化的游戏。他们召集了来自鹿特丹、新加坡、波士顿和新英格兰的 4 个沿海城镇的政府官员、城市规划师和公民,以小组形式进行比赛。这些玩家来自不同的行业,对于社区内的关注点也不尽相同。研究人员对数百名玩家进行了为期 6 个月的游戏跟踪,之后又持续追踪了 2 年,并做了相应记录。他们发现,无论是在大型城市还是小城镇,游戏都大大增加了人们对当地气候变化风险的担忧,并支持积极采取行动来应对上述风险。萨斯金德的团队在 2016 年于《自然》杂志发表了这项研究的结果。在对未来灾难的预测过程中,他们产生了一种使命感。

游戏设计师简·麦格尼格尔(Jane McGonigal)打造了一个多人在线游戏平台,旨在激励人们解决现实世界中的问题。她说:"在玩游戏时,我们都会变成乐观主义者,真心相信自己能够应对任何挑战和失败,我们变得非常有韧性。"她指出,这类游戏的玩家有 80% 的可能会失败,但他们会坚持不懈。

换句话说,在玩游戏时,人们可能会拥有一种力量,让他们坚持下去。我觉得这种精神在当今社会非常重要——只有对未来保持乐观,我们才会去为之奋斗。如果社区能够鼓励人们多参与这类游戏,未来可能就真的会大不相同。

第 9 章

守护集体"传家宝"
推动不同世代间的合作

> 我和你们在一起,你们这一代或今后许多世代的男人和女人
> 你们看着河流和天空时的感觉,
> 我也曾感受过正如你们每个人都是芸芸众生的一个,
> 我也曾是其中的一个。
>
> 沃尔特·惠特曼(Walt Whitman)
> 《过布鲁克林渡口》(*Crossing Brooklyn Ferry*)

如果我们需要考虑的未来,不仅仅是明天或明年,而是世世代代、是永远,那么社区和社会究竟要怎样做才能摆脱鲁莽的诅咒、拥有更多的远见呢?

给 1 万年后的人类发送警告信息

在布法罗冬天的严寒之中,6 个互不相识的人挤在一座湖边的小屋中,试图回答这个问题。这个小组由物理学家、人类学家、建筑师、语言学家、考古学家和天文学家组成,小组中的每个人都是由美国能源部的桑迪亚国家实验室精心挑选的。

他们的职责是想出一种方法向遥远的子孙后代,即在未来 10 000

年里在地球上生活的人们发出信号,警告他们在新墨西哥州卡尔斯巴德以东 20 英里的沙漠中存在着危险。自 1945 年第一枚原子弹"三位一体核试验"中被引爆以来,美国政府几十年来一直将核武器测试后的放射性物质封存在地下洞穴的桶中。放射性废物的衰变期往往为数千年,会对人类和动物造成致命的伤害。而这也就引出了一个问题:该如何标记核废物的埋藏地点,并将这个风险传达给未来的人们?他们的生活年代与我们的距离,要远远大于我们与建造金字塔的埃及人的距离。

莫琳·卡普兰(Maureen Kaplan)于 1991 年 12 月加入布法罗小组,是团队中唯一的女性,也是唯一的考古学家。她在马萨诸塞州的布兰迪斯大学获得博士学位。她将自己的研究对象自嘲为"丑陋的陶器"。这些陶器曾在埃及、黎巴嫩和叙利亚的古代文明兴盛之时广泛流传,但外形确实缺乏作为古董应有的魅力。卡普兰努力说服博物馆,后者才允许她进行采样,以确定制作陶器的黏土究竟是来自尼罗河的河床,还是黎凡特的红土地,从而寻找关于陶器制作者、产地和买卖方式的线索。

卡普兰在毕业前夕一度陷入挣扎,她想尽快找到工作。后来,她离开考古学界,开始了人生中第一份工作——追踪发电厂附近的龙虾种群。20 世纪 80 年代,她开始为分析科学公司(Analytic Sciences Corporation)研究核废料处理问题。在这里,她可以把在学校接受的思维训练(想象古人们的生活状态)与环境研究的数字方法结合起来。

卡普兰意识到,她并不清楚人类的后代会是什么样子,他们究竟要留下怎样的记号或信息,才能让未来的人类将之理解为一种警告呢?她怀疑团队中的其他成员也没什么头绪。她了解的只有过去,但她对过去的了解非常深入，也体验过将过去和现在结合在一起的感觉。她开始将自己视作未来人类中的一员，未来的人类可能也会无意间继承源于古希腊和古埃及的文明。她考虑了未来人类对事物的理解有哪些是可以从过去继承的，哪些是无法继承的。这项任务似乎比预测未来容易。

在雅典卫城，雕塑和建筑随着时间的流逝逐渐腐蚀、破裂，几乎无法抵御自然和历代破坏者对铜和大理石材料的损毁。相比之下，规模宏大的金字塔历经45 000年，依旧屹立不倒。来自当地采石场的巨型石块不仅难以移动，也没有在沙漠的酷热中被风化，如今的人们仍能知道它们是法老的坟墓。不过，金字塔建造者的初衷早已被后人破坏殆尽：几十个世纪以来，盗墓者们轮番偷窃了要陪伴法老去往来世的宝藏。

然后，卡普兰又想到了巨石阵，它的历史比金字塔还要早上4 000年。这些巨大的砂岩和青石在英国的索尔兹伯里平原上扮演着划定领土的角色，其中不含有任何有价值的金属，因此没有盗窃的价值。不过，这些巨型的纪念碑却没有向我们传达人们建造它们的初衷，没有任何书面记录向我们解释过它们的用途（而金字塔和雅典卫城拥有明确的历史记录），因此在很长一段时间里，人们对巨石阵用途的解释千差万别。

卡普兰意识到，核废料的标志必须能承受住上万年间的气候变化，包括能将山脉和峡谷变成平原的劲风、冰和水的力量，以及世世代代的人类不可预测的行为。这些标记需要向未来的人们提供可理解的信息，就像苏美尔人留给我们的楔形文字那样（这是人类最古老的书面文字，和当今人类使用的文字大相径庭）。"我们想要给他们留下一个警告，但也没有必要夸大其词。"最近，卡普兰在电话中对我说，"我们不能说'这块石头一碰就死'，因为总有人会去碰它，这是不可避免的。但如果碰过的人没有死，这个标志就失去了可信度。"

对生活在20世纪中期以前的几千代人来说，如何为子孙后代标记核废料并不是什么紧要的问题。这个问题之所以会出现，是因为人类的知识和工程能力都在不断提高。借助技术，我们可以塑造未来人类的生存方式。即使我们并不清楚某项行动在未来的确切后果，我们也会知道这项行动的"寿命"。

核废料是人类留在地球上的最持久的烙印之一，而我们做出的其他选择也有可能导致类似的难题。如今，我们每天都在使用化石燃料，这造成了污染，也改变了地球的气候。由于历史上的行动失误，如今全球都在饱受气候灾害的困扰，北极冰盖的融化和海平面上升的速度都远远超过了科学家们的预期。即便我们从下周开始停止污染大气，以往的排放物仍将使大气升温，且至少持续40年。如今，我们可以选择将镜子安放在近地轨道、将气溶胶注入平流层以遮挡太阳辐射（被称作地球工程学），或者提高太阳能和风力发电的效能，使用高效能源来扭转地球的变暖趋势。

我们这一代的科学家能够使用名为CRISPR的基因编辑技术来编辑人类胚胎的遗传密码，删除可能导致遗传疾病的基因突变，或者创建具有某些表达特征的突变，甚至可以改变新生儿头发颜色、提高其运动能力和智商。但是，如果对胚胎的遗传特性进行编辑，就会将某些基因属性"插入"到人类后代的遗传物质中，从而不可逆转地改变人类进化的进程。因此，尽管掌握了修改基因的技术，我们仍未完全了解该技术可能造成的后果。对人类来说，基因组的绝大部分都是一片未知的领域。在人类了解的一小部分遗传突变之中，我们需要取舍：保护人类免受艾滋病毒侵害的 CCR5 基因突变也会增加人类感染西尼罗河病毒的风险，导致镰状细胞性贫血的基因突变也可以保护人们免于死于疟疾。

如今，我们拥有决定子孙后代生活的能力——无论是塑造未来的气候，还是改变人类这个物种本身。因此，随之而来的是前所未有的责任。然而在大多数情况下，我们缺乏跨越时间维度进行思考和计划的能力。

大多数人的思想只能流传到下一代，最远也不会超过三代，这是有原因的。因为我们的情感纽带最多只能延伸到我们的子侄辈和孙辈身上，我们无法期望人类对从未遇见的人（无论是地理上还是时间上）给予极大的关注和理解。不过我们至少可以通过新闻报道和旅行了解到远方受苦受难的人们，虽然我们无法看到来自遥远未来的求救信号。

1991 年，卡普兰所在的小组在布法罗集结后，最终加入了新墨西哥州的另一个小组，进行思想交流。专家们得出的结论是在荒漠中的核废料场上树立锯齿状的方尖碑和多种语言的警告标志，以及带有恐怖表情的面部图片。但专家们不得不承认，自己的努力可能是徒劳的。他们认为，500 年后人们从警告中有效读取信息的可能性将急剧下降。他们还认为，人类文明到那时可能早已不复存在了。

我们没有办法确信，在遥远的未来会有人注意到我们发送的信号。卡普兰所在的小组并不是人类历史上第一个考虑核废料风险的小组，可能也不是最后一个。早在 1980 年，美国政府就询问过包括卡普兰在内的多名技术专家，征求他们对未来核电站商业废料处置地点的想法。在讨论中，各种稀奇古怪的想法层出不穷，比如对猫进行基因工程改造，改造之后的猫在受到辐射时，毛发会变成绿色的。当然，这个方法的前提条件是人和猫两个种族能相互陪伴，直到未来。其他的想法更幼稚，比如用骷髅头和交叉的骨头作为表示危险的标志。但即便是在今天，这个符号也存在歧义：它可以表示毒药，也可以表示海盗主题公园。

语言学家托马斯·塞博克（Thomas Sebeok）在1981年提出，需要建立一个核废料领域的"共济会"，以便将相关知识传给后代。这种做法的弊端在于，经历了10 000年的流传，信息可能会走样。他还建议建立一种世界性的宗教，用神话的方式将核废料的危险传递下去。至少在我撰写本书时，这种想法尚未被采纳。

几十年后的2014年，另一批科学家、历史学家、艺术家和人类学家齐聚法国的凡尔登，再次试图解决这个问题。这次的聚会是由经济合作与发展组织的核能部门组织的，该组织是一个由30多个国家的政府组成的论坛，他们将这次聚会称为"构建记忆"会议。

小组中涌现出的各种想法都令人着迷，但是否有哪种想法将被落地实施，谁也说不准。这种集团谋划（类似于万年钟计划）非常有助于激发人们对于未来的想象力，但计划的实际实施过程将十分艰难。

与此同时，芬兰的工程师们正在建设世界上第一个长期存放商业核废料的设施，他们计划在2024年开始正式使用。与美国新墨西哥州核武器试验产生的废料相比，发电厂反应堆产生的废料对人和动物产生的危害可能长达100万年。美国曾计划在内华达州尤卡山建造类似的设施，但遭到公众的反对和前美国参议员哈里·里德（Harry Reid）等人的阻拦，最终搁浅。

斯堪的纳维亚地区Onkalo（芬兰语"藏身之处"）隧道的建筑师

们希望隧道的入口能够被森林掩盖。按照他们的设想，100万年以后，一个被森林掩盖的核废料存放设施肯定会被世人遗忘；但不得不说，这样的想法真的很天真。即使在今天，我们都可以利用人造卫星和无人机清晰地彻查地球表面的每一寸土地，并识别出人类活动对自然景观造成的影响。海洋探险者已经通过这些技术发现了数百年前的沉船。

数十年来，全世界的科学家们都在试图解决核废料的难题，这也反映出，我们人类集体对于未来是负有责任的。然而，人类一次又一次地发现，在漫长的时间范围内，如果不能充分制订计划，一切努力都是徒劳的。

旧石器时代的穴居人无法预见，数千年后沿着底格里斯河和幼发拉底河兴起的农业文明。建立了民主制度的古希腊人无法预见，他们的思想将在十几个世纪后引发针对君主制的革命。19世纪的英国纺织工人无法预见，100年后他们的后代根本不会购买附近工厂生产的产品，而是会大量购入中国制造的鞋子和T恤，然后登上从东京飞往洛杉矶的飞机。

对人类来说，展望未来变得越来越困难。我们的发明越来越快地推动着社会的深刻变革。当我的父母移民到美国时，寄出的信件要花上3周才能到达印度的家人那里。他们根本想象不到互联网、智能手机、全球即时通信、社交媒体网络和GPS导航塑造的世界。就在10年前，我还想象不到无人机送货上门、3D打印机打印手枪甚至人的动脉，以及机器驱动汽车自动行驶的情景。恐怕在不远的未来，我们今天无法预测的技术会将我们熟知的世界搞得天翻地覆。

人类历史上的每一代人都认为，下一代人居住的世界是不可想象的。但情况也并非总是如此，实际上，在漫长的历史中，人类的生存状况变化并不大。科学作家迈克尔·舍默（Michael Shermer）指出，从人类文明的诞生到飞机的发明，经过了 1 万年左右，但从飞机被发明到人类登陆月球，只过了不到 70 年。几十年来，我们今天所熟知的世界却会令当时的人类感到遥不可及。雷·库兹韦尔（Ray Kurzweil）在其 2001 年发表的开创性论文《加速回归法则》（*The Law of Accelerating Returns*）中断言，人类历史在过去 2 万年中经历的进步和破坏，在未来可能仅需 1 个世纪便会完成。

比人类进化速度更快的不仅有技术的迭代，还有社会的变革。舍默统计了人类历史上 60 个文明，从古代苏美尔和古巴比伦，到古埃及的 8 个王朝，以及罗马帝国、中国的王朝，再到欧洲、非洲和亚洲的现代国家等。他发现，这些文明的平均寿命为 421 年，自罗马帝国灭亡以来一直在缩短。

在 20 世纪 60 年代，技术的更迭和社会的变革引发的集体不满，开始见之于纸端。未来学家托夫勒用"未来冲击"形容我们在社会中经历的文化迷失。托夫勒在 1970 出版的同名作品中指出，当人类对未来行使远见时，这种大规模的"疾病"会造成社会瘫痪。

从哲学上看，对未来的展望其实并无任何意义。在未来的某个时刻，地球可能会因小行星撞击而毁灭；无论我们计划中的未来多么美好，它都可能被核武器付之一炬。就像经济学家约翰·梅纳德·凯恩斯（John Maynard Keynes）打趣的那样："长期来看，我们都会死。"

如果你更喜欢带有虚无主义色彩的混沌理论，便可能会认为，一只蝴蝶在芝加哥拍打一下翅膀，最终可能（而且是无法预测地）引发地球另一端的飓风。试想一下，如果有人杀死希特勒的祖父母，就能避免日后数百万人的痛苦和死亡；如果有人帮费迪南大公挡下了那颗子弹，就能阻止第一次世界大战的爆发。但问题是，他们怎么才能提前知道呢？

我们无法预测任何一个决策会对人类未来产生怎样的影响。我们做决策时很有可能无法考虑到所有的后果，但这并不意味着我们放弃考虑。在可预见的未来，小行星摧毁地球的情况未必会发生，但海平面上升几乎是确定无疑的。

社会折现：人类做出短视决策的关键因素

我们可以让自己摆脱困境吗？我们在当下做出决定时，究竟要不要考虑子孙后代的福祉？要不要留下贻害万年的核废料，要不要继续让地球变暖，彻底改变世界的气候？

我们对上述问题的默认答案都是否定的——"不要！"这是毋庸置疑的。在过去的几十年中，社会做出的许多决定往往忽视了年轻人和尚未出生的人的利益。而传统经济学中的一个工具能够解释这个问题。

10年前，还在哈佛大学读研究生的我偶然发现了这个工具。我每天白天上课，周五和周六的晚上会做《波士顿环球报》的兼职。通过调试警用扫描仪，我就可以获知深夜发生的火灾、车祸和逮捕事件。我喜欢新闻编辑室的及时性（我的工作就是报道突发新闻）和研究生院智力生活混搭的感觉。在研究生时代，我反思了全球经济趋势，并研究了其内在的驱动力。

在一个失眠之夜后的周一清晨，教授向我们介绍了一个经济学概念——"社会折现"（social discounting），我发现自己立刻就被燃起了兴趣，使劲眨了眨眼来保持清醒。

教授指出，人们对自己期望在未来得到的回报的重视程度，要低于他们现在获得同样回报的重视程度，而这是合理的。这其实就是对俗语"二鸟在林不如一鸟在手"的一种学术化的表述。我认为这是合理的，只要人们不要过于看重眼前的事情而不考虑未来，就像他们经常做的那样。

然后，教授告诉我们，政府（实际上是整个社会）在制定政策时是如何使用这个概念的。比如，当一个机构决定投资建设一座大桥或建立一个国家野生动植物保护区时，官员们会评估这个项目的寿命，以及它能获得的收益和相应风险。未来的收益会被按照当前的市场回报率进行折现。也就是说，如果用这笔钱在股票市场投资，经过相同时间后，它会值多少钱。

我在做笔记时，发现自己竟然难以置信地摇了摇头。在学术界，这种做法似乎是合乎逻辑的。但在现实世界中，它是不完整的。更糟糕的是，它反映了社会对于价值观和理想的一种扭曲认识。我们当然可以折现自己的未来，可以根据自己的喜好选择是现在获得收益，还是下个月再获得收益。但政府怎么能够通过单一的数字来比较公民和社区在当下或未来获得的收益价值呢？他们怎么能确定未来的人一定会珍惜清洁的水和空气资源呢？我们知道，人们对未来的看法取决于他们所处的环境、文化和生活状态。我们的后代并没有"说"过他们对我们今天留下的东西会有多珍惜。在我们的决定过程中，他们尚未拥有任何发言权。

即使是在短短一代人的时间内，也有无数案例表明，现在获得的收益无法代替未来的利益。政府基金支持的基础研究助推了互联网和GPS的出现，如果这些资金被投资到储蓄账户或股票市场上，那么它给社会带来的最终回报将远不及前者。这些资金永远无法弥补人类失去的宝贵自然资源，比如濒临灭亡的新英格兰鳕鱼渔业，或者正在消亡的大堡礁等。无论是西斯廷教堂的壁画还是凡·高的《星夜》，它们的价值都无法用金钱来衡量。

"社会折现"通过将资源与未来的收益进行等价互换，从而导致人们低估这些资源的价值。如果将这种做法作为衡量价值的准绳，那么今天的世界上就不会有布鲁克林大桥和国家公园管理局，也不会有中国的长城了。然而，这样一个社会，却会在气候变化这种能严重影响子孙后代的问题上犯了糊涂。

我们再来考虑一个假设性问题：如果在未来的某个时刻牺牲100万人的生命，来挽救现在一个人的生命，你是否愿意？或者在几个世纪后，牺牲390亿人的生命来避免今天某个人的死亡？经济学家和伦理学家科恩指出，大多数人会从道德的角度出发，对这些问题说"不"。但如果我们使用了任何高于0的社会折现率，就意味着对这些问题说了"是"，因为我们已将现代人生命的价值看得比未来人高得多，高到不成比例。科恩是少有的能认清"社会折现"局限（甚至愚蠢一面）的经济学家之一。我们在处理与未来时代的人相关问题时，需要采取新的方法。

在权衡集体决策的未来后果时，"社会折现"已经成了西方民主社会的主流做法。专家们依靠社会折现率来确定我们今天的行动是否值得采取，以及我们要将今天的行动贯彻到什么地步。折现率越高，就意味着我们对未来的重视程度越低，反之亦然。在我们审视某一计划究竟会破坏经济还是拯救经济时，经济学家选择的折现率会对结论造成很大的影响，这也是长期以来引起广泛争议的一个问题。而且这些折现率并没有经过社会公众的认可，在大多数情况下，根本无法反映大多数人的价值取向。

不过，"社会折现"并不是导致人类漠视后代利益的罪魁祸首，贪婪而软弱的领导者和对领导者缺乏监督的选民都难辞其咎。但"社会折现"这一工具也象征着政治和经济无法评估长期行为的后果，亦可用来掩盖领导者的短视决策。

在应对气候变化方面，"社会折现"一直是一个隐藏的关键因素，它决定着政治领导者和选民愿意在多大程度上解决这个问题。为防止日后发生人道主义灾难，现在就开始针对气候变化采取行动，这样做究竟值不值得？如果通过税收或贸易限额来为碳排放定价，那么价格定在多少？相关的经济学家和政策制定者需要考虑为煤矿工人寻找新工作、重新铺设道路和电网、减少传统能源的使用、扩大清洁能源（如风能和太阳能）的使用范围，以及新能源存储和运输技术的成本。他们还需要计算建设海堤，以及将人们从易受灾地区迁出的成本。他们试图衡量气候变暖对未来社会造成的代价，还要考虑到气候难民、被毁坏的农场和森林，以及被淹没的城市。但他们对未来后果的考虑仍不充分。

对子孙后代的关注是一种近乎普世的人类价值，这种价值超越了文化和政治的界限，跨越了时代。然而人类目前的做法是低估子孙后代的价值，这违背了民主的基本原则，更不必说世界上的主要宗教，以及无神论者和不可知论者的道德准则了。

被誉为"保守主义之父"的18世纪爱尔兰政治哲学家埃德蒙·伯克（Edmund Burke），将人类社会描述为一种各世代之间的伙伴关系。他在1790年写道："这种伙伴关系不仅存在于生者之间，而且存在于生者、死者和尚未出生的人之间。"

乔治敦大学法学教授伊迪丝·布朗·魏斯（Edith Brown Weiss）称，伯克所说的"伙伴关系"是政府与公民之间的一种社会契约，旨在"实现并保护每一代人的福祉"。魏斯在她关于代际平等的开创性研究中指出，每一代人都应为后代守护好地球资源，这一观念应是"所有文化、宗教和民族的共识"。

英国政治哲学家约翰·洛克（John Locke）借鉴了犹太教和基督教的教义，认为人类只能在满足后人"足够且富裕"的需求前提下，再尽可能地使用各种资源。至少在理论上，这种思想已经延伸到受英国传统影响地区的习惯法和民法的立法过程之中了。

杰斐逊曾在给詹姆斯·麦迪逊（James Madison）的信中说，每一代人都有权平等地享有地球资源，"不应受前人的束缚"。西奥多·罗斯福（Theodore Roosevelt）在谈到我们对后代子孙的责任时说，减少"当代的少数人"对人类遗产的浪费，是履行这一责任的必然要求。

公共信托理论认为，政府应作为当代和后代人类的代表，承担起保护文化和自然资源的责任，这种思想甚至可以追溯到古罗马和拜占庭时期的法律律条。法学家迈克尔·布鲁姆（Michael Blumm）对非洲、南亚、南北美洲几十个国家的相关司法裁决进行了记录，并研究该理论在当代判例中的体现方式。在非洲，社区的习惯法认为活人都是地球上的"房客"，故而对过去和未来的人都负有义务。比如加纳的土地习惯法就指出，土地是社区的财产，而社区的概念确是超越时代的。易洛魁族的习惯法规定，人们做出决定时，要为未成年后代考虑。

在基督教、印度教、伊斯兰教、犹太教和神道教等宗教信仰体系中，都包含着"为子孙后代谋利"的想法。历史上最具影响力的诗人们也赞成这种想法，比如沃尔特·惠特曼、巴勃罗·聂鲁达（Pablo Neruda）、拉宾德拉纳特·泰戈尔（Rabindranath Tagore）和 T.S. 艾略特（T.S.Eliot）等。

这种思想是一种跨文化和意识形态的选择，但尚未成为一种广泛的文化和制度实践。也就是说，这种共同理想并未在现实中占据主导地位，它留下的真空地带早就被"社会折现"和其他与我们对未来的关注和义务背道而驰的做法所占据了。

为了应对这个急躁的时代，我们需要用一种不同的方式思考和行动，这种方式不需要我们培育受到辐射时会变为绿色的猫，也不会让我们成为窃取子孙福祉的小偷，它要求我们从"身为祖先"的角度去考虑问题。

向未来的人类传递集体"传家宝"

几年前，我回印度看望祖母，那是一次充满童年回忆的旅行。童年时，姐姐和我用茉莉花编成花环，戴在头上；在洗澡时，两个人拎着装满水的水桶，把水泼到对方黏糊糊的身体上。我还记得那时家里的铁艺大门、闲聊的邻居、脏脏的流浪猫和成群结队的蚊子。祖母每天都在拂晓前起床，在火炉上烘烤苦瓜和芥末籽。

最近的这次拜访，祖母想给我一些东西。她让我爬到卧室摇摇晃晃的椅子上，从衣橱上拿下她为我存放的"传家宝"。我们坐在像棺材板一样硬的床垫上，解开被磨损的绳子，揭开古董盒上的蜡纸。

"传家宝"是我的曾祖父留下来的。他是一位音乐艺术评论家，名叫 K.V. 拉马钱德兰（K. V. Ramachandran）。他与加州大学洛杉矶分校的教授、被尊为民族音乐学之父的作曲家柯林·麦克菲（Colin McPhee）私交甚笃。在双方的通信中，曾祖父向西方世界展示了印度鼓迷人的节奏。他是个幽默的人，有一次，他对一位古典歌手的表演赞不绝口，说如果猫鼬听到他的歌声，就会变成金子。现在，我捧在手中的"传家宝"是一种名为迪鲁巴琴（dilruba）的乐器，是为拉马钱德兰家族订制的礼物，它悠扬的音色会让人想起在喜马拉雅山的迷雾中游荡的忧郁流浪者的形象。

尽管我读过曾祖父写下的一些艺术批评，但我其实并不了解他。就像在新闻中看到沃尔特·克朗凯特（Walter Cronkite）的脸，或者在博物馆中看到凡·高的画一样，我只是从祖母讲述的故事中隐约地知道，她的父亲 K.V. 拉马钱德兰是她一生最敬佩的人。在祖母出生的那个时代，女孩们在十几岁时就会被卖作童养媳，但曾祖父坚持让祖母接受教育。他教她唱歌，还雇了一位老师教她一种古典舞蹈（这位舞蹈老师完善了这种艺术形式，后来还受邀为文莱苏丹和英格兰女王献艺）。

现在，"传家宝"正静静地端坐在我家的客厅中，琴弦闪闪发亮。它和曾祖父间的羁绊及其永恒的魅力一直困扰着我。我用指尖拂过它木制的琴身和其上镶嵌的珍珠，感觉自己与未知的时空联系在了一起。直到我拥有了一件能将曾祖父和我联系在一起的东西，我才能感觉到他、才能想起他。现在，我时常会想起他，想起我从未居住过的祖宅，想起那些我从未了解的过去。这是只属于我的"过去的精灵"。

虽然我现在拥有这把琴，但我知道它实际上并不属于我。它属于我的祖先，属于我的后代。它属于时间本身。

在一个家庭中，传家宝传递着传统、价值和过去的故事。它传递着一个观念：后代对我们至关重要，而过去对未来也至关重要。有些传家宝是由于人们的虚荣心或怀旧情绪才得以保存的，但它们仍然体现了我们对过去发生的事情的担忧。每一代人都是传家宝的保管者，在继承传统的同时，为它赋予新的意义。我的祖母从未使用过这把琴，但也没有把它扔掉；她知道它是一件神圣的物品，即使她已经老到无法把它从"藏身之所"拿下来。它是我最宝贵的财产，不仅是因为它曾经煊赫的所有者和辉煌的历史，更是因为它赋予我的含义。它为我指定了目的，让我有勇气去迎接它。

传家宝对我们的身份进行了双重定义——既是后代，又是祖先，这与我对当今的社区和社会的看法形成了鲜明对比。接触永恒之物的经历，可能会让一个人暂时摆脱正常生活的节奏。我想知道，能否将我在"传家宝"这件事上获得的体验，拿来解决全社会面临的集体问题。这样行得通吗？

如果我们接受了某种集体"传家宝"守护者的角色，就会更加关注我们传递给后代的东西，我们的眼光也不会仅仅局限于之后的两到三代。这会使"传家宝"与我们认识和爱护的人（子辈、孙辈、学生）更为紧密地联系在一起。换句话说，集体"传家宝"不会成为需要被埋藏一万年的时间胶囊。每一代都会将必需的知识传授给下一代继承者。当我们无法洞悉未来的需求，又认定需要将某些有价值的东西（比如自然资源、文化遗产或科学知识等）传递到未来时，集体"传家宝"可能是一种最理想的方式。

对集体"传家宝"来说，我们每一代人类都是管理者和使用者。换句话说，"传家宝"不一定非要被原封不动地摆在架子上，只要不影响下一代的利益，每一代人都可以使用它。

法律学者玛丽·伍德（Mary Wood）借鉴了魏斯关于代际公平的

思想，提出了一个让人类共享自然资源（如清洁的水资源和森林资源）在实践中发挥作用的原则。伍德认为我们应该将这种资源视为一种信托，每一代人都既是受托人又是受益人，将自己的角色写入法律和条约。作为共同受益人，世界各地的人们可以共享矿物、森林和海洋生物等资源，即每一代人都有在自己生活的时间里公平使用资源的权利和义务。

当我们把"传家宝"传递给新一代人时，我们不会要求他们必须怎么做。相反，我们应该为下一代留出选择余地。就像演奏爵士乐一样，一首曲子可以由风格不同的音乐家首尾相接地演奏下来。作为"传家宝"的管理者，我们需要尽可能地参悟与"传家宝"相关的知识，给未来留下多样性的选择，我们无须、也不必猜测或规定子孙后代如何对待我们留给他们的东西。

社会和历史已经为我们留下了价值不菲的"传家宝"。我们之所以保护佩特拉古城、泰姬陵和蒙娜丽莎等文化遗产，是因为它们对人类历史的重大意义和影响。当然可能会有人争辩说，正是这种呵护"传家宝"的想法，使得美国国家公园得以存续一个多世纪，但它对土地和资源的需求不断增加，公众对保护物种（比如在公园附近茁壮成长的狼）的争议也在持续。

2017 年，我去看望哈佛大学经济学家理查德·泽克豪泽（Richard Zeckhauser）。他位于剑桥的办公室俯瞰着查尔斯河，门上装饰着他两个孙女的照片。时年 70 岁的泽克豪泽是个铁石心肠的人。在其职业生涯的早期，他是美国国防部长罗伯特·麦克纳马拉（Robert McNamara）的"智囊"之一，帮助他制定了冷战军事战略。泽克豪泽告诉我，在回顾了人类历史之后，他几乎可以断定后代一定会比我们更富有。但是在他看来，这意味着我们需要为后代提供更多的文化遗产和自然资源。他说，等到他的两个孙女长大之后，波士顿美术博物馆对中国瓷器的估价肯定会比现在更高。但鉴于瓷器的历史传承和独特性，它的价值绝不能仅仅用金钱衡量。

泽克豪泽和他的同僚、前美国财政部部长拉里·萨默斯（Larry Summers）认为，管理遗产的原则可以外推到影响人类未来的社会选择上。用他们的话来说，当代的努力可以为后代"开创慷慨的先河"。如果我们能在开始时就做出正确的选择，就能产生积极的连锁反应。

泽克豪泽和萨默斯希望政府能制订更多的计划，让每一个当代人都对自己继承的遗产和下一代人类产生足够的责任感和使命感。计划实施的时间沉淀越久，遗产就会变得越神圣，我们将之传递到未来的使命感就会越强烈。泽克豪泽还举例说，比起特朗普总统于2017年做出的，减少对两个鲜为人知的国家纪念碑保护区的决定，把大峡谷或黄石公园变成办公园区要难得多。

建立一座"活着的纪念碑"

在工作中，我也曾目睹社区如何将公共资源转变为集体"传家宝"。11年前，我前往墨西哥巴扎半岛（Baja Peninsula）的最西端，那里的渔村像斑点一样散落在海岸线上。我居住的哨站距离最近的医院、公路和城市大概有数百英里。清晨时分，摩托艇从港口出发，驶向辽阔的太平洋。

巴扎半岛的渔业享誉全球，为了深入了解，我花了几周时间与来自9个村庄的龙虾船一同出海。巴扎半岛的渔民保护并恢复了太平洋红岩龙虾捕捞业。但与此同时，尤卡坦半岛（Yucatán Peninsula）的渔民却因过度捕捞，导致龙虾数量不断减少；拖网渔船在墨西哥水域围捕海豚，扫掠金枪鱼。在我造访巴扎半岛之前，国际审计人员曾多次来到巴扎半岛，对龙虾种群的健康状况进行评估。

在我参观的渔村，渔民从父亲和叔叔那里学会捕鱼技能，再将之传给儿子和孙子。从20世纪40年代开始，村庄被陆续改组为渔业合作社。20世纪80年代，厄尔尼诺现象导致当地鲍鱼种群崩溃。这促使当地人自发团结起来，像保护传家宝一样呵护龙虾产业，并将之作为一种自然资源和生活方式传递给他们的后代。在这些老渔民的一生中，他们的身份已经从龙虾的捕捞者转变为海洋的放牧者。各个社区通力合作，并世代相传。

来自9个合作社的渔民将诱饵放到海底诱捕装置中，为每个捕捞小组分配了不同颜色的彩色浮标。几天后，他们返回这片海域，用滑轮吊起诱捕笼，测量笼中的捕获量。他们使用游标卡尺检测龙虾的大小。有的龙虾太大，不能作为亲代继续繁殖；有的又太小，还需要时间来成长。这些不符合尺寸要求的龙虾，都被渔民们有条不紊地扔回大海。（人们捕捞贝类时也会采用类似的方法：用诱饵引诱它们爬进陷阱，捕捞后用卡尺测量，然后把不合尺寸的扔回大海。当然，并非对所有鱼类都如此。）太平洋龙虾和它们在缅因州的表亲一样，没有巨大的虾螯，但尾巴肉感十足，是塔克里亚（taquerías）和半岛岛民的后院烤架上的最佳食材。

所有合作社共同组成了一个地区联合会，负责监管当地渔业，保证每个村庄和捕捞团体诚实守信，并免受偷捕者的侵害。他们不依赖政府，也不强制执行捕捞特许权。合作社拥有自己的船只和设备，用油漆涂着清晰的标记，作为他们在沿岸捕捞龙虾权利的证明。在每个季节，联合会都会对各合作社的捕捞量进行划分。从本质上来说，他们已经将集体"传家宝"的概念贯彻到实践中了。

但巴扎半岛的情况是个例。从非洲的维多利亚湖（Lake Victoria）沿岸社区，到盛产蓝鳍金枪鱼的地中海海岸，全世界无数的渔民仍在通过掠夺后代福祉、滥捕鱼类资源而获利，而这些资源是数百万人饮食和生计的来源。

在巴扎半岛的偏远地区，除捕鱼之外几乎没有任何经济活动，这使得龙虾捕捞业的未来对当地村庄和家庭的未来至关重要。即便是在 21 世纪初的今天，这里的房屋和企业仍然依靠发电机供电。直到 2005 年，巴扎半岛才接入电网。近年来，一些曾经的渔民和他们的家人开始依靠维兹卡诺生物圈保护区（Vizcaíno Biosphere Reserve）附近兴起的旅游业谋生，这里温暖的海水吸引了大量灰鲸前来繁殖。

巴扎半岛中部的合作社之间世世代代建立起的亲密关系，成为他们管理集体"传家宝"的有效助力。这 9 个捕鱼社区都很小，彼此相距不远。由于友好的竞争关系和半岛远离墨西哥大陆的地理位置，社区之间形成了一种文化上的连续性。龙虾的活动范围相对狭窄，便于拥有相似价值观和相同未来的人对它们进行管理，即使这些人不属于相同的社区条件。

这些社区都明白，龙虾就是他们的家庭赖以生存的未来，正如全人类共同分享地球的未来一般。但在距离较近且规模较小的社区内，人们能够经常沟通。他们也明白，随着时间的流逝，这种交流的机制也会流传下去。

我在为本书进行调研时，也从其他熟识的人那里看到了集体"传家宝"的存在。未来主义者和技术专家布兰德曾为许多硅谷发明家提供灵感，也多次带头组织现代环境运动。2016年，我们讨论伊势神宫（一座建于公元前4年的日本神道教神社）时，他告诉我，在过去的1 000多年中，每隔20年，人们都会在木质的伊势神宫旁边建造一个完美的复制品，然后将原来的神宫拆除，用于建造其他神社。布兰德将其称为"活着的纪念碑"，因为它总是以最崭新的面貌示人。在我看来，这也是一个代代相传的集体"传家宝"。日本人对于神道教的信仰，使他们坚守保持传统的责任，并将建筑神社的技能传承给后代。

说明了集体"传家宝"在宗教中的应用后，我再举一个更为世俗化的例子。意大利阿尔卑斯山山麓有一片森林，名为 Bosco Che Suona（可以大致翻译为"唱歌的森林"）。3个多世纪之前，安东尼奥·斯特拉迪瓦里（Antonio Stradivari）和他的同僚在这片森林中发现了一种云杉树，特别适合制作斯特拉迪瓦里小提琴。许多音乐家和匠人都相信，这种木材能够打造出世界上最悦耳的乐器。他们精心采伐云杉树，森林中树冠遮天蔽日的景象也为之一变。阳光照进了森林，照在矮小的树苗上，让森林再次焕发了青春。人们敬畏这座深林，也取之有度：既满足了制琴的需要，又能保证云杉的生长。人们将云杉木视作圣物，而不是用来换钱的资本。

在上述两个事例中，社区的规模，以及存在于过去和现在之间的文化连续性，都使得集体"传家宝"的存在和管理变得更为容易。同样，日本全境树立着数百个海啸纪念石碑，而经历几个世纪后仍受到关注的两个石碑都是在小村庄里。村庄内口口相传的传统和代代相传的学校教育巩固了石碑的历史价值，使之不至于随着时间的流逝而被人遗忘。

在民主社会中，我们能够看到家庭、文化、历史和利益的多样性。由于全球市场一体化和技术的革新，当今社会变化异常迅速。在如此大的社会规模之下，我们很难想象会有什么"传家宝"出现。即使一小撮人自愿选择成为某种资源的管理者，但只要其他人仍我行我素、消耗着相同的资源，计划最终仍会失败，"公地悲剧"就在所难免。

那么，我们如何才能摆正自己的位置，兼顾好"理智的祖先"和"理性的后代"这两种角色呢？我们需要劝诱决策者，让他们认识到自己现在的行为究竟会对人类的未来造成怎样的后果。在当今的时代，只有明智的政策才能保住我们的"传家宝"。通过法律和政府的强制性计划，一些政界领导者和上市公司可能会被迫转变为管理者，一些"长寿"的机构（如大学、图书馆、慈善机构和教堂）也可以发挥作用。在任何时代，这些机构都是能防范管理者做出短视决策的存在。

美国国家公园管理局和联合国教科文组织所划定的世界遗产，就是组织通过法律和规范保护集体"传家宝"的最好范例。如今，国家公园和古迹遗址（不易被改建成大型购物中心）堪称社会保存历史遗产的典范。

为了避免人类在未来陷入风险，我们需要如何做出选择，扮演好"祖先"这一角色呢？

法学教授魏斯认为，政府和企业在做出与自然资源和文化遗产相关的决策时，应该更积极地遵循代际平等原则，保持对后代利益的关注。魏斯在1988年的《为了后代的公平》（*In Fairness to Future Generations*）一书中首次提出这一想法，她建议联合国为人类后代指定一位高级专员。虽然这项提议至今也没能成为现实，但近几年已经有迹象表明，代际平等的问题终于得到了关注。

世界各地出现的一些司法裁决和诉讼,显示了将代际平等的理念写入法律的潜力。魏斯说,至少有 20 个国家和地区的法院在做出裁决时,会将后代的利益纳入考量范围。在某些情况下,法院会赋予儿童或后代相应的法律地位,包括 20 世纪 90 年代菲律宾的一项开创性决定。菲律宾最高法院曾以侵害后代享有"平衡而健康的生态"的权利为由,禁止为雨林伐木商办理新的许可证。在本书成稿之时,美国法院也正在审理一起具有开创意义的诉讼案件,其目标是让联邦政府为化石能源(包括石油、天然气和煤炭)对后代造成的伤害负责。2016 年,俄勒冈州的一名联邦法官代表年轻人对政府部门提起诉讼,理由是政府对气候变化的影响侵犯了年青一代享有的宪法权利。

印度的最高法院曾在 20 世纪做出两项决议,从子孙后代的权利出发,禁止砍伐森林,并保护了历史悠久的水库。在印度发生的两起煤矿开采案件之中,最高法院限制了企业在果阿邦(Goa)的采矿量,并且仅在企业为后代设立信托基金的前提下才授予其采矿许可证,这样可以补偿他们因采矿造成的环境破坏。在巴西,高等法院以履行对后代的法律责任为由,于 2007 年到 2011 年间做出了多项保护环境的裁决,国际法院也开始在审判意见中加入兼顾后代利益的决策。

政府为后代的利益提供发言权的另一种方式,就是指定专门的监察员。在 20 世纪 90 年代,传奇海洋探险家雅克·库斯托(Jacques Cousteau)鼓励法国政府成立一个维护后代权利的理事会,由他担任主席,后来由于太平洋地区核武器试验的争论,该理事会存在的时间其实并不长。芬兰有一个由 17 位国会议员组成的后代权益委员会。以色列也有类似的委员会,负责审议立法机关提出的与科学、健康、教育、技术和自然资源有关的法案,并评估法案对子孙后代的影响,提出更有远见的政策建议。匈牙利、德国和威尔士都设有类似的监察专员职位，但他们在实际工作中总会因政治力量的干预而受到不同程度的阻碍。我认为，成功的关键就是将这些职位与政治操纵隔离开来，确保被任命的个体在代表未来履行权责时，能够做出可靠而坚定的选择。

那么，作为集体"传家宝"守护者的我们，应该怎样处理核废料问题呢？我认为，我们需要改变对这个问题的看法。一方面，我们不需要创造一个时光胶囊、一座纪念碑，或通过留存信息等方式与50年后的人类进行沟通——这种幻想本身就很天真。另一方面，我们也不应该像芬兰人那样，将核废料掩埋起来，并期待后人遗忘它们。在"传家宝"的传承过程中，我们应该将重点放在下一代人的身上，为他们提供知识和选择，确保他们的生活不会比我们的更糟糕，并努力向他们传授对于未来世代的责任感。

如果我们真的想为子孙后代做点事的话，就不应该关注如何标记核废料埋藏地点，而应该想想如何处理那些暂时留在核电厂储存池和废料桶中的核垃圾。在美国，由于政治上的反对，建造长期存放核废料的站点的计划被搁置了。因此，我们急需建立一个代表后代利益的监察小组，就核废料处理的问题与民营企业、社区和政府深度合作。

为了确保后代能有更多的选择，我们不应该无休止地掩埋核废料，因为我们无法确定人们是否有一天会找到核废料的其他用途。一些乐观主义者设想，未来的人们可能会使用核废料筒仓供暖。作家朱丽叶·拉皮多斯（Juliet Lapidos）推测，如果医学持续进步，未来的人类可能会找到治疗辐射病的方法。

我们还可以向后代传授核废料的知识、核废料的危险性，以及我们今天在如何储存核废料方面所做的假设。我们要通过长期存在的机构（如大学、图书馆、博物馆等）向后代传达核废料的风险和潜在用途，向孩子们讲授核废料的知识，以及它们的埋藏位置。

我们从父母家地下室翻出来的东西可能都无法成为家庭的传家宝，同样，我们也无法将当今时代的所有事物都指定为集体"传家宝"。让一个社会将所有自然资源、人工制品和投资品都传递给下一代是绝对不现实的，但我们可以决定集体"传家宝"的体系结构，将最重要的资源纳入其中。当我们现在的选择可能严重影响后代的福祉时，就需要采用"传家宝"的做法；当选择具有高度的风险，该风险甚至可能永远存在时，我们就必须动用"传家宝"的思维。

我们可能不知道未来的人会穿什么样的衣服、他们如何旅行，以及在大脑中植入什么样的设备。但我们确实知道，无论人类会在未来存续多久，都会保留一些本质的东西：求生的本能，对自然和文化资源的需求，对于快乐、知识、爱、美和团结的追求。我们知道，他们会寻求一种对时间的归属感，就像祖先和我们现在所做的那样——将过去与未来联系起来。

当我们谈论基因编辑问题时，不妨将自己带入祖先和后代的视角，这可能会让我们做出不一样的决定。人类的遗传多样性是祖先留给我们的遗产，是我们对抗疫病和其他威胁的恢复力的来源。因此，保持人类基因组的多样性能为我们的后代提供更多选择，帮助他们更好地了解自身，从而更好地应对他们那个时代的威胁。

为了给后代留下更多的选择，我们应该尽可能多地收集和基因组相关的知识，以及对基因编辑的潜在后果进行权衡。我们应向后代传授知识，告诉他们尽力避免减少人类遗传多样性，并在不破坏基因库的前提下，抵抗生活中的各种疾病。

我们应对气候危机的表现,很可能成为后代评价我们的依据:我们究竟是具有远见卓识的祖先,还是引发人类灾难性灭亡的罪魁祸首。目前最突出的问题,就是我们在"社会折现"存在和"时间胶囊"无用的前提下,需要重新考虑应当采取什么措施。

我们目前能够确定的是,人类当前的行为肯定会对未来造成危害,包括对人类生存、社会秩序、公共卫生的威胁,以及对陆地、海洋、淡水和生物多样性的灾难性破坏等。我们还知道自己今天究竟能做些什么:为了减轻对后代的危害,我们需要减少碳排放,做好灾难应急准备。但从"社会折现"的角度来看,这些行动的代价似乎太过高昂。在我们这一代,地球变暖愈演愈烈,如果我们只是对后代发出警告,那根本没有意义。

但我们可以转变思路,将我们的目标从避免经济损失转变为管理集体"传家宝"。我们可以将大气、海洋和陆地视为会被消耗的资源,一旦过度使用就会造成无法挽回的破坏。标志性的城市、森林、河流、草原和海滩可以成为文化遗产,作为"传家宝"流传下去。我们需要换一个角度理解"成本"和"收益",换一个角度看待这些资源。伍德相信,我们可以为自然资源建立信托基金,从而使社区、企业和政府开始保护作为"本金"的自然资源。

为了给子孙后代留下更多的选择,我们需要加大对可再生能源和清洁能源的科研投入,开发新型的运输方式和城市、社区的组织方式,以便通过技术将知识更好地传递给后代。我们甚至可以加大投入,研究为地球"降温"的方法,为子孙后代留下一个解决问题的方案。

我认为,集体"传家宝"的传承,不仅需要家人的支持,还需要在社区和社会中,通过多种方式让年轻人和老年人建立更多的联系。

地方、州和国家政府应该为尚未达到投票年龄的年轻人创造渠道和平台，让他们也成为参政者，比如作为市议会或政府部门的顾问等。教堂和寺庙可以成为不同代际交流的场所，而不是用于将年轻人与中老年人隔离开。企业和组织也可指定董事会成员作为后代利益的监察员，为年轻人（不仅作为消费者，还可以作为价值观念的生产者）提供咨询。年轻人可以成为老年人的引导者，就像在2018年佛罗里达州帕克兰市恐怖枪击事件中幸存下来的高中生那样，他们发起了一场全国性的青少年运动，要求父母签署合同，承诺为建设安全的社区提供支持；老年人也可以代表年轻人来领导社会运动，利用空闲时间来倡导避免气候恶化的政策。

对我们这个时代来说，实现从鲁莽到远见的转变似乎是一个艰巨的任务。但变革的种子就蕴藏在我们今天可以做出的许多选择中。我们可以创造出更加关注后代的文化习俗、制度、法律和规范。我们的决定很重要，具体表现为我们如何投票、如何与邻居和社区互动，以及如何为人类共享的文化做出贡献。随着我们在个人生活和工作中逐步培养出更卓越的远见，我们也会变得越来越强大，引领整个社会走向一个更为光明的未来。

尾 声
The Optimist's Telescope

5种策略塑造长期主义者的洞见力量

> 我们必须认识到，
> 我们追求的目标是一个所有人和平相处的社会，
> 一个可以凭良心生活的社会。
>
> 马丁·路德·金

我至今依然清楚地记得小学时那些温暖的日子。春末夏初，虫儿在操场的水坑中跳跃，鸟儿在连翘丛中嬉戏。我和同学在书桌旁等待着，准备冲出教室，奔向夏天。我们期待着它，我们迎接着它。我想象着乘坐家庭房车造访朋友的海滨别墅。我想象着自己趴在车窗上，看着路旁转瞬即逝的、充满异国风情的车牌和高速公路广告牌。我想象着自己跃入海中，品尝着海水中盐的味道。我制订了详细的计划：要带上哪个动物玩具，要穿哪套泳装，要给哪些朋友寄明信片，以及如何说服哥哥姐姐，让我加入他们的纸牌游戏。

即便已经长大成人，当我们回想起这种期待时，那感觉仍像在面包店外闻到面包出炉的香味一样鲜明。我们幻想着在未来做出决定的瞬间，体验着可能有的兴奋和激动。我们会做出各种决定，比如满心期待地购买度假指南，或兴高采烈地计划婚礼宾客的名单。我们想象着未来会遇到的各式各样的人，想象着自己就生活在他们中间。

一方面，文化和制度强化了我们畅想未来的能力。从朋友、家人，甚至广告和媒体那里得到的经验，让我们将举办婚礼那天定义为最幸福的一天。税收抵免政策也鼓励我们做出结婚的选择，而对许多人来说，这一选择的影响会持续几十年。

另一方面，当我们害怕在未来经历一些超出控制的、和过去经验完全不同的事情时，我们往往会感到焦虑，甚至让生活陷入瘫痪。当我们想到自己越来越老、越来越衰弱时，或者当城市发生地震、气候变化导致我们永远失去曾经最爱的海滩和森林时，这种情况就会发生。在令人恐惧的未来即将降临之时，我们的文化和制度却没有为我们提供足够强的集体意识去应对，除了扮演被动接受者（受害者），我们别无他法。

写完这本书后，我意识到，**为了让个人与社会不再像过去那样鲁莽，我们必须学习如何在面对未来的威胁或机会时有效地进行权衡，从而避免陷入崩溃和瘫痪**。我们需要为灾难性的未来制订应对计划，要充满同理心，而不是逃避。我们必须作为一个集体为下一次的沙尘暴威胁做好预案，而不是扮成鸵鸟，把头埋进沙土中。我们需要擦亮双眼，积极应对未来的转变，而不是选择无视和回避。

当然，想要做到这些并非易事。我们每天都能看到危险的迹象：难民危机迫在眉睫，国家债务与日俱增，北极冰盖正在融化，海平面持续上升……这些都不是我们想要的未来。这些关于未来的严峻警告，

尾声

反映出我们越来越认识到自身行为的长期影响。但在很多时候，我们并不会利用科学知识来避免危机。我们缺乏的是想象力、是同理心、是代入感。结果就是，我们很难将对未来的了解转化为塑造未来的力量。

明白了这一点，我就改变了对气候变化的看法，也改变了对帮助社区和企业为更燥热、更混乱的未来做好准备的看法。

对于如何应对气候变化，比如我们是否应该采取严厉措施阻止化石燃料的使用，以及为洪水、干旱和热浪做准备，人们意见不一。卷入这场争论的政治人物为我们提供了不同的未来图景：气候末日论者告诉我们，如果不采取行动，人类将面对毁灭性的风暴、致命的疫病和拥挤闷热的城市等诸多情况。相反，倡导不作为的人说，如果我们停止排放，经济会被削弱，数百万人将失去在煤矿和油田的工作。还有一部分人不置可否，因为上面两种未来图景，其实和今天并没有太大的差别。

当我与企业领导者和社区人士谈论气候变化问题时，脑海中闪现的也是大部分人设想过的那种世界末日情景。这种想象并非毫无用处，毕竟，科幻小说中的末日就是我们绝对不会想要经历的未来，我们绝对不会希望自己生活在这样的环境中。大多数人都不希望未来会变得更糟，因为他们觉得现在就已经够糟糕了。当我们感到恐惧时，就不会去想象自己在未来的状态，当然也就不会期待社区和社会去解决问题。相反，我们只会产生一种无力感。在气候变化已经发生的情况下，我们仍未从个人或集体角度出发，去为想象中的未来做些什么，这并不是巧合。要么是我们过于乐观，没有认真对待这个问题；要么是这个责任过于重大，让我们不敢过问。

不过，我们对于未来情景的想象已经达到了一个目的——它反映了对气候变化采取行动或做出预案的紧迫性。讽刺的是,气候变化导致的政治博弈却阻碍了个人和集体对于危机的应对。我们虽然认识到了这种紧迫性,却没人采取行动。

在我看来,对于未来气候变化的问题,我们需要形成一种新视野。我们要采取行动,使我们的社区、企业和社会在面临真正的威胁之前变得更好。我们需要奋力一搏,在最糟糕的情况下做到最好。这不是要求我们一定要彻底消除气候变化的危险,而是鼓励我们采取现实的措施来应对危险。我们希望迎来一个比现在和过去更加美好的未来,而角色扮演游戏正是实现这一目标的一种方式,在这种游戏中,社区会做出明智决定以避免灾难。

我们的文化、媒体和制度必须推动我们走向理想的未来。我们需要一种真正的乐观主义,而不是盲目的否认和令人麻木的悲观主义。我们需要在急迫感和代入感之间找到平衡,使用各种手段,更加自信地展望未来。

有证据表明,一种新的乐观主义情绪能帮助我们应对气候变化。在一个由8项实验组成的系列研究中,心理学家保罗·贝恩(Paul Bain)和同事要求近600名澳大利亚人在特定的情境下设想2050年的社会状况。这些特定情境包括人类阻止了严重的气候变化、放宽了大麻管制和堕胎法案等。参与研究的有各种宗教的信徒、无神论者、不可知论者,也有拥护不同政治信仰的人。他们需要将设想中的社会情景的细节记录下来,并与研究者探讨未来可能的样子。随后,他们需要回答一个问题:为了实现或避免这种可能的未来,他们现在会支持哪些政策,以及采取怎样的个人行动?

贝恩发现,如果人们想象中的社会道德水平出现滑坡,他们就最有动力支持推动个人行为改变的政策,贝恩将这种现象称为"慈善现象":无论参与者是信仰宗教的保守主义者还是无神论者,这种现象都是成立的。

在另一项研究中,贝恩发现,如果为某项行动(如减少碳排放)附加上"改善人际关系"的属性,即便是之前对气候变化不以为然的人也会扭转自己的想法。也就是说,只要他们相信携手对抗环境问题能够改善人与人之间的关系(或者获取更大的经济和技术进步),人们就会对此表示支持。

但这项研究毕竟只是基于假设而非事实,因此研究结果也称不上是这个问题的最终结论。不过它提供了一种新方法,可以唤醒人们对未来的愿景:在应对气候变化的同时,实现邻里合作、社区繁荣。但这也意味着,仅有太阳能电池和风力发电等技术还远远不够。为了激励人们在当下行动起来,我们需要提升他们的同情心和同理心。

像历史中那些成功的社会运动领导人一样,政治和文化领袖可以向公众提供美好的愿景,比如年轻人和老人联合起来对抗热浪、便捷的城市公共交通、郁郁葱葱的公园等。这样一来,关于气候变化的末日预言就会被美好的现实情境所取代:个人和社区不再是受害者,而是与朋友和陌生人一起工作的变革推动者。当然,我并不是说大家围着篝火唱着歌就能解决气候变化问题。我的建议是培养集体意识,激励更多人为未来做出正确的选择,无论他们的政治信仰、饮食习惯、能源消耗及影响他人的方式是怎样的。

但是,这种新的方法并不足以确保美好未来的实现。我们还需要知道如何根据不确定的威胁和机遇做出决策。

在这里,我们可以借鉴历史上远见卓识之人提供的经验,从而找到前进的方向。在写作本书过程中，我发掘的各种故事和研究结果揭示了 5 个关键的教训。它们都是具体的策略，既能帮助我们培养远见，也能助我们坚持到底。

1. 将眼光放到短期目标之外。我们应该避免被短期的噪声干扰，培养耐心，而不是仅仅在意眼前的结果。作为个人，我们要学会避免使用单一的数据来衡量自己在生活和工作中的进步，而是要依据长远的目标进行反思。至于组织（包括社区和社会），它们可以使用多种指标，并寻找最终想要达到的目标。投资公司、实体企业和援助组织可以挖掘潜在的机会和威胁。我们需要关注长期的数据趋势，以了解自身所处的状态。要经常寻找和观察工作和生活中的细节，尽量保持组织的规模小而精，因为这样往往会更高效。

2. 激发想象力。我们应该提高预见未来可能性的能力。作为个人，我们可以为通过创造更多"着力点"来培养想象力——无论是经营一座花园、给未来的自己或后代写信，还是通过虚拟现实和其他技术体验未来的风险。我们还可以预留一些时间和精力，让自己的思维徘徊其中，形成应对未来的方案。组织和社区可以通过反向压力测试、"前瞻性事后观察"和事后复盘的方式，来培养对未来风险和机遇的想象力。有奖竞赛是一种能激发发明家和问题解决者灵感的方式，角色扮演游戏也能帮助社区和组织找到代入感。企业和社会可以借鉴历史案例来分析未来的多种可能性。对未来的具体构想可以使社会充满生气，从而克服眼前的障碍。

尾　声

3. 为将来的目标设定即时奖励。我们可以想办法让长期来看对我们最有利的选择在当下就能给予我回报。作为个人和家庭成员，我们可以在朝着未来目标前进的过程中奖励自己，或者寻求那些具有即时吸引力、同时有利于我们长期利益的计划，比如把彩票和储蓄账户联系起来的计划。企业可以将长期研究应用于眼前的挑战，并通过发明和使用相关技术（比如研发多年生谷物作物）实现双赢：不仅在短期内取得成果，还能实现长期的目标。通过将即时回报和长期回报结合在新的投资组合中，创新者和投资者都可以为开创性研究创造更大的吸引力。在制定面向未来的社会政策时，社区和社会也可以使用相同的策略为公民提供即时的收益（比如将短期红利和污染税挂钩）。

4. 远离即时诱惑。我们可以通过重新设计文化和环境来远离即时满足的诱惑。作为个人，我们可以寻求一种远离诱惑的环境。组织可以使用专门的团队和技术来阻止紧急情况下的鲁莽决策，比如滥用抗生素或在研发火箭时偷工减料等。组织还可以创造环境和文化氛围，如提供更多的闲暇时间或制定社会规范，来引导人们做出更明智的决定。社区和社会可以为竞选活动提供更多的公共资金支持，改革竞选财务法规，以减轻政治人物的竞选压力。这应该成为人们为提高全社会的远见而奋斗的一个重点。同时，领导者可以使用延时策略，做出更有远见的决策。

5. 设计更好的机构。我们可以创建有利于培养远见的法律和机构。作为个人，我们可以投票支持更有远见的规则和政策，比如让渔民可以像长期投资者一样行动的捕捞份额制度，以及保护社区在对高风险项目采取预防措施时免受诉讼的法律框架。我们需要制定类似的规则来鼓励投资者长期持有股票,为眼光长远的首席执行官们提供补偿,同时减轻流动性对公司领导者和董事会的压力。在社区和社会层面,我们需要将最宝贵的资源,例如国家公园和世界遗产等,作为集体"传家宝"代代相传,并通过法律有力推行。

作为个人,我们可以在生活中毫不费力地采取上述的一些行动。但其他行动要求我们作为投资者、选民、商业领袖、教师、消费者、社区成员行使自己的权力。当然,这些事并不是那么容易,可这仍是我们力所能及的。

本书中列举的事例表明,当社区和组织的规模较小时,它们在行使远见方面往往更加成功。随着机构的规模不断扩大、企业不断合并、社区的概念宽泛到足以跨越国界时,我们可能需要更多地以小型社区、团体和家族企业的经验来指导自己的行动。大型组织和整个社会也需要领导者拥有重新定义文化、创建更好环境的勇气。

即便处于这个鲁莽的时代,我们也并非无能为力,这个想法是我的希望之源。我曾经认为,人性是一种不可避免的东西,是我们过去所做决定的后果。而现在的我认为,如何使用我们的力量塑造未来,是我们人类必须面临的选择。

中资海派图书

《数据化决策》（第三版）

[美]丹·斯柯伯尔 著　王正林 译

孙路弘 译

定价：89.80元

在数字新经济环境下，
量化各种"无形之物"的思考逻辑与实施路径

　　万事万物皆可量化。今天的管理者和决策者不缺乏数据，不缺乏信息，缺乏的是依靠量化做决策的态度和方法。

　　本书兼具实用性、可读性和趣味性，提出了一套完整的量化方法论，一套不亚于专业咨询公司的行动计划，通过对重大决策进行定义，对变量、不确定性与价值建模，可以为企业、政府或其他组织机构的任何投资与决策进行风险量化分析，从而做出正确决策。

　　《数据化决策》（第三版）尤其适用于政府官员、公共政策制定者、投资人、首席执行官、首席财务官、首席信息官、风险管理者、大数据与商业智能从业者等各行各业的人员。

海派阅读
GRAND CHINA

READING YOUR LIFE

人与知识的美好链接

20 年来，中资海派陪伴数百万读者在阅读中收获更好的事业、更多的财富、更美满的生活和更和谐的人际关系，拓展读者的视界，见证读者的成长和进步。现在，我们可以通过电子书（微信读书、掌阅、今日头条、得到、当当云阅读、Kindle 等平台），有声书（喜马拉雅等平台），视频解读和线上线下读书会等更多方式，满足不同场景的读者体验。

关注微信公众号"**海派阅读**"，随时了解更多更全的图书及活动资讯，获取更多优惠惊喜。你还可以将阅读需求和建议告诉我们，认识更多志同道合的书友。让派酱陪伴读者们一起成长。

微信搜一搜　　海派阅读

了解更多图书资讯，请扫描封底下方二维码，加入"海派读书会"。

也可以通过以下方式与我们取得联系：

📧 采购热线：18926056206 / 18926056062　　📞 服务热线：0755-25970306

📧 投稿请至：szmiss@126.com　　🌐 新浪微博：中资海派图书

更多精彩请访问中资海派官网　　www.hpbook.com.cn